Ernst Viktor Zenker

Die Wiener Revolution 1848

In ihren sozialen Voraussetzungen und Beziehungen

Ernst Viktor Zenker

Die Wiener Revolution 1848
In ihren sozialen Voraussetzungen und Beziehungen

ISBN/EAN: 9783743315563

Hergestellt in Europa, USA, Kanada, Australien, Japan

Cover: Foto ©ninafisch / pixelio.de

Manufactured and distributed by brebook publishing software
(www.brebook.com)

Ernst Viktor Zenker

Die Wiener Revolution 1848

DIE

WIENER REVOLUTION

1848.

DIE

WIENER REVOLUTION

1848

IN IHREN

SOCIALEN VORAUSSETZUNGEN UND BEZIEHUNGEN

VON

ERNST VICTOR ZENKER.

WIEN. PEST. LEIPZIG.

A. HARTLEBEN'S VERLAG.

1897.

K. u. k. Hofbuchdruckerei Carl Fromme in Wien.

Vorwort.

Das kommende Jahr wird für Oesterreich ein Jubeljahr sein: mit seltenem Festgepränge wird der Tag begangen werden, an dem vor fünfzig Jahren Kaiser Franz Joseph I. den Thron des Reiches bestiegen hat. Oesterreichs Völker können auf eine lange, wechselvolle und lehrreiche und stellenweise auch glückliche Epoche zurückblicken. Trotz künstlich aufgezüchtetem Classenhass und Racenhass ward es in den fünfzig Jahren doch auch in diesem Lande manchmal offenbar, dass über allen Abgründen, die Völker und Stände trennen können, ein höherer Geist der Menschenbrüderschaft, der Freiheit und des Fortschrittes schwebt. Ein Segen seiner Hand ist's, was über Oesterreich an Frucht und Blüthen ausgegossen ist. Vor fünfzig Jahren war der Geist der Freiheit, Gleichheit und Brüderlichkeit leibhaftig bei uns eingekehrt und sass zu Wien am Throne, ein wildlockiger Knabe — vor fünfzig Jahren. Heute hat man seiner vergessen. Das Volk wird nicht die ruhmvollen und tragischen Erinnerungen des grossen Jahres 1848 feiern — und es thut gut daran, denn es müsste ein Trauerfest sein, dessen düstere Accorde übel zu den Jubelfanfaren passen würden, die künftiges

Jahr vom Ost zum Westen und vom Nord zum Süden des Reiches schmettern werden.

Vieles, was die Revolution gewollt, blieb immer unerfüllt. Alles, was sie gegeben, ist heute in Frage gestellt. Alles zu wirken und nichts zu unterlassen, was Noth thut, um das Errungene zu erhalten und im Geiste der grossen Vergangenheit, nach den besseren Erkenntnissen der Gegenwart auszubauen, das wird die würdigste und schönste Gedächtnissfeier der denkwürdigen Ereignisse des Jahres 1848 sein. Wer seiner Zeit recht leben und für die Zukunft wirken will, muss die Vergangenheit erkennen — besser, als sie sich selbst erkannt hat. Das Geschlecht der Revolutionszeit erlitt ebenso an einer Ueberschätzung des rein politischen Factors Schiffbruch, wie die Generation von heute durch die einseitige Betonung der wirthschaftlichen Fragen politisch bankerott geworden ist. Das Facit ist in beiden Fällen das gleiche, die persönliche Freiheit geht zugleich mit der wirthschaftlichen verloren. Die Lösung der socialen Fragen kann nur am Herde glühender Begeisterung und reinen Mitgefühles erfolgen, aber mit dem Gefühle allein ward noch niemals ein gesellschaftliches Problem gelöst, wie die Revolution des Jahres 1848 schlagend beweist. Die Absichten der Männer jener Zeit waren gross und rein und edel, aber ihre Einsicht dürftig und gering, die grosse Zeit traf sie geistig nicht gerüstet. Sehen wir, dass uns die Zukunft besser gewappnet, besser vorbereitet finde.

Als einen schwachen Beitrag zu diesem Zwecke lege ich dies Buch in aller Bescheidenheit in die Hände des Lesers. Möge es der wissenschaftlichen Erkenntniss der wahren socialen Voraussetzungen unserer vaterländischen Geschichte dienen, möge es aber zugleich recht Viele an die Pflicht jener Pietät erinnern, ohne welche ein Geschlecht nie Anspruch auf politische Reife hat. Sollte dieser Zweck erreicht sein, dann dürfte ich mir wohl schmeicheln, einen wahrhaft patriotischen Beitrag zur Jubelfeier des Jahres 1898 geliefert zu haben.

Darum sei dies Buch dem Andenken all der Braven gewidmet, welche vor fünfzig Jahren für Recht und Freiheit gestritten und gelitten und eine lasterhafte Gesellschaftsordnung niedergerungen, um — so viel an ihnen lag — auf der Freiheit Aller, die Wohlfahrt Aller zu begründen; es sei aber auch allen denen gewidmet, die jener Männer heute noch, nach fünfzig Jahren, in Dankbarkeit und Wehmuth gedenken und für die das grosse Sturmjahr immer noch mehr bedeutet, als eine blosse Verirrung der Massen, oder im besten Falle als eine verblasste Erinnerung aus der tollen Kinderzeit.

Ernst Victor Zenker.

Inhaltsverzeichniss.

ERSTES BUCH.

Die socialen Verhältnisse vor Ausbruch der Revolution.

Erstes Capitel.
Die landwirthschaftlichen Verhältnisse.

So wenig man bisher die wirthschaftlichen Antriebe der österreichischen Revolution von 1848 würdigte, und so wenig sich die stossenden und gestossenen Gruppen des wilden Parteilebens jener Zeit selbst dieser Antriebe bewusst waren, nach einer Richtung hin hat man den socialen Charakter dieser historischen Bewegung nie ganz verkannt. Dass die von Grund aus verrotteten Besitz- und Productionsverhältnisse der landwirthschaftlichen Bevölkerung eines der wichtigsten und kräftigsten Fermente für den grossen Gährungsprocess gebildet haben, sahen zuletzt auch Jene ein, welche in einer Revolution durchaus nichts als das Werk einzelner Hetzer und Stänkerer erblicken wollen, welche immer nur das Rad der Mühle klappern hören und niemals die Wasser sehen, die Rad und Mühle in Bewegung setzen. Es war also eine nicht sehr weithergeholte Weisheit, wenn die alle Errungenschaften der Revolution verzehrende Reaction der folgenden Jahre sich ängstlich davor hütete, auch die den Bauern gemachten Zugeständnisse rückgängig zu machen. Die Unhaltbarkeit der bäuerlichen Zustände des Vormärz und der damit verbundenen socialen Verhältnisse über-

haupt darf — selbst bei dem in derlei Dingen just
etwas vergesslichen Volke von heute — noch als so
allgemein bekannt vorausgesetzt werden, dass wir uns
hier wohl mit einer flüchtigen Skizze über einen
Gegenstand begnügen können, der sich allerdings kaum
in Bänden erschöpfen liesse.

Die durch das Rechtsverhältniss der Grundherrlichkeit und Unterthänigkeit (nexus subditelae) bezeich-
neten und in Oesterreich,[1]) wie im übrigen Europa
ehemals herrschenden Verhältnisse, waren die letzten
Nachwirkungen der in ihrem Lebensmarke längst ver-
dorrten wirthschaftlichen Organisation des mittelalterlichen Lehenstaates. Das Rechtsverhältniss zwischen
dem mittelalterlichen Lehensherrn und seinen Unterthanen beruhte auf jener primitiven, ständischen Arbeitstheilung, welche uns in der Entstehungsgeschichte
höherer socialer Gebilde ganz allgemein begegnet:
der eine Stand, meist der dominirende, widmet sich
den Aufgaben der Landesvertheidigung, dem Kriegs-
handwerke, der andere der wirthschaftlichen Production,
der Arbeit. Das Kriegshandwerk war edel, Sache der
Adeligen; aber auch der Bauer war oft frei und
keineswegs zu allen Zeiten jener Metöke und Helot,
der er später geworden. Die Beziehungen der Stände
zu einander beruhten auf Gegenseitigkeit, und selbst
dort, wo der grosse Lehensbesitzer Parcellen seines
Grundes seinen Dienstleuten als vorübergehendes oder
erbliches Nutzeigenthum überliess — also ein neues
Lehensverhältniss zweiten Grades schuf — und dafür
gewisse wirthschaftliche Gegenleistungen in der Form
von Naturalabgaben und Arbeit (Diensten) erhielt, war
doch auch er seinen Mannen und Hörigen gegenüber

verpflichtet, und zwar zum Schutze gegen Feindesmacht.
Der Edle schützte mit seinem Schwerte den die Scholle
bebauenden Landwirth, und das Bedürfniss nach
einem solchen Schutze war in der waffenklirrenden
Zeit des Mittelalters so gross, dass sich oft auch freie
Bauern in diesen Schutz flüchteten und um desselben
willen den Adeligen ein Obereigenthumsrecht an ihrem
Besitze freiwillig einräumten. Noch öfter kam es freilich
vor, dass die grossen Grundherren kleine, freie Besitzer
mit Gewalt in eine von ihnen abhängige Stellung
brachten und sich über deren Besitz ein Obereigenthumsrecht anmassten. Das ewig gleiche Schauspiel, dass der
Starke den Schwachen, der Grosse den Kleinen aufzehrt,
die ins Politische und Wirthschaftliche übersetzte
Anthropophagie blieb also auch der frommen, vom
Geiste des alles reglementirenden und regimentirenden
Socialismus und vom Geiste der christlichen Kirche —
um nicht zu sagen vom christlich-socialen Geiste —
vollkommen beherrschten Zeit des Mittelalters nicht
erspart; und so kam es, dass es in wenigen Jahr-
hunderten neben dem feudalen Grossgrundbesitzer
überhaupt keinen freien Bauer mehr gab.

Hand in Hand mit diesem Entwickelungsprocess,
war eine vollständige Verschiebung der Rechtsbezie-
hungen zwischen Grundherren und Grundunterthanen
vor sich gegangen, hatte sich das, was ursprünglich
die natürlichste und passendste Wirthschaftsorgani-
sation gewesen, in einen Apparat der ungeheuerlichsten
Ausbeutung der Einen durch die Anderen umgewandelt.
Aus dem Schutzherrn war der Bedrücker geworden,
der alle Rechte im Staate ausschliesslich für sich recla-
mirte, während der Bauer ebenso ausschliesslich alle

1 *

Lasten zu tragen hatte und obendrein dem Grundherrn
mit Leib und Leben angehörte, als eine Sache, wie der
Sklave jeder anderen Zeit. Es bleibt zum mindesten ein Zeugniss für die
grössere Klugheit, wenn schon nicht für ein tieferes socialpolitisches Verständniss des sogenannten aufgeklärten
Despotismus in Oesterreich, dass er die Sklavenketten
des Bauernstandes etwas lockerte und wenigstens die
Leibeigenschaft aufhob.[2]) Freilich, um aus den Hörigen
wirklich Freie zu machen, dazu hätte eine Neuorganisation der landwirthschaftlichen Besitzverhältnisse
überhaupt gehört, und um eine solche grundstürzende
Revolution durchzuführen, um einen solchen Kampf
auf Leben und Tod mit dem Grundadel aufzunehmen,
dazu fehlte es den gekrönten Staatssocialisten des
vorigen Jahrhunderts an der nöthigen Macht und
vermuthlich auch an der ernsten Absicht. Man hatte
dem übermüthigen Adel ein wenig die Faust gezeigt,
man hatte durch einige geschickte Handgriffe den
im Volke angesammelten Expansivgasen in einem
sehr gefährlichen Augenblicke einen Ausweg gegeben;[3]) in dem Momente, wo es sich zeigte, dass
die phrygische Mütze mit der Cocarde die österreichische Grenze nicht zu überschreiten drohe, dass
der Bundschuh nicht umgehe, in dem Momente legte
man das Reformwerk wieder beiseite und zog es
vor, den mächtigen Adel bei gutem Muthe zu erhalten, statt sich um den Bauern zu bekümmern, der
trotz der nominellen Aufhebung der Leibeigenschaft
seine fast ungemindert schwere Bürde weiter zu
schleppen hatte, bis ihm ein Retter von anderer Seite
erstand. Es zeugt aber klarer als tausend Ziffern, wie

schwer und stark auf dem Bauer der Druck gelastet
haben musste, wenn er einen derartigen geistigen und
moralischen Tiefstand erzeugen konnte, dass der
österreichische Bauer, statt seinem Befreier im Augenblicke der Bedrängniss durch eine Jacquerie zuhilfe
zu eilen, diesen schmählich im Stiche liess und an
seinen grimmigsten Feind verrieth.

Doch wir eilen voraus. Augenblicklich stehen wir
noch im Vormärz und haben vor allem die Rechts-
formen zu betrachten, in welchen das Grundunter-
thänigkeitsverhältniss — die Quelle allen Uebels —
speciell in Oesterreich zum Ausdrucke kam.[4]

Der gesammte Grund und Boden theilte sich in
Dominical- und unterthänige Gründe. Dominicalgründe
oder herrschaftliche Gründe waren in der Landtafel,
d. h. einem öffentlichen, bei dem Gerichtsstande des
Adels erliegenden Buche und ebenso in einem Buche
bei den Ständen der Provinz, dem Kataster oder
Gültbuche eingetragen. Diese landtäflichen Güter waren
in der für uns in Betracht kommenden Zeit fast ausschliesslich in den Händen des Adels und der Geistlichkeit.[5]

Die unterthänigen Gründe waren entweder „eingekaufte" oder „uneingekaufte". Eingekaufte Gründe
wurden diejenigen genannt, die aus dem Dominical-
complexe herrührten, deren Nutzungseigenthum die
Unterthanen ihren Gutsherren abgekauft hatten, die sohin
rusticalisirt, d. h. aus der Dominical- in die Rustical-
fassion und in das Grundbuch übertragen worden
waren. Diejenigen Gründe dagegen, für deren Nutzungseigenthum die Herrschaft keinen Kaufschilling erhalten hatte, deren Nutzung den Unterthanen viel-

mehr durch einen Erbpachtvertrag überlassen wurde
und die ihre Dominicaleigenschaft nicht verloren
hatten, wurden „uneingekaufte" Gründe und ihre
Besitzer „Dominicalisten" zum Unterschiede von
den „Rusticalisten" genannt. Die rechtlichen Folgen
dieser Unterscheidung beider Kategorien und besonders
die Vortheile, welche der Dominicalist in Bezug auf
die Steuerlast vor dem Rusticalisten ehedem voraus
hatte, waren im Vormärz längst (seit 1821) verschwunden.

Eine wichtigere Unterscheidung, weil von praktischer Bedeutung für die aus dem Unterthansverbande
entspringenden Leistungspflichten war die in „Inleute", „Grundholden" und „Unterthanen" im engeren
Sinne. Die Ersteren besassen keinen Grund und Boden
und unterstanden jener Grundobrigkeit, auf deren
Gebiet sie wohnten. „Grundholden" besassen zwar eine
unterthänige, d. i. in dem herrschaftlichen Grund-
buche erscheinende Realität, unterstanden aber für
ihre Person einem anderen Gerichtsstande, z. B. die
Geistlichen. Die eigentlichen Unterthanen endlich unterstanden sowohl ihrer Person als ihrer Sache nach der
„Grundobrigkeit". Diese letztere Kategorie unterschied
sich nun mit Rücksicht auf das dem Unterthansverbande zugrunde liegende oder doch angenommene
Vertragsverhältniss in „Erbpächter" — denen das
Nutzungseigenthum gegen Entrichtung einer im Verhältnisse zu dem jährlichen Ertrage stehenden Gegen-
leistung an Geld, Naturalien oder Dienst überlassen
war; in „Erbzinsleute" — die dem Grundherrn nur eine
geringe, in keinem Verhältnisse zum jährlichen Ertrage
stehende Abgabe zur Anerkennung des Obereigenthumsrechtes zu entrichten hatten, und in „Boden-

zinsleute" — wenn das Eigenthum dergestalt getheilt war, dass die Substanz des Grundes sammt dem Nutzungsrecht des unter der Oberfläche liegenden Theiles dem Grundherrn, die erbliche Nutzung der Oberfläche — wofür der „Bodenzins" zu entrichten war — aber dem Unterthanen gehörte. Endlich wurden die Unterthanen nach der später zu erörternden Leistungspflicht, was aber keineswegs mit dem Umfange des Besitzes zu verwechseln ist, in Ganzlehner, Halb- und Viertellehner und Kleinhäusler eingetheilt.

Der Inbegriff aller Gründe, die zu einem steuerbaren Hause unmittelbar gehörten und demselben in Grundbuch und Kataster angeschrieben waren, bildeten die „Bestiftung", das Bauerngut. Dasselbe unterlag dem „Bestiftungszwang", d. h. es durfte ohne höhere Bewilligung unter keinerlei Umständen, auch nur der kleinste Theil von demselben abgetrennt werden. Kein Unterthan durfte zugleich zwei steuerbare, für sich bestehende Häuser und Wirthschaften besitzen, ausser er hätte hierzu von der Landesstelle und den Land ständen die Bewilligung erhalten. Aber auch die Herrschaft durfte die in ihr Grundbuch dienstbaren Realitäten nicht an sich ziehen und selbst nutzen, sondern musste, falls ein Unterthan ohne Erbfolger gestorben und dessen Besitz sonach an sie als Obereigenthümerin gefallen war, sofort wieder einen neuen unterthänigen Besitzer auf die betreffende Realität stiften. Im Rahmen des Bestiftungszwanges durfte der Bauer für sein Gut testamentarisch einen Erbnachfolger für den Todesfall bestimmen; er durfte bei Lebzeiten sein Gut ohne obrigkeitlichen Consens mit Schulden belasten, doch durfte — bei Strafe der Abstiftung — die Schulden-

last nicht zwei Drittel des liegenden Vermögens über-
steigen. Die Bauern konnten — so weit es nicht zum
Nachtheile der grundherrlichen Gerechtsame ausschlug
— ihren Besitz verpfänden, vertauschen, verkaufen
und nach Gutdünken benützen: sie konnten Wiesen in
Felder, Felder in Weingärten umwandeln und umgekehrt, und konnten auch — wie es in einem Jagd-
patente vom Jahre 1786 mit unfreiwilliger, aber un-
widerstehlicher Komik heisst — ihre an die Wälder
grenzenden Gründe mit Planken und Zäunen umgeben, „ohne dass sie für jenen Schaden zu haften
hätten, welchen sich das Wild durch das Springen
hierüber zufügt".[6])

Alle diese „Rechte" waren natürlich rein nega-
tiven Charakters und bedeuteten bloss die theilweise
Beseitigung der gröbsten und unhaltbarsten Beschränkungen früherer Zeit. An positiven Rechten entsprang
dem Unterthänigkeitsverbande für den Unterthanen absolut keines, man wollte denn als ein solches den —
bei den damaligen Verhältnissen der Armenpflege —
rein illusorischen Anspruch auf die Armenversorgung
im Falle der Verarmung oder Hilfslosigkeit, oder das
„Klaubrecht" von dürrem Holz im herrschaftlichen
Walde gelten lassen. Umsomehr Pflichten und Lasten
erwuchsen dem Landwirthe aus dem nexus subditelae.

Diese Pflichten bestanden zunächst in gewissen
Naturaldiensten (Robot) und in verschiedenen Abgaben, welche der Herrschaft zu leisten waren.

Die Robot, der Frohndienst, war die vollkommen
unabgeschwächte und unvermäntelte wirthschaftliche
Erscheinungsform einer socialen Entwickelung, welche
als den einzigen gesellschaftserhaltenden Stand den

der Krieger betrachtete, während die producirenden
Classen lediglich als Mittel zum Zwecke der Ernährung
jener einzig Freien, und daher als diesen gehörig,
hörig, eigen angesehen wurden. Der unwiderstehliche
Geist der Entwickelung hatte zwar den Mächtigen das
äusserliche Zugeständniss abgerungen, dass auch der
ewig zinsende und steuernde Bauer ein Mensch mit
Eigenbestimmungsrecht und nicht bloss ein hornloses
Zugvieh sei, wie die fromme Geistlichkeit lehrte;[7])
allein an der Thatsache, auf die es ankam, dass
nämlich der Bauer zuerst für seinen Herrn und
erst in zweiter Linie, so weit es ihm dieser gestattete,
für sich produciren durfte, daran war durch die
nominelle Aufhebung der Leibeigenschaft nichts
geändert, und so blieb die Robot, das Zeichen der
nach wie vor weiterbestehenden persönlichen Unfreiheit
und Hörigkeit, mochte der zu seinem Luxus stets Geld
bedürfende Adel immerhin sich gern zu zeitweiser
oder dauernder Ablösung der Robot (Robotreluition,
Robotabolition) durch Geld bereit erklären, mochte
auch eine feile Juristerei die feine Distinction treffen,
dass das Recht auf Robot kein persönliches, sondern
ein dingliches sei und an Grund und Boden, nicht
aber an der Person des Landwirthes hafte. In den
wirthschaftlichen und socialen Verhältnissen änderten
derartige Kunststücke nicht nur nichts, es scheint
sogar, dass man mit Hilfe derselben nur neue Ketten
für den frohndenden Bauer schmiedete. Wenn die Last
des Dienstes nicht auf dem Unterthanen als Person,
sondern auf seinem unterthänigen Besitz lastete, dann
begründete der grössere Besitz für den Herrn nicht
den Anspruch grösserer Leistungen; aber der Umstand,

dass ein Unterthan, der zur Zugrobot verpflichtet war, gar keinen Zug hielt, konnte der Obrigkeit in ihrem Rechte auch nichts nehmen. Nach dem Gesetze⁵) mussten die zur Zugrobot verpflichteten Unterthanen die hierzu nöthigen Pferde und Ochsen halten, von welcher Verpflichtung sie das Nichtwollen oder Nichtkönnen keineswegs befreite. Man sieht also, dass die Robot gerade auf dem Schwachen am schwersten lastete, und den Reichen kaum bedrückte, gerade das Gegentheil von dem, was die gewissen Laudatores temporum actorum uns von den socialen Wirkungen der „christlichen" Gesellschaftsorganisation glauben machen wollen.

In Niederösterreich bestanden bezüglich der Robot folgende allgemeine Grundsätze. Der Ganzlehner musste mit einem vierspännigen, der Halblehner mit einem zweispännigen Ochsen- oder Pferdezug frohnden; der Viertellehner, Kleinhäusler und Inmann hatten Hand- und Fussrobot (Gänge) zu leisten. Der Ganz-, Halb- und Viertellehner musste 104 Tage im Jahre, der Kleinhäusler (Batzenhäusler) je nach der Grösse des Besitzes 52 oder nur 26 Tage, der Inmann 12 Tage roboten. Der Robottag wurde mit 10 Stunden wirklicher Arbeit gerechnet. Die Robot war von den Unterthanen mit ihrem eigenen Pfluge oder Arbeitszeug zu leisten. Befreit von der Robot waren nur die alten Ausnehmer, verheiratete, jedoch bei ihren Eltern als Knecht dienende Bauernsöhne, verabschiedete Invaliden, die keine robotpflichtigen Häuser besassen, und presshafte oder über 60 Jahre alte Inleute, so lange sie keinen robotsamen Grund hatten — also nur sehr wenige.

War schon die Robotverpflichtung ein Brandmal der Unfreiheit und zugleich ein Hinderniss jeder gesunden Entwickelung der landwirthschaftlichen Verhältnisse überhaupt,*) so bildeten die Abgaben, welche an die verschiedenen „Herrschaften" zu entrichten waren, geradezu die Quelle sicheren Ruines für den Landwirth. Bei dem Erfindungsreichthum, welchen die Geldlüsternheit in den menschlichen Schädeln, selbst in solchen, die durch künstliche Zuchtwahl vieler Jahrhunderte nicht aufs Erfinden eingerichtet sind, zu wecken weiss, darf man sicher sein, dass es der Rechts- und Unrechtstitel gerade auf diesem Gebiete so viele gab, und dass dieselben von Land zu Land, ja oft von Herrschaft zu Herrschaft so wechselten, dass eine ausführliche Behandlung derselben den Rahmen dieses Buches weit überschreiten würde. Wir begnügen uns daher, die in Niederösterreich, also in den dem Reichscentrum zunächst gelegenen Gebieten, allgemein geltenden Bestimmungen kurz zu beleuchten.

Vor allem hatte der Unterthan dem Grundherrn den „Grunddienst" zu entrichten, d. h. eine jährliche Abgabe für die Nutzung des Grundes und zur Anerkennung des Obereigenthumsrechtes (Erbzins). Der Betrag des Grunddienstes war zumeist gering, war aber auch dann zu entrichten, wenn wegen Misswachs oder aus anderen Ursachen wenig oder gar nichts geerntet wurde. Eine weit grössere Last war das „Veränderungspfundgeld", welches bei jeder Besitzveränderung dem Grundherrn zu entrichten war. Es hatte die doppelte Form des „Mortuariums" und des „Laudemiums". Das Mortuar war eine Art Erbsteuer, die nur bei Besitzveränderungen im Todesfall, und zwar in der Höhe von 5% von allem beweglichen und unbeweglichen Verlassenschaftsvermögen nach Abzug der Schulden dem Grundherrn zu leisten war. Das Laudemium wurde bei jeder Besitzveränderung unter Lebenden als auch bei Erbschaften entrichtet, und zwar im Betrage von 5% des gesammten unbeweglichen, in anderen Besitz gelangenden Vermögens ohne Rücksicht auf die darauf lastenden Schulden. Wie für jede Veränderung, so war auch dafür dem Grundherrn ein Antheil zu entrichten, wenn jemand mit seinem Vermögen das Gebiet des Grundherrn verliess, um sich irgend anderswo anzusiedeln. Diese Abgabe, das Abfahrtsgeld genannt, betrug 5% des gesammten, schuldenfreien, beweglichen und unbeweglichen Vermögens. Zu diesen Leistungen kamen dann noch eine Legion von Gebühren und Taxen, welche dem Grundherrn als Grundbuchführer bei jeder Gelegenheit zu entrichten waren.

Diese Abgaben waren vom wirthschaftlichen Standpunkte um so bedenklicher, als sie nicht aus dem Ertrage flossen und nicht die Besitzvermehrung trafen, sondern beständig den Grundstock, das Lebensmark angriffen. Und doch erschöpften sie noch lange nicht die Litanei von Lasten und bildeten kaum den Schwerpunkt derselben. Die Grundherrschaft war nur Ein Herr, der Bauer hatte deren aber viele — wenigstens dem Namen nach. — Da war auch noch die „Dorfherrschaft”, die „geistliche Lehensherrschaft” und die „Vogteiherrschaft”, die „Bergherrschaft” und die „Zehentherrschaft”. Eigentlich waren alle diese „Herrschaften” — mit einziger Ausnahme der Zehentherrschaft, welche sehr oft bei den Geistlichen ruhte — ein und dieselbe Person in ihren verschiedenen Beziehungen zum Unterthanen aufgefasst. Wie aber die verschiedenen Eigenschaften des Obergottes Zeus oder Wodan, sein personificirter Muth, seine Weisheit, sein Zorn, seine Verschlagenheit, zuletzt als eigene selbständige Gottheiten dem schwachen Menschenkinde erschienen und von ihm die duftenden Opfer verlangten, so traten auch die Sonderungen desjenigen, welcher für den Bauer mehr als Gott und Kaiser der „Herr" κατ' ἐξοχήν war, als eigene „Herrschaften" auf und forderten ihr Opfer mit olympischer Rücksichtslosigkeit. Den Namen „Grundherr" führte der Herr bloss als Obereigenthümer, und bloss aus diesem Rechtstitel zog er den Anspruch auf Robot, Grunddienst, Veränderungspfundgeld, Abfahrtgeld, Taxen und Gebühren.

Erschien der Gewaltige als der Ordnungmacher, als die Polizei, dann hiess er „Dorfherrschaft" oder „Dorfobrigkeit", als welche er neben dem Rechte der Gerichtsbarkeit in politischen und schweren Polizeiübertretungen der öffentlichen Sicherheits- und Marktpolizei und dem dazu gehörigen Rechte der Gewerbeverleihung und der Schankgerechtigkeit auch noch den Anspruch auf die sogenannte „Mitwaide und das Blumensuchen" genoss, dessen wesentlicher Theil natürlich nicht das Blumensuchen, sondern die ausgiebige Mitbenützung der Gemeindetriften bildete.

Trat der „Herr" als Kirchenpatron auf, so führte er den Namen „Geistliche Lehensherrschaft" und übte als solche das Präsentationsrecht der Geistlichen, wie auch heute noch der Kirchenpatron. Unter anderen Rechten, die er in dieser Eigenschaft genoss, befand

sich auch der Anspruch auf den Ueberschuss der
Kircheneinkünfte zu seiner Ernährung für den Fall,
als er durch unvorhergesehene Unglücksfälle in Armuth gerathen könnte, ferner das Aufsichtsrecht über
das Gebaren und die Verwaltung des Kirchenver-
mögens und dessen Einkünfte. Es ist übrigens zu erwähnen, dass die „geistliche Lehensherrschaft" die
umschriebenste von allen, nur eine Art constitutioneller
Herrschaft war, da die Geistlichkeit in frommer Einfalt die Rechte des Lehensherrn mit Schranken umgeben hatte und das Patronatsrecht auch verloren
gehen konnte, wenn der Patron z. B. seinen Lehens-
pfarrer verwundete oder gar tödtete, wenn er sich die
Güter seiner Lehenspfarre „gefährlich anmasste oder
auf andere Art derselben Schaden zufügte"[10]) u. s. w.

Um so unbeschränkter war dagegen die weltliche
Lehensherrschaft, „die Vogteiherrschaft"; das war im
Mittelalter diejenige, welche den Unterthanen in allen
Gefahren ihren Schutz verlieh, und dafür von diesen
„Vogtholden" gewisse Abgaben zu fordern hatte, welche
aber weder in den Gesetzen bestimmt, noch durch
eine allgemeine Landesgewohnheit festgesetzt, sondern
immer nur „durch besondere Rechtsverhältnisse und
die gewöhnlichen Rechtstitel und Erwerbungsarten
begründet sind".[11]) Die Verpflichtung des Vogtherrn
zum Schutze des Vogtholden hatte natürlich schon in
Folge des Emporkommens der landesfürstlichen Vorrechte aufgehört, dagegen bestand der Dienst, welcher
für diesen Schutz zu entrichten war und der bald in
Naturalien, bald in Geld, bald auch in Robot bestand,
weiter, auf Grund von „altem Herkommen und verjährtem
Besitze", wie es in dem authentischen Commentar heisst.

Die „Bergherrschaft" gewährte das Recht, von bergmässigen, d. h. zum Weinbaue benützten Gründen einen gewissen jährlichen Dienst zu fordern, den „Bergdienst", der in einer Abgabe von Wein oder in dem entsprechenden Geldrelutum bestand. Der Bergdienst war absolut nicht so hoch, betrug 2, 3, 4, 5 fl. C.-M., aber er war gleichwohl die ungerechteste und verhassteste aller Abgaben; denn er bedeutete ein „bis", ja ein „ter in idem" und war, da das Recht auf dem Grunde haftete, auch von solchen Gründen zu entrichten, auf denen schon seit Menschengedenken kein Wein mehr wuchs, wenn sie gleichwohl als bergmässig eingetragen waren; „von der Verbindlichkeit, den Bergdienst zu zahlen, befreit nicht die Unfruchtbarkeit, minderes Erträgniss oder ein gänzliches Fehljahr, sondern nur wenn der Berggrund ohne Schuld des Bergholden gänzlich verödet".¹²)

Last not least kam die „Zehentherrschaft", welche den Anspruch erhob, von jedem Besitzer eines als zehentpflichtig eingeschriebenen Grundes (Zehentholden) einen verhältnissmässigen Theil, meist den zehnten, von dessen Früchten jährlich einzuziehen. Das Zehentrecht war oft in geistlichen Händen; dort, wo aber — wie bei den zahlreichen geistlichen Stiften – der Grundherr ein geistlicher Herr war, fiel auch die Zehentherrschaft mit den anderen Herrschaften zusammen. Die Verbindlichkeit des Zehents hing dem Grunde wie das Bergrecht für ewige Zeiten an, mochte der zehentpflichtige Boden welche culturelle Wandlung immer durchgemacht haben. Auch schloss die Entrichtung des Bergdienstes von einem zehentpflichtigen Weingarten die des Zehenten nicht aus, mochte auch

Berg- und Zehentherr eine und dieselbe Person sein, mochte auch der Weinberg längst keine Traube mehr tragen. In diesem Falle nahm die Herrschaft die Schätzung vor und der arme Hauer hatte 12%, 13% und mehr noch, berechnet nach dem Ertrage eines reichen Weingartens, für sein Grundstück abzuführen, welches vielleicht nur Futter für seine Schweine und Ziegen hergab. Wie drückend gerade der Zehent aber selbst unter normalen Verhältnissen sein konnte, rechnete nachmals dem constituirenden Reichstage während der Debatte über den Kudlich'schen Antrag der Tiroler Deputirte Dr. Pretis vor. Es gebe in Oesterreich, namentlich im Hochlande, sehr viele Gründe, die ihrem Besitzer nicht mehr als höchstens den vier- bis fünffachen Samen abwerfen. Die Besitzer, die fünf Metzen Weizen säeten, ernteten im Durchschnitte nicht mehr als zwanzig Metzen, und von diesen zwanzig Metzen mussten zwei als Zehent abgegeben werden. Da nun aber bei diesen zwanzig Metzen schon die fünf Metzen Samen mitbegriffen sind, die er bereits im vorigen Jahre verzehentet hatte, so verbleiben von einem Jahre zum anderen nur fünfzehn Metzen. Wenn der Bauer nun von diesen fünfzehn Metzen zwei dem Zehentherrn geben musste, so bedeutete das, dass er alle sechs bis sieben Jahre ein Jahr zum ausschliesslichen Vortheile des Zehentherrn sein Grundstück bearbeiten und dafür Steuern und Abgaben entrichten musste.

Angesichts solcher Thatsachen darf man wohl fragen, woher kommt die durch den Glauben eines ganzen Zeitalters scheinbar sanctionirte Lehre, dass gerade die individuelle und freie Wirthschaft den

Schwachen an das Messer des Starken lieferte? War
nicht vielmehr der Bauer durch den wirthschaftlichen
Zwang bereits so ruinirt, dass das spätere System der
Freiheit und Wahrheit seine Proletarisirung bloss an den
Tag brachte? Keine wirthschaftliche und gesellschaftliche
Organisation kann es natürlich verhindern, dass der
Schwache leichter im Kampfe ums Dasein erliegt, als
der Starke. So lange das Sigillum Salomonis nicht gefunden ist, welches diesen Unterschied zwischen Stark
und Schwach an und für sich aufhebt, so lange wird
die traurige Folgeerscheinung fortwähren; daran wird
so wenig wie der Liberalismus der viel höherer, über-
natürlicher Kräfte sich rühmende Socialismus etwas
ändern können. Wenn aber eine Gesellschaftsclasse
nicht dazu berufen ist, uns Predigten über den Schutz
der Schwachen zu halten, so sind es jene Leute, welche
die Abschaffung des trefflichen Unterthanenverbandes
und der Zehentherrlichkeit ja doch noch immer nicht
verschmerzt haben und heute gerade unter Ausnützung
des socialistischen Windes mit geblähten Segeln diesem
retrograden Ziele wieder zusteuern. Das Unterthänigkeitsverhältniss und der Bestiftungszwang — welcher
den Bauer behinderte, Todtes vom Lebenden aus-
zuscheiden — schützte den Schwachen in einer Weise,
dass er auf seinen Huben thatsächlich weder leben
noch sterben konnte. Es gab für den Aermsten keine
Hilfe und das reichste Jahr war für ihn das grösste
Unglück; denn dann hatte er von seinem unfrucht-
baren, schlecht bebauten Felde gerade so viel Grunddienst, Bergrecht, Zehent und Vogteidienst zu leisten,
wie ein anderer von dem gleich grossen, aber frucht-
bareren und besser bestellten Acker. Und es hiess

zum Jammer den Hohn gesellen, wenn man den Armen
auf seinen Rechtsweg wies, denn der Richter über
seine Sache war sein Gegner selbst.

Das wesentlichste aller Vorrechte des grossen
Grundadels war das der Gerichtsbarkeit, das dem
Grundherrn zustehende Recht, alle Amtshandlungen
rücksichtlich der in seinem grundherrlichen Bezirke
liegenden unterthänigen Güter vorzunehmen und dieselben betreffende Streitigkeiten in erster Instanz zu
entscheiden (dingliche Gerichtsbarkeit), sowie dem
Unterthanen im politischen und Civilrechtswege „zu
seinem Rechte zu verhelfen" (persönliche Gerichtsbarkeit). In einer Zeit, in welcher der Grundherr die
Herrschaft (autoritas) schlechtweg, die Provinz aber
nur ein loser, kaum integrirter Verband einzelner
kleiner, aber vollkommen selbständiger Localherr-
schaften war, musste diese wirthschaftliche und politische Autorität des Territorialchefs als organisch
und natürlich bezeichnet werden. In einer Zeit aber,
wo der staatliche Centralismus bereits Anwälte, wie
Maria Theresia, Josef II. und Franz besessen hatte, in
einer Zeit, wo der Bauer dem Staate Steuern zu entrichten und Kriegsdienste zu leisten hatte, bedeutete
es einen heillosen Widerspruch, wenn die Gerichtsbarkeit auf dem Standpunkte der alten Territorial-
herrschaft belassen, die Rechtsprechung in erster Instanz mit Ausnahme von Strafsachen dem Grundherrn
überlassen wurde. War dieses Verhältniss dem modernen
Rechtsgefühle schon in allen jenen Fällen unerträglich,
wo der Herr über den „Ungehorsam des Unterthanen
gegen die Herrschaft", oder gar wegen politischer
Vergehen zu Gerichte sass, so bedeutete es wohl den

Gipfelpunkt der Ungerechtigkeit, wenn der Unterthan
in allen ex nexu subditelae entsprungenen Streitigkeiten (Beschwerden über grundherrliche Abgaben,
Grundbuchsgebühren, über den Grunddienst, Streitigkeiten über Naturaldienste und Robot etc.), in allen
Streitigkeiten über dorfobrigkeitliche Rechte, Zehent-
streitigkeiten (so weit es sich nicht um das Recht
selbst handelte), Bergrechtstreitigkeiten, Streitigkeiten
zwischen weltlichen Vogtherren und Vogtholden, an
denselben Grundherrn gewiesen wurde, gegen den er
processiren wollte. Da sollte dann nicht selten derselbe Beamte über eine Beschwerde entscheiden, über
Verfügungen, die er selbst in anderer Eigenschaft getroffen hatte. In jedem Falle war aber der Richter
zugleich die eine der interessirten Parteien. In welcher
Weise da Recht gesprochen und dem Unterthanen
überhaupt „zu seinem Rechte verholfen wurde", lässt
sich denken; der Anschaulichkeit halber möge dazu
aber doch ein Zeitgenosse, der bekannte Reichstags-
abgeordnete von 1848 Ernst Violand[13]) das Wort er-
greifen.

,Hatte der Bauer eine Forderung, z. B. aus dem
Titel des Kaufes u. dgl. gegen seine Herrschaft, glaubte
er nicht verpflichtet zu sein, eine geforderte Abgabe
wegen Vergleiches und Verjährung ferner zu leisten,
so konnte er nicht gleich, wie ein anderer Mensch bei
dem Civiljustizrichter klagen, sondern da ging noch
eine Menge voraus. Der Bauer, welcher eine Forderung gegen die Herrschaft hatte, musste zuerst seine
Klage an einem Amtstage bei der Kanzlei der Herrschaft
zu Protokoll geben. Erhielt er binnen 30 Tagen keine
erwünschte Erledigung, dann hatte er das Recht, eine

2*

Protokollabschrift der Klage zu verlangen, und hierauf war er erst befugt, sich an das Kreisamt, eine landesfürstliche politische Behörde zu wenden und daselbst seine Klage mit Behelfen anzubringen. Das Kreisamt sandte dann eine Abschrift des Klageprotokolles und der Behelfe an die Herrschaft und lud sie mit dem Kläger zu einer angeordneten Tagsatzung. Bei dieser Tagsatzung war das Kreisamt verpflichtet, auf das Zustandekommen eines Vergleiches hinzuwirken. Kam der Vergleich nicht zu Stande, dann schickte erst das Kreisamt die Klage des Bauers an das Fiscalamt mit der Anfrage, ob es als durch das Gesetz bestimmter unentgeltlicher Unterthansadvocat die Angelegenheit des Unterthans im Rechtswege vertreten könne und wolle. Nahm sich das Fiscalamt der Klage des Unterthans an, so begann endlich ein langwieriger Process, der bei den vielen Geschäften des Fiscalamtes gewöhnlich zwei bis drei Jahre, manchmal aber auch zehn Jahre und darüber dauerte und überdies sehr schlecht geführt wurde. Erklärte aber das Fiscalamt, die Sache des Unterthans nicht vertreten zu können, dann hatte der Bauer das Recht, sich einen gewöhnlichen Advocaten zu bezahlen. Er konnte sich zwar jedesmal statt des Fiscalamtes eines Advocaten bedienen, aber immer musste früher der kreisamtliche Vergleichsversuch vorausgehen, denn sonst hatte jede Gerichtsbehörde die Klage des Unterthans zurückzuweisen, und, was wohl zu erwägen, bei der kreisamtlichen Verhandlung durfte kein Rechtsfreund erscheinen, und die Kreisämter bestanden durchgehends aus lauter Adeligen und Protectionskindern, welche von der Civiljustiz und den Gesetzen des österreichischen

Privat- oder bürgerlichen Rechtes nicht das Mindeste
wussten. Jedesmal — eine Ausnahme wäre ein Wunder
gewesen — wurde dem unwissenden Bauer, und wenn
er offenbar Recht gehabt hätte, Unrecht gegeben und
ihm stets zugeredet, ja nur einen Vergleich einzugehen."
Die ganze Gerichtsorganisation lief also darauf
hinaus, das geringe, in den parteiischen Gesetzen
den Bauern eingeräumte Recht auf alle Weise, durch
Abschreckung, Zurede und endlich durch Verzögerung
zu vereiteln. Das ganze Unterthanenverhältniss war
ein Netz, welches den Bauer mit unzerreissbaren
Maschen umstrickte und ganz seinem Vogtherrn
preisgab.

Bedurfte es zum vollständigen Ruin des Landwirthes noch eines weiteren Factors, so war er durch
die unerschwingliche Steuerlast und die ungleich-
mässige Vertheilung derselben mehr als reichlich gegeben. Das franciscinische Katasterwerk und die damit
verbundene Steuerreform [14]) war ein grosses und ver-
dienstvolles Werk, vielleicht das verdienstvollste der
franciscinischen Regierung überhaupt. Sie legte der
Besteuerung einen gleichheitlichen, auf Grund qualitativer und quantitativer Schätzungen erhaltenen
Massstab zugrunde und bestimmte die Steuer nicht
mehr vom Rohertrage, sondern vom Reinerträgniss.
Allein, dieses grosse Reformwerk war in der für uns
in Betracht kommenden Zeit noch keineswegs ab-
geschlossen und bloss in einem Kronlande, dem Erz-
herzogthum Niederösterreich (seit 1834) thatsächlich
in Kraft. In allen anderen Provinzen bestanden Ueber-
gangszustände, zum Theile auch noch die Besteuerung

vom Rohertrage. Die Steuereinhebungsbehörde war der Grundherr, und es lässt sich daher leicht vorstellen, wie es oft bei den geschilderten Gerichtsverhältnissen mit der Einhaltung der in der Hand des Grundherrn befindlichen Repartitionslisten bestellt war. Dazu kam die Höhe der Grundsteuer. Unter normalen Zuständen betrug sie 1840 in Niederösterreich 16 fl. 55 kr. C.-M. von 100 fl. C.-M. des Reinertrages, d. i. $17^0/_0$ [15]); in anderen Provinzen stieg sie bis auf $24^0/_0$ oder noch höher. Kamen aber die Staatsfinanzen in eine jener zahllosen Verlegenheiten, welche die Geschichte Oesterreichs bis zum Vormärz aufzuweisen hat und von denen wir noch öfter werden handeln müssen — allsogleich warf man sich auf den Grundbesitz und legte ihm eine neue 10- bis $15^0/_0$ige Grundsteuer auf. Gewöhnlich verschlang die Grundsteuer zusammen mit den oben geschilderten Urbarialgiebigkeiten in Jahren mittelguter Ernte bis zu $70^0/_0$ des Reinerträgnisses.[16])

Nehmen wir den ganz gewöhnlichen Fall an, dass ein Sohn das Erbe seines Vaters in vollkommen intactem Zustande und in einem sehr günstigen Jahre übernahm. Derselbe hatte zunächst Laudemium und Mortuar im Mindestbetrage von $10^0/_0$ des Gesammtbesitzes oder — sehr günstig gerechnet — den Reinertrag eines ganzen Jahres zu entrichten, sodann im ersten Jahre gleich $70^0/_0$ des Reinerträgnisses an Urbarialgiebigkeiten und Steuern, so dass eine Verschuldung von Grund und Boden ganz unvermeidlich war.

Wen kann es wundern, dass unter solchen Verhältnissen, bei einem solchen System der Ausbeutung die kräftigsten Antriebe zur Production wegfielen, und damit diese selbst unterbunden war? Von einer rationellen Landwirthschaft besteht im Vormärz keine Spur; bloss in Oberösterreich hatte man ernstere und ausgedehntere Versuche mit der Fruchtwechselwirthschaft gemacht, fast überall anderwärts bestand die Dreifelderwirthschaft in ungeschwächter Alleinherrschaft; Dünger und Düngungsmethoden waren wenig bekannt, in Galizien blieb ein grosser Theil der Felder oft acht bis zehn Jahre ungedüngt.[17]) Die Viehzucht war unbedeutend, die Futterpflege vernachlässigt, die Jagd ausschliessliches Recht der „Herren". Der Reichthum des Bodens harrte vergeblich der Ausbeutung. Was die Ausnutzung des Bodens für Ackerbauzwecke betrifft, stand Oesterreich hinter allen bedeutenderen Ländern Deutschlands zurück;[18]) nach dem Antheil des Ackerlandes vom bebauten Land überhaupt verhielt sich Oesterreich zu Württemberg wie 11 : 14, zu Preussen wie 11 : 15, zum Königreich Sachsen wie 11 : 16·8. In Bezug auf die Ergiebigkeit wurde die landwirthschaftliche Production in Oesterreich gleichfalls von allen Ländern Deutschlands mit fast alleiniger Ausnahme des von der Natur so stiefmütterlich behandelten Preussen übertroffen.[19])

Ein schwer belastendes Zeugniss für die Mängel der landwirthschaftlichen Verhältnisse in Oesterreich bilden die Ausweise über den österreichischen Handel.[20]) Der Werth der Industriegegenstände betrug bloss 46%, der der Natur- und landwirthschaftlichen Producte dagegen 54% der Gesammteinfuhr, während in Frankreich die letztere Kategorie von Producten bloss $23 \cdot 7\%$, in den Zollvereinsstaaten $30 \cdot 4\%$ von dem Werthe der Gesammteinfuhr ausmachte. Die eingeführten

Producte auf die Bevölkerung nach der Kopfzahl vertheilt, betrug der Werth des Verbrauches eingeführter Natur- und landwirthschaftlicher Erzeugnisse

in Oesterreich 1 fl. 20 kr. C.-M. pro Kopf
in Frankreich 1 „ 31 „ „ „ „
im Zollverein 2 „ 41 „ „ „ „

Es wurde also nicht nur im Lande nicht genug producirt, sondern auch — trotz der für ein Agriculturland ganz enormen Einfuhr — immer noch nicht genug eingeführt, d. h. die Einfuhr hätte, um in Oesterreich einen ähnlichen Verbrauch wie in Frankreich und im Zollverein möglich zu machen, noch viel grösser sein müssen. Dazu ist zu bemerken, dass der grösste Theil der eingeführten Producte nicht etwa Colonialwaaren, sondern thatsächlich Gegenstände der heimischen Production waren; Oele, Vieh, Getreide und andere Felderzeugnisse repräsentirten zusammen einen Werth von 23,540.584 fl., also mehr als die Hälfte (51%) der eingeführten Natur- und landwirthschaftlichen Producte und mehr als ein Viertel (27·4%) vom Werthe der Gesammteinfuhr überhaupt. Dieser Einfuhr stand eine nur geringe Ausfuhr gegenüber,[21]) welche das Gesammtbild nicht wesentlich zu ändern vermag.

Und diesem Bilde entspricht genau das, was uns an düsteren Schilderungen der Armuth und des Elendes unter dem Landvolke aus jener Zeit überliefert ist. Die schwere Bürde der Steuern, die ungerechte Last der Urbarialgiebigkeiten, die ungezählten Robote, welche bei jedem Bau einer Strasse, Kirche, Kaserne oder dergleichen von den Bauern geleistet werden

mussten, die Militäreinquartierungen ohne Ende, die
Vorspanndienste bei Militärtransporten, von welchen
oft der Zug nicht mehr heimkehrte und von denen
die Herrschaften ausgenommen waren, all das bildete
eine bleierne Riesenlast, welche den Landmann. zu
Boden drückte. „In manchen Provinzen, wie in Galizien,
in Böhmen, waren viele Bauern des Jahres nur ein-
oder zweimal im Stande, sich Fleisch als Leckerbissen
zu verschaffen und das Elend der Riesengebirgs- oder
sonstigen österreichischen Gebirgsbewohner ist nicht
mit Worten zu beschreiben."[22]) Um vor dem Hunger
einigermassen geschützt zu sein, mussten grosse Massen
der ländlichen Bevölkerung neben der Landwirthschaft
Hausindustrie treiben, und was war das für ein Leben,
welches so errackert wurde? Eine amtliche Quelle,[23])
also ungetrübt von Sentimentalität für das „Land-
gesindel" — sagt: „In den böhmischen Grenzgegenden
von Nachod bis Tetschen beschäftigt sich der vierte
Theil der Bevölkerung wenigstens zeitweise mit der
Spindel oder dem Spinnrade, und davon sind die Hälfte
beständige Spinner, deren Zahl etwa 90.000 beträgt.
Auf der Herrschaft Hohenelbe allein leben über 7000,
auf der Herrschaft Nachod über 8000 Spinner. Bei
den niedrigen Preisen der Leinwand und der wachsenden Concurrenz des für die Verwebung sich vortheil-
haft zeigenden Maschinengarnes ist der Spinnlohn auf
eine so niedrige Stufe gesunken, dass er nur noch
2 bis 3 kr. täglich, manchmal auch weniger beträgt."
Im böhmischen Erzgebirge, wo Hunger und Hungertyphus zu Hause waren, war ein Mensch schon zufrieden, wenn er täglich 4 bis 6 kr. verdiente. In
Mähren gab es mit Robot gedrückte Häusler und

Inleute im Gebirge, welche sich bei Fleiss und Arbeitsamkeit täglich 2 kr. W. W. verdienten, das macht im Jahre 6 fl. Davon mussten sie leben, wenn sie nicht manchmal irgendwo nebenbei auf Taglohn um 4 Groschen arbeiteten.[24]) Ein gewisser Göhring,[25]) ein Schriftsteller von ausgesprochen conservativer Gesinnung, ist entsetzt über die grenzenlose Unwissenheit des galizischen Bauers, welcher er Schuld giebt an der Gleichgiltigkeit gegen alles, an „seiner Blindheit für jedes Mittel, welches man ihm freundlich entgegenbrachte, damit er durch dasselbe sich aus seiner niedrigen, ihn entwürdigenden Lage emporhelfen möchte". Wenn man die Schilderung liest, welche dieser Schriftsteller — weit entfernt, grau in Grau malen zu wollen — von der durchschnittlichen Lage und Lebensweise eines galizischen Bauers um 1840 entwirft, so glaubt man sich unwillkürlich auf den Standpunkt der Naturvölker versetzt, und der Vergleich fällt dann noch immer nicht in allen Punkten zu Gunsten der galizischen Bauern aus.

Man braucht keineswegs zu Berichten radicaler Zeitungen aus dem Sturmjahre zu greifen, um ein Bild grenzenloser Verarmung und Verelendung unter dem ländlichen Volke aufzudecken, welches an die Lage der irischen Pächter erinnert.

Nachgerade liessen sich diese Zustände auch seitens der Regierung nicht mehr als die besten der Welt hinstellen. Man merkte mit Entsetzen, in welchen Sumpf der Karren gerathen war, allein das ganze System erlaubte nicht die Anwendung der allein richtigen Reformmittel, und Halbheiten, wie das Robotabolitionsdecret vom Jahre 1846, mussten eher provo-

catorisch auf die verzweifelten Bauern wirken. Sie
riefen nach Brot und man gab ihnen Steine. Denn was
sollte das praktisch bedeuten, wenn eine allerhöchste
Vorschrift von der „Beförderung des Zustandekommens
freiwilliger Abfindungen zwischen den Grund- und
Zehentherren und ihren Grund- und Zehentholden über
die Naturalfrohne und Naturalzehente" schwatzte,
während der Bauer keinen rothen Heller hatte, um
sich abzufinden?

Einer der reactionärsten und bornirtesten Chronisten des Jahres 1848 [26]) berichtet: „Der Bauer zeigte
sich störrisch. Dankbarkeit ist nicht seine Sache. Das
die Zehent- und Frohnsablösung betreffende Patent
stiess auf keine erkenntliche Gesinnung, vielmehr auf
das Begehren, statt weniger als vorher, jetzt entschieden gar nichts mehr zu leisten. In den beiden
Vierteln ob und unter dem Mannhartsberge musste
man 1847 den Widerspenstigen, welche die Frohndienste verweigerten, mit militärischer Gewalt begegnen." Wie das Robotablösungspatent aber auch
von den Adeligen aufgefasst wurde, bewiesen die Vor-
fälle in Steiermark, im Cillier Kreis, wo die Bauern
zur Abschliessung von Abolitionsverträgen durch
Militärexecution und Stockprügel genöthigt wurden.[27])

Das meiste Verständniss für die Bedeutung und
Grösse der Frage beweisen noch die galizischen Land-
stände, die, um den Bauer für die politischen Pläne
der Schlachta zu gewinnen, schon auf den Landtagen
von 1842, 1843 und 1844 weitgehende Reformen unter
bedingungsweiser Aufhebung der Robote begehrten
und im Jahre 1845 sogar eine Commission zur Be-
arbeitung dieses Planes einsetzten. Die Regierung

untersagte es jedoch der Commission, sich mit dieser
Frage zu beschäftigen; es sollte keinen anderen Ausweg aus dem Labyrinthe geben als die Revolution.

Zweites Capitel.

Die Lage des Gewerbes.

Die Entwickelung der österreichischen Industrie,
welche wir hier vor Augen haben, reicht in ihrem Ur-
sprunge nicht über das XVIII. Jahrhundert zurück.
Jene österreichischen Herrscher aus der Zeit der
Gegenreformation, welche ihre Regentenpflicht darin
erblickten, Oesterreich zu einer unbestrittenen Domäne
des Katholicismus und Jesuitismus und den Staat zu
einem willfährigen Werkzeug der römischen Curie zu
machen, nahmen natürlich in ihres Herzens frommer
Einfalt auf wirthschaftliche Hindernisse, welche etwa
den Absichten der Gegenreformation im Wege standen,
keine Rücksicht. Da aber nach dem natürlichen Laufe
der Dinge die intelligentesten Bürgerkreise protestantisch
und gleichzeitig die hervorragendsten Träger des Gewerbefleisses waren, so wurde die Drangsalirung und
massenhafte Auswanderung der Protestanten aus Oesterreich gleichbedeutend mit einer Schädigung des österreichischen Gewerbes in dessen tüchtigsten Vertretern.
Was fähig war, verliess das Land, die träge, unfähige
Masse blieb zurück. Es war eine Zuchtwahl im übelsten
Sinne. Die von der Gegenreformation beabsichtigte
Wirkung blieb auch nicht aus — eine tiefe Ruhe trat

ein, die Ruhe des Friedhofes leider auch auf wirth-
schaftlichem Gebiete.

Unter unsäglichen Mühen mussten die Herrscher
des XVIII. Jahrhunderts gut zu machen trachten, was
ihre allzu katholischen Vorfahren an dem ehemals
blühenden Handwerke versündigt hatten. Josef I.,
Karl VI., Maria Theresia und Josef II. richteten das
Gewerbe durch eine freie Handhabung der Gesetze,
welche der Gewerbefreiheit fast gleichkam und der
individuellen Initiative, der Bethätigung des Unter-
nehmungsgeistes, wie der Intelligenz freie Bahn liess,
aus ihrer Bedeutungslosigkeit und Lethargie wieder
empor.

Durch die Ertheilung der „Befugnisse" wurden
auch protestantische Handwerker — die man jetzt
wieder herbeirief, denen aber die Zunft verschlossen
blieb — mit allen Rechten zünftiger Meister ausgestattet. Fabrikanten und ihrem Arbeiterpersonale
wurde vollste Religionsfreiheit zugesichert, die Ertheilung der Fabriksbefugnisse wurde nicht von der
österreichischen Staatsbürgerschaft abhängig gemacht,
grösseren Unternehmungen wurden Steuerfreiheiten,
unverzinsliche Staatsvorschüsse u. dgl. gewährt, und
nicht nur den Unternehmern wurden Privilegien ertheilt,
auch die Fabriksarbeiter und Lehrlinge genossen eine
privilegirte Stellung, indem sie von der Militärpflicht
befreit wurden. Ja der Staat ging damals so weit, bei
zeitweiligen Stockungen im Industriebetriebe den Glas-
arbeitern, Spinnern, Webern etc. — um sie vor Noth
zu bewahren — tägliche Provisionen, und zwar den
Gesellen und Frauen je 5 kr., den Kindern je 3 kr.
pro Tag aus Staatsmitteln zu gewähren.

Die österreichische Textilindustrie verdankt vorwiegend diesen Begünstigungen ihr Entstehen und ihre Bedeutung. Die in Böhmen und Schlesien bestehende Leinenmanufactur erfuhr besonders durch Josef II. lebhafte Förderung, nicht minder die Wollenmanufactur. Vor allem war es aber die Baumwollenindustrie, welche sich unter den protectionistischen Massregeln der Regierungen in Oesterreich zu grosser Bedeutung erhob.[1] Das Wiener Gewerbe erlangte bald einen guten Ruf, der selbst neben dem alten Renommée der Pariser und Londoner Industrie bestehen konnte, und es war gewiss kein Zufall, dass sich dieser Aufschwung fast ausnahmslos an die ausser der Zunft stehenden Handwerkskreise knüpfte.

Maria Theresia und ihr Sohn Josef II. liessen, wie in jeder anderen, so auch in wirthschaftlicher Hinsicht keine Spur von Liberalismus erkennen und erwiesen sich wohl weit eher als Anhänger einer landesväterlichen Social- und Wirthschaftspolitik, wie sie Friedrich von Preussen zum hohen Muster erhoben hatte. Den damals angebahnten Entwickelungsprocess dem wirthschaftlichen oder politischen Liberalismus zuzuschreiben, ist — wenn man den Thatsachen nicht Gewalt anthun will — unmöglich, mag auch die Frucht des geförderten Industrialismus in letzter Linie wirklich der Liberalismus und dessen Sieg gewesen sein. Allein, die Regierung nahm der auf dem Welttheater sich vollziehenden wirthschaftlichen Revolution gegenüber keineswegs die Rolle eines unthätigen Zuschauers ein. Dem Grundsatze des Gehenlassens (laisser faire) huldigten höchstens die Zünfte. Diese mittelalterlichen Institute vermochten weder die individualistische

Richtung des Industrialismus aufzuhalten, noch versuchten sie es, den veränderten Bedingungen der Production sich anzupassen. Damals, wo der Gedanke und die Möglichkeit, den rasch aufkeimenden Gross- und Maschinenbetrieb der zünftlerischen Organisation zum Zwecke einer collectivistischen Production zu vermählen, noch viel näher gelegen gewesen wäre, damals kam es den Zünftlern gar nicht in den Kopf, von den grossen Impulsen einer neuen Zeit etwas für ihre steril gewordene Einrichtung zu profitiren. Sie, die nachmals alle Uebel auf das angeblich so verhängnissvolle Princip des laisser faire schoben, liessen in dem grossen Augenblicke, wo auch ihnen eine Frage an den Weltgeist frei stand, thatsächlich alles gehen, wie es wollte, überliessen die Neuerungen der Production gleichmüthig der individuellen Initiative, den ausser der Zunft Stehenden, den „befugten" Meistern und privilegirten Fabrikanten, ohne zu merken, wie die Zunft allmählich auf das Niveau einer frommen Bruderschaft herabsank.

Es war gewiss nicht diese Versumpfung der zünftigen Verhältnisse, was an der Neige des Jahrhunderts eine neuerliche Stockung und Lähmung des gewerblichen Lebens verursachte; es war im Gegentheile neben den traurigen Folgeerscheinungen der unablässigen Kriege vielmehr die reactionäre Wirthschaftspolitik, die Kaiser Franz im Gegensatze zu seinen zwar nicht freisinnigen, aber aufgeklärten Vorfahren betrieb, was das Gewerbe von seiner mühselig erklommenen Höhe wieder herabzog. Franz hasste den Industrialismus instinctiv als den Nährboden des Liberalismus und suchte ihm in offenem Widerspruche

zu seinen Berathern, wo es nur möglich war, Fall-
stricke und Fussangeln zu legen. Es war nur natürlich, dass die alten Zünfte, die sich ganz unfähig erwiesen hatten, den Entwickelungsprocess des Gewerbes
aufzuhalten oder in ihre Bahnen zu lenken, jetzt über-
müthig ihr Haupt erhoben und den Niedergang des
Gewerbes als Folge der Verkennung ihres Werthes,
ihre Wiedereinsetzung in die alte Monopolstellung aber
als einzigen Ausweg aus dem irdischen Jammerthale
hinstellten. Wiederholt versuchte man es während der
Regierungszeit Franz I., mit der Einschränkung der
Gewerbefreiheit dem Handwerke zu helfen. Immer
wieder musste man das gesperrte Gewerbe freigeben.

Die erste Etappe dieses Feldzuges wider die Freiheit der österreichischen Industrie fällt in die Zeit
der grossen finanziellen Calamitäten während der
Coalitionskriege, in die Blüthezeit des Bancozettels
und seiner nicht minder famosen Nachfolger. Es fehlte
den leitenden Staatsmännern jener Zeit nicht an klaren
Plänen und gutem Willen, um dem leider schon chronisch gewordenen, verrotteten Zustande der österreichischen Finanzen ein Ende zu machen, und der
wohlgemeinten Projecte hierzu gab es nicht wenige.[2])
Aber von all den guten Vornahmen zur Tilgung der
immensen Schuld, zur Einlösung des erbärmlichen
Papiergeldes und der eines modernen Staates un-
würdigen Kippermünzen, sowie zur Convertirung des
Zinsfusses, von alledem kam nie etwas zur Ausführung.
Man liess es sich genügen, unter allen erdenklichen
Namen Steuern und Zuschläge[3]) auszuschreiben, um
deren Ertrag zur allmählichen Sanirung der finanziellen Lage zu verwenden, und man scheute vor

solchen Operationen umsoweniger zurück, als man von
der Meinung ausging, „dass eine geringe Belastung
ohnehin für ein Volk schädlich sei, indem sie dem
Müssiggange Thür und Thor öffne und die Betrieb-
samkeit erschlaffe". [4]) Sobald natürlich die Steuern
eingeflossen waren, wurden sie mit nichten ihrer Bestimmung zugeführt, sondern vielmehr zu abermaligen
Rüstungen verwendet; und falls sie hierzu nicht aus-
reichten, schritt man ohne Furcht und Grauen zu
neuerlichen Emissionen von Bancozetteln oder ähnlichen Werthzeichen.

Die Schwankungen von Cours und Zinsfuss in
jenen Tagen dürften wohl einzig in der Geschichte
dastehen und spotten allen Vorstellungen der kühnsten
Phantasie. Der Werth der Bancozettel war von 1779
bis 1811 auf ein Fünftel gefallen und betrug an einzelnen Tagen des Jahres 1811 nur noch ein Zwölftel
des Nominalbetrages. Aber auch die „Einlösungsscheine" Wiener Währung, welche die Bancozettel-
wirthschaft beseitigen sollten, waren trotz des Zwangs-
courses schon im Mai 1812, d. i. also 3 Monate nach
ihrer Emission, um mehr als 50% gefallen und stürzten
allmählich bis auf ein Viertel ihres Nominales. Ihnen
folgten die „Anticipationsscheine", welche nur bis
zum Betrage von 45 Millionen begeben werden sollten,
bald aber die immense Höhe von 500 Millionen erreichten. Sie wandelten dieselben Bahnen der De-
preciation, wie ihre Vorgänger. Solche Geldverhält-
nisse machten natürlich eine jede geschäftliche Vor-
aussicht unmöglich und griffen ebenso tief in das
wirthschaftliche Leben des Volkes ein, wie 'die wiederholten Zinsreductionen, die in den privatwirthschaft-

lichen Verhältnissen eine mächtige Verwirrung hervorriefen. Es braucht nicht erst erwähnt zu werden, dass diesen Finanzkrisen des Staates zahlreiche Existenzen zum Opfer fielen, und dass in erster Linie unter einer solchen unreellen Finanz- und Steuerpolitik das Gewerbe zu leiden hatte.

In einer hochamtlichen „Denkschrift über die inneren Zustände Oesterreichs" aus dem Jahre 1806⁵) werden Handel und Industrie als in tiefsten Verfall gesunken, die Werkstätten des Fleisses als verlassen, der unbemittelte Gewerbsmann als verarmt und mit seiner Familie dem Hunger preisgegeben dargestellt. „Ein Geist des Unmuthes und der Gleichgiltigkeit gegen das öffentliche Wohl scheint. sich auszubreiten," hiess es am Schlusse. „Der offenste und gutmüthigste Volkscharaker, den es vielleicht giebt, fängt an verschlossener und (wenigstens in der Freude) minder theilnehmend zu werden. Geselligkeit und Frohsinn nehmen zusehends ab. Der Mensch isolirt sich, wenn er leidet. Der karge Erwerb verschafft höchstens dem Einzelnen sein nothdürftiges Auskommen, die Ehen werden täglich seltener. Seit dem Jahre 1802 hat die Zahl der jährlich geschlossenen Ehen in der Hauptstadt stufenweise und mehr als um den vierten Theil ihres ehemaligen Belaufes abgenommen. Das Jahr 1802 zeigt ein Maximum von 2965 in Wien geschehenen Trauungen. Im Jahre 1803 waren deren um 227 weniger, im Jahre 1804 um 271 weniger als 1803, im Jahre 1805 abermals um 254 weniger als im Jahre 1804 und das Total der im vorigen Jahre (1805) geschlossenen Ehen betrug nicht mehr als 2213; hingegen ist die Zahl der Gestorbenen im Jahre 1802

14.522, 1803 14.385, 1804 14.035 und 1805 16.742. Bedarf es eines noch stärkeren Beweises von dem abnehmenden Wohlstande des Volkes? von seinem gesunkenen Muthe, von den Erwartungen, die es sich von der Zukunft macht?" Es zeigt von der tiefen Abneigung des Kaisers gegen den Industrialismus, wenn er gerade den durch die fluctuirenden Finanzverhältnisse am schwersten getroffenen und zur Steuerleistung in erster Linie herangezogenen Stand mitten in dieser Krise in die Fessel eines Numerus clausus zu schlagen suchte, die Errichtung von Fabriken in Wien und den Vorstädten aber gänzlich einzustellen befahl (1802).

Die Mitglieder der österreichisch-böhmischen Hofkanzlei, an welche dieser Auftrag gerichtet war, wie die Rathgeber des Kaisers überhaupt, waren sicherlich, wie er selbst, frei von „manchesterlichen" Anwandlungen jeder Art und empfanden die Zumuthung, ein sogenanntes „Liberalitätssystem" zu betreiben, geradezu als persönliche Beschimpfung und Verleumdung. Aber sie sahen klar genug, um zu merken, dass es für die Dauer nicht angehe, der Kuh mit der einen Hand das Futter vom Munde wegzunehmen und mit der anderen Hand sie zu melken. Die Protection, welche die Industrie bei der österreichischen Regierung und Bureaukratie überhaupt während der ganzen Zeit bis zur Revolution fand, hatte sehr nüchterne Anlässe und eine sehr brutale Moral. Irgendwoher musste der Staat seine Einkünfte nehmen. Bei der Landwirthschaft waren sie nicht zu holen, wie wir gezeigt haben, und eine Besserung, eine grössere Steuerkraft auf dieser Seite wäre nur durch eine vollständige Revolution der agrarischen Verhältnisse zu erzielen gewesen, an die man auch nicht in den kühnsten Träumen dachte. Es blieb also der österreichischen Regierung nichts übrig, als ihre Mittel bei der Industrie und beim Handel zu suchen und zu holen und dieselben deshalb vor überflüssigen Beschränkungen zu bewahren.

Die genannte Hofkanzlei bemühte sich daher, dem Kaiser die wesentlichen Nachtheile klar zu machen, die aus der Durchführung seiner Anordnungen entspringen mussten; wie es eine Menge von Gewerben und Fabriken gäbe, die nur in der Hauptstadt gedeihen könnten, dass demnach die Verweisung der Fabriken auf das flache Land der Vernichtung von mehr als zwei Drittel der Fabriken überhaupt gleichkäme; es wird darauf hingewiesen, dass die in Wien herrschende Theuerung aus anderen Quellen, als aus der Ueberfüllung der Stadt mit Fabriken und Gewerben entspringe, dass jene Meister, die weniger erfüllt von ihren Innungsvorzügen nur mit dem Geceihen ihres Gewerbes beschäftigt wären, den grössten Nachtheil erleiden würden, „dass überhaupt der amtliche Einfluss, das Verordnen und jeder Zwang im Erwerbsfache die gefährlichste aller Klippen sei" u. s. w.

In einem der zahl- und endlosen Schriftstücke, welche über diesen Gegenstand hin- und hergeschickt wurden, kam aber auch der wahre Grund der von dem Kaiser intentirten Gewerbesperre zum klaren Ausdrucke. Es heisst da[6]) nämlich zur Beschwichtigung des Kaisers, es „könne ohne Ungerechtigkeit gegen einen ganzen, seiner Bestimmung nach so schätzbaren bürgerlichen Stand die untere Gewerbsclasse für die öffentliche Ruhe nicht für bedenklicher als andere

Stände gehalten werden, da auch diese Classe ihre
Anhänglichkeit an Fürst und Vaterland während der
feindlichen Invasion erprobt habe". Auch wurde auf
den Vortheil der Beschäftigung „des in jeder Hauptstadt befindlichen Gesindels" hingewiesen, „welches
erst nach Entfernung der Fabriken und Gewerbe
wirklich furchtbar werden dürfte, und bei so vielen
Reizen zum Erwerbe auf keinen Fall sich so leicht
wegschaffen liesse". Der Grund der reactionären
Wirthschaftspolitik des Kaisers lag also keineswegs
in der Fürsorge für den Gewerbestand, sondern in
der Furcht vor den des politischen Freisinns ver-
dächtigen Fabrikanten und in der Angst vor den Massen
der Arbeiter.

Alle Vorstellungen und Beschwichtigungen ver-
fingen nicht bei Franz. Derselbe erklärte, die verschiedenen „unaufgeforderten" behördlichen und hof-
kanzleilichen Gutachten „dienten zu keinem Gebrauche"
und bestand auf der Gewerbesperre, und erst der un-
ausweichliche Bankerott von 1811 brachte über Antrag der Bancohofdeputation die Aufhebung des Ver-
botes, neue Gewerbe und Fabriken in dem Umkreise
von zwei Meilen um die Residenz zu errichten und
die Bewilligung dazu zu ertheilen. Der Bankerott
scheint der besseren Einsicht der Staatsräthe vorüber-
gehend den Sieg über die Abneigung des Kaisers gegen
die Industrie verschafft zu haben.

Schon im Jahre 1822 wiederholte Kaiser Franz
auf Grund verschiedener Beschwerdeschriften aus den
Kreisen der Handelstreibenden das Verbot neuer Ge-
werbeverleihungen, eine Massregel, welche nach aber-
maligem heissen Bemühen der Hofstellen zu Gunsten

einer leidlichen Gewerbefreiheit im Jahre 1827 wieder
aufgehoben wurde. Abermals waren es die Folgen
einer die Production und den Handel empfindlich
schädigenden Finanzpolitik gewesen, welche den Anhängern der Zunft — diesmal vorwiegend Mitgliedern
der Kaufmannschaft — Anlass zu erneutem Sturm
wider die Gewerbefreiheit geboten hatten.

Das Jahr 1831 endlich brachte eine neuerliche
Gewerbesperre. Die Zünfte suchten diesmal mit be-
sonderem Nachdrucke die illiberale Gesinnung des
Kaisers in ihrem Sinne auszubeuten, und weitere radicale Massregeln gegen die Befugnisse zu erwirken,
wozu ihnen die in Folge der Cholera entstandene Ge-
werbestörung einen willkommenen Anlass geboten
haben dürfte. Es schien diesmal ein förmlicher Ge-
neralsturm gegen das sogenannte Liberalitätsprincip
geplant, und obwohl die Anhänger dieses Principes
im Anfange Sieger zu bleiben schienen, machte der
Kaiser doch urplötzlich Miene, einen letzten entscheidenden Schritt in der seit drei Decennien ob-
schwebenden Frage zu thun, der wohl kaum zu Gunsten
der Gewerbefreiheit ausgefallen wäre.

In einem Handschreiben vom 17. August 1832
trug der Kaiser der Hofkammer auf, da der Wunsch
nach Beschränkung der liberalen Commercialgrund-
sätze immer lauter werde, „diesen Gegenstand in reife
Prüfung und Berathung nehmen zu lassen und nach
Einvernehmung der Unterbehörden die reif erwogenen
gutächtlichen Anträge zu stellen: ob und bei welchen
Handels- und Gewerbsclassen eine dergleichen Beschränkung allenfalls einzutreten hätte?" Diesem Auftrage zufolge traf die allgemeine Hofkammer sofort

alle Vorbereitungen zu einer umfassenden Einvernehmung der Länderstellen, der Kreisämter und der als Gewerbebehörden erster Instanz fungirenden herrschaftlichen Obrigkeiten. An alle diese Behörden wurden Fragebogen versendet, sowie auch an die Handelsgremien und an die 82 Wiener Zünfte. Das Resultat dieser ersten österreichischen Gewerbeenquête war erst im Jahre 1834 zu übersehen und wurde am 5. Januar 1835 dem Kaiser überreicht. Derselbe dürfte die Denkschrift jedoch nicht mehr studirt haben, denn er starb schon wenige Wochen später (am 2. März 1835) und damit hatte denn der dreissigjährige Krieg um das sogenannte Liberalitätsprincip in Oesterreich vorläufig ein Ende erreicht und auch das Project eines einheitlichen Gewerbegesetzes, mit dem Franz in den letzten Lebenstagen noch hervorgetreten, war und blieb unverwirklicht, vielleicht zum Segen, vielleicht zum Unheile der gewerblichen Entwickelung in Oesterreich. Wir mussten es uns leider hier versagen, auf die oft sehr interessanten Einzelheiten dieser wechselvollen Gewerbepolitik in den ersten drei Decennien unseres Jahrhunderts näher einzugehen. Noch weniger möchten wir über dieselbe ein Urtheil fällen, das bei dem Umstande, dass wir über alle Vorkommnisse nur höchst einseitig unterrichtet sind, auch kaum gerecht und recht ausfallen könnte. Dagegen setzt uns das gebotene Materiale in den Stand, einige Schlüsse auf die thatsächlichen Verhältnisse des österreichischen Gewerbes zu ziehen, welche vortrefflich zum Verständniss des Kommenden hinüberleiten.

Was aus dem langwierigen und wechselvollen Kampfe der Handwerkerzünfte und Kaufmannsgremien

um Einschränkung der Gewerbeverleihung ganz unzweifelhaft hervorgeht, ist eine thatsächliche Misslage
des Gewerbestandes und vorwiegend des städtischen
Handwerkes während des ganzen Zeitraumes. Der
Zunftgeist und Brotneid mag ja vieles in dunkleren
Tönen gemalt haben, als es in Wirklichkeit aussah,
aber auch die Schilderungen der Gegenpartei lassen
den Zustand der Gewerbe und den Wohlstand in den
gewerbetreibenden Kreisen keineswegs als besonders
rosig erscheinen.'

Wir haben weiter oben die Lage in diesen Kreisen
um das Jahr 1806 an der Hand einer hochamtlichen
Denkschrift geschildert. Manches an den Verhältnissen
hatte sich seither geändert, vielleicht auch gebessert;
die Gesammtlage der österreichischen Industrie war
besonders im Hinblick auf den Activhandel gewiss
eine tröstlichere geworden, allein ein Blick auf die
Ergebnisse des österreichischen Aussenhandels beweist
rasch, wie sehr Oesterreich in seiner Production noch
vom Auslande abhängig war; und die Richtigkeit dessen,
was die Hofkammer in ihrer Einbegleitung zu den
Ergebnissen der obengedachten Enquête im Jahre 1835
aussprach, dass Oesterreich an einer grell in die Augen
springenden Unterproduction litt, unterliegt nicht dem
geringsten Zweifel. Wohl war seit den napoleonischen
Kriegen der Friede eingekehrt, aber die ewige Finanz-
misère bestand fort und fuhr fort, alle Verhältnisse
der Industrie und des Handels im Labilen, ewig
Schwankenden zu erhalten. Wohl war von staatswegen
so manches zur Förderung der Gewerbe geschehen,
aber auch die Steuerlasten waren unaufhörlich gestiegen. In Wien war die Häusersteuer von 745.895 fl.

Bancozettel im Jahre 1810 auf 1,333.833 fl. C.-M. im Jahre 1832, d. i. im Verhältnisse von 3:23;[7]) die Erwerbsteuer war in der gleichen Zeit von 284.251 fl. Bancozettel auf 758.501 fl. C.-M. = 3:34, der Betrag der Bürgertaxe nebst der Gewerbs- und Befugnisstaxe von 18.481 fl. Bancozettel auf 161.111 fl. C.-M. = 3:112 gestiegen. Dazu kamen, wie die erwähnte Einbegleitungsnote ausdrücklich hervorhebt, eine Menge von öffentlichen und Privatabgaben, die beim Antritte des Gewerbes zu entrichten waren und viele geschickte, aber mittellose, arbeitende Hände an dem Antritte selbständiger Unternehmungen hinderten.

„Nachdem der Gewerbsmann sich durch den dreifachen Recursinstanzenzug durchgearbeitet, für Agenten und leider hie und da bei den Unterbehörden sich eingeschlichene ungebührliche Auslagen für die Gewerbsantritts- und Incorporirungstaxen, für die Einrichtungen der Gewerbslocalitäten, Herbeischaffung der Werkzeuge, Maschinen und Vorräthe, Wohnungseinrichtungen u. dgl. sein oft sauer erworbenes und erspartes Geld aufgezehrt hat, ist er gehalten, nebst dem Unterhalte für Lehrjungen und Gesellen und den fortlaufenden Betriebsanlagen, nebst den Beiträgen für die Zunftauslagen und verschiedenen Gewerbesteuern, auch die jährliche Erwerbssteuer zu bezahlen, welche für sein Gewerbe bemessen ist."

Einer der Krebsschäden des kleinen Gewerbes waren die Formen des Gesellen- und Lehrlingswesens, welche dem Gewerbe einen gesunden Nachwuchs zu verschaffen und tüchtige Meister zuzuführen nicht geeignet waren. Die Ausbildung der Lehrlinge war in den Vierzigerjahren vollkommen vernachlässigt, und der Wiener Magistrat bricht in die Klage aus: „Die Lehrlinge lernen nichts mehr, weil von ganzen Classen von Gewerbetreibenden nur mehr einzelne Artikel erzeugt werden und es zur Maxime geworden ist, sich ausschliessend oder doch grösstentheils mit Lehrjungen zu behelfen." Aber nicht bloss die Arbeitstheilung, welche in diesem Falle nicht die Wirkung der Gewerbefreiheit, sondern geradezu die der Gewerbeunfreiheit[8]) war, sondern auch die ausgesprochene Vernachlässigung der Meister verschuldete diese mangelhafte Ausbildung des nachwachsenden Handwerkergeschlechtes. Die amtliche Commission, welche im Jahre 1835 den Entwurf eines Gewerbegesetzes vorbereitete, klagt, wie wenig in den Handwerken auf die Ausbildung der Lehrlinge geachtet wird; „sie sind dem harten und rohen Verfahren der Meister und Gesellen, die meistens in gleicher Roheit aufgewachsen, ausgesetzt, auf ihre Ausbildung im Gewerbefache selbst, dem sie sich widmen, wird wenig oder gar nicht gesehen, sie werden häufig zur Aushilfe in gewissen mechanischen Verrichtungen, zu häuslichen und knechtischen Arbeiten verhalten". Die vielgerühmte technische Ueberlegenheit der Handwerker war schon in den Vierzigerjahren eine Legende, und die Maschinenindustrie hatte leichtes Spiel, das verrohte und plumpe Handwerk aus dem Sattel zu heben. Was man auch sagen mag, so ganz ohne eigenes Verschulden hat das Handwerk seinen goldenen Boden nicht verloren, mögen die von aussen auf dasselbe einstürmenden Umstände auch noch so ungünstig gewesen sein und mag auch besonders das Aufkommen des Maschinenbetriebes[9]) so manches, was noch Leben hatte, dem Tod geweiht haben.

Ein Uebelstand, welchen das Handwerk gleich
wie die Grossindustrie bitter zu beklagen hatte, war
der Mangel ausreichender Communicationswege. Wohl
hatten sich auch in dieser Hinsicht die Verhältnisse
etwas gebessert. An Commercialstrassen wurden von
1813 bis 1832 im Ganzen 1,817.032 Klafter oder
454 Meilen in den verschiedenen Provinzen erbaut,
die Zahl der Postanstalten und Postcurse hatte be-
trächtlich zugenommen; aber was besagen diese
Ziffern gegenüber der Thatsache, dass die Entwickelung des Eisenbahnnetzes gar nicht vom Flecke
kommen wollte; obwohl gerade Oesterreich einer der
ersten Staaten war, welcher den Eisenbahnbetrieb
eingeführt hatte, betrug um 1840 die Länge des österreichischen Bahnnetzes doch nur 144 km oder nicht
einmal zwei Fünftel des gleich alten französischen und
nur ein Neuntel des bloss um drei Jahre älteren englischen Bahnnetzes.[10]) Die Dampfschiffahrt auf der
Donau war erst im Entstehen begriffen, und wenn man
die grossen Schwierigkeiten bedenkt, die gerade dieses
Verkehrsmittel naturgemäss zu überwinden hatte, so
begreift man, dass von dieser Seite die österreichische
Industrie in den Vierzigerjahren noch sehr wenig
Förderung zu erfahren hatte.[11])

Umgekehrt ist von der zurückgebliebenen Entwickelung der Verkehrswege ein Rückschluss auf den
primitiven Zustand der österreichischen Industrie an
der Wende der Dreissiger- und Vierzigerjahre erlaubt.
Es waren alte Uebel, an denen sie krankte, der atro-
phische Zustand war chronisch, und das ist bei der
Beurtheilung der künftigen Erscheinungen wohl im
Auge zu behalten. Denn wie auf anderen Gebieten

fehlte es auch hier kurz vor der Katastrophe nicht
an wohlgemeinten Versuchen einer thätigen Umkehr
— man studirte, wie die Enquête von 1835 zeigt, ein-
gehend die gewerblichen Fragen, man dachte an ein
einheitliches Gewerbegesetz, man veranstaltete in den
Jahren 1835, 1840 und 1845 in Wien grosse Gewerbe-
ausstellungen — allein, das alles konnte nicht Zustände beheben, deren Veranlassung tief in dem gesammten Gehaben des Staates steckte.

Eine andere, nicht minder bedeutsame Thatsache,
über welche wir aus der oben berührten Geschichte
der österreichischen Gewerbepolitik bis 1835 Kenntniss
erhalten, ist die eines tiefen Risses, der bereits damals
durch die Gesellschaft im Hinblicke auf die Gewerbefrage ging. Auf der einen Seite standen die zünftigen
Handwerker, die Vertreter einer absterbenden Gesell-
schafts- und Productionsform, auf der anderen Seite
die befugten Meister und Fabrikanten, die Kinder und
Werkleute einer neuen Zeit, die Jünger neuer Anschauungen. Und damit nach einer altösterreichischen
Tradition der Widerspruch auch nicht ohne Antheil
bliebe, stand auf Seite dieser letzteren, später die Führer-
schaft des Liberalismus und der Demokratie bildenden Elemente die Regierung und die gesammte höhere
Bureaukratie, die Metternich'sche, den Liberalismus
als Vorläufer der Anarchie hassende Bureaukratie.

In der mehrfach erwähnten Enquête traten die
Meinungsverschiedenheiten dieser beiden Lager auf
gewerblichem Gebiete mit unerbittlicher Consequenz
einander feindlich gegenüber.

„Wäre es nach dem Willen der Zünfte und Gremien gegangen" — sagt Reschauer[1:) das Resultat

der Enquête zusammenfassend — „die Gewerbegesetzgebung hätte nicht nur um ein paar Jahrzehnte,
sondern bis in die Mitte des XVII. Jahrhunderts, etwa
bis in die Tage Kaiser Ferdinands III. hinein, zurück-
reformirt werden müssen. Denn aus den Voten der
auf dem Standpunkte der Zünfte stehenden Behörden
geht klar und unzweideutig hervor, dass sie alle seit
Karl VI. bis in die Dreissigerjahre dieses Jahrhunderts
herein im österreichischen Gewerbewesen vorgenomme-
nen Reformen auf das Abfälligste beurtheilen und als
verderbenbringend nicht nur für den Handwerkerstand,
sondern auch für das Beste des Staates betrachten.
Die Gegner des Liberalitätssystemes tragen gar kein
Bedenken, selbst auf solche Beschränkungen anzu-
tragen, welche die Möglichkeit eines schwunghaften
Gewerbebetriebes ausgeschlossen und Oesterreich dazu
verurtheilt hätten, ein ärmlicher Agriculturstaat zu
bleiben; sie sind so naiv, es offen herauszusagen, dass
die Industrie ein für die Ruhe des Staates gefähr-
liches Element sei und daher nicht gepflegt werden
sollte; sie rathen auf eine solche Einschränkung der
Thätigkeit der Fabriken, welche den industriellen
Grossbetrieb geradezu unmöglich gemacht hätte. Es
ist sicher kennzeichnend, dass selbst das mährisch-
schlesische Gubernium und das Brünner Kreisamt,
welche sich doch am Beginne der Dreissigerjahre über
die Bedeutung der Tuchmanufactur für Brünn und
Mähren schon hätten klar sein können, den Antrag
stellten, dass Fabriksunternehmungen, deren Fabrikate
auch von zünftigen Meistern erzeugt werden, unter
allen Umständen nur zünftig betrieben werden sollen.
Es tritt uns überhaupt aus dem Gutachten der An-

hänger der Beschränkungen die gewiss interessante
Erscheinung entgegen, dass man in der Mitte der
Dreissigerjahre von der Entwickelungsfähigkeit des
Fabrikswesens nicht nur in den Reihen des Hand-
werkerstandes, sondern auch bei einem Theile der
Bureaukratie noch nicht einmal eine Ahnung hatte.
Da will man auf grossen Gebieten des Erwerbslebens
ausschliesslich das Handwerk gelten lassen und fordert,
dass sich der Eigenart, den Interessen desselben alles
Uebrige unterordnen oder mindestens anbequemen
müsse; als ob eine andere Organisation der Arbeit als
die handwerksmässige gar nicht denkbar wäre, wird
alles als Missstand und Uebel hingestellt, was dieser
Organisation abträglich zu sein scheint. In zahlreichen
Gewerbszweigen, wo die Grossindustrie heute längst
schon Wurzel gefasst und der kleine Unternehmer schon
seit langem schwer genug•zu kämpfen hat, um sich
der Concurrenz derselben gegenüber zu behaupten,
existirte damals eine Massenproduction eben noch
nicht. Der zünftige Meister hatte damals fast nur den
Wettkampf mit dem Befugten, der ja auch nur ein
kleiner Unternehmer war, zu bestehen. Auch über-
ragte selbst die grosse Mehrzahl der fabriksmässig
befugten und der mit Fabriksprivilegien ausgestatteten
Unternehmer das Niveau grösserer Gewerbetreibender
im heutigen Stile keineswegs. Es ist daher erklärlich,
dass die Anhänger der Beschränkungen, in der
Täuschung befangen, dieses für die Gewerbetreibenden so überaus günstige Verhältniss werde ewig fort-
dauern, in keinem ihrer Gutachten die Nothwendigkeit
betonen, durch die möglichste Steigerung der tech-
nischen Leistungsfähigkeit, durch rechtzeitige Vor-

kehrung für Befriedigung erhöhter Creditbedürfnisse
den Handwerkerstand auf die schweren Kämpfe vor-
zubereiten, welche ihm nahezu in allen Geschäfts-
zweigen bevorstehen sollten, welche Kämpfe er auch
in der That, schon von der Mitte der Vierzigerjahre
angefangen, mit täglich steigender Heftigkeit zu führen
hatte. Die Sicherheit und Zuversicht, mit der das
Handwerk in dieser Beziehung in den Tag hineinlebte,
hat ihm weit grösseren Nachtheil gebracht, als selbst
die schwersten Missgriffe der Gesetzgebung. In den
zünftlerischen Gutachten kommt überhaupt nicht ein
Wörtlein vor, welches auf Sinn und Verständniss für
die Nothwendigkeit eines zeitgemässen Fortschrittes
im Gewerbewesen schliessen liesse. Dass nur der
strebsame, fleissige Handwerker ein Recht habe zu
existiren und von der Gesetzgebung des Staates zu
fordern, dass ihm die Existenz nicht unmöglich gemacht
werde, davon lesen wir in diesen Gutachten nichts;
dieselben bewegen sich vielmehr in einem Gedanken-
gange, als ob ihre Urheber aus dem blossen Besitz-
titel eines Gewerbebefugnisses, für den gewerblichen
Unternehmer das Recht ableiten wollten, sich sein
bürgerliches Auskommen vom Staate garantiren zu
lassen. Das Handwerk und das Kaufmannsgewerbe wird
in allen diesen Gutachten wie eine privilegirte Ver-
sorgungsanstalt hinzustellen gesucht und vom Staate
gefordert, dass er alles, was diesen Charakter beeinträchtigt oder gar aufhebt, aus Gesetzgebung und
Verwaltung beseitige.''

„Kaum weniger extrem wie die Gegner sind auch
die Anhänger des Liberalitätssystemes, welche gleich
der Hofkammer wohl nur im Hinblicke auf die aller

Welt bekannten Gesinnungen des Kaiser Franz Anstand
nehmen, sich bei diesem Anlasse schon für die Einführung einer, wenn auch beschränkten Gewerbefreiheit
in Oesterreich zu erklären. Wäre es nach dem Willen
dieser Partei gegangen, dann würde das Gesetz vom
20. December 1859 vielleicht schon Mitte der Dreissigerjahre erlassen worden sein. Der Hofkammer fällt es
natürlich leicht, den rein monopolistischen Tendenzen
der Zünftler gegenüber das allgemeine Interesse, den
Nutzen und Vortheil der Consumenten zur Geltung
zu bringen. Das Ziel, welches ihr vorschwebte, war
ein hohes und schönes, aber das unbeugsame Festhalten an demselben hätte ihr auch die Verpflichtung
auferlegt, sich dafür einzusetzen, dass die Masse der
gewerblichen Bevölkerung Oesterreichs jener geistigen
Bildungsstufe allmählich zugeführt werde, die sie unter
der Herrschaft einer, wenn auch beschränkten Gewerbefreiheit schon im Interesse ihrer Selbsterhaltung
hätte einnehmen müssen.''

Diese beiden Parteien bestanden also auf gewerblichem Boden schon vor der Zeit, welche den eigentlichen Gesichtskreis unserer Betrachtungen bilden soll.
Es ist ein grosser, wenn auch traditioneller Irrthum,
anzunehmen, es habe in der Revolutionszeit in Fragen
der Zunft und ihres Bestandes nur ein Herz und einen
Sinn gegeben. Die ganze Geschichte der bürgerlichen
Reaction bleibt unter diesem Gesichtspunkte einfach
unverständlich. Ebenso wäre es ein grosser Fehler, anzunehmen, dass diese beiden Parteien bloss durch zwei
Meinungen getrennt gewesen seien; wenn Reschauer
meint, der zünftige Meister habe damals fast nur den
Wettkampf mit dem Befugten, der ja auch nur ein

kleiner Unternehmer war, zu bestehen gehabt, so ist das
in doppelter Hinsicht irrig. Auch wenn der befugte
Meister oder Decreter nur ein kleiner Meister war, so
war er doch schon vermöge seiner grösseren wirthschaftlichen Freiheit und Beweglichkeit an und für
sich im Concurrenzkampfe mit dem zünftigen Meister
im Vortheile; es war ein Kampf mit derselben Aussicht, wie wenn eine Schaar mittelalterlich gepanzerter
Eisenreiter einer modernen, in Plänklerschwärme sich
auflösenden und mit dem Repetirgewehre ausgerüsteten
Truppe Widerstand leisten wollte.

In einer Denkschrift der allgemeinen Hofkammer [13])
wird der ganze Leidensweg, den ein Mensch zu machen
hat, um es zum Meister zu bringen, geschildert; die
langen erniedrigenden Lehrjahre, die kargen Gesellen-
jahre, der Wanderungszwang, die grossen Auslagen
für den selbständigen Antritt eines Gewerbes; und
wenn der werbende Geselle endlich so weit ist, bei
der Behörde oft mit Hilfe wucherischer Winkelagenten
einzuschreiten, so sieht er sich, wie die Hofkammer
ohne Umschweif erklärt, allen Angriffen der Zunft
preisgegeben, die, je geschickter der Bittwerber und
je isolirter er dasteht, insoferne er nicht der Sohn
oder Verwandte eines Mitmeisters ist, desto heftiger
alle Mittel aufbietet, um einem Concurrenten entgegenzuarbeiten, von dem ihr Brotneid und Monopolgeist
Beeinträchtigung ihres Erwerbes besorgt. Sie verfolgen
ihn durch drei Recursinstanzen, die ihnen nach dem
herrschenden Verfahren offen stehen und verviel-
fältigen dem Bittwerber, so viel sie können, seine Auslagen auf Agentengebühren, Stempel, Taxen, Porto u. s. w.
Sie verzögern durch Einstreuungen aller Art die de-

finitive Verleihung, so dass in der Regel ein Jahr und
darüber zwischen den Verhandlungen verstreicht.
Während dieser Zeit verliert der Bewerber nicht selten
sein Brot bei dem Meister und erhält nicht anderswo
sein Unterkommen. Hat er nun auch in letzter Instanz
seine Gewerbsbefugniss rechtskräftig erlangt, so findet
er sein Spargeld gewöhnlich so erschöpft, dass er sein
Gewerbe kaum anders als mit Schulden anfangen kann.
Auch hier verfolgt noch der Brotneid den Anfänger,
es wird alles aufgeboten, Kunden von ihm abzuziehen,
und die Noth, in welche manchmal diese Leute gerathen, giebt dem vorherrschenden Geiste des Gewerbs-
monopoles erwünschten Stoff an die Hand, mit trium-
phirenden Gründen gegen die Vermehrung der Befugnisse aufzutreten. Die Denkschrift schliesst: „Es
wäre in der That bei einer solchen Lage der Dinge
zu verwundern, wie die Industrie in dem österreichischen Staate dennoch einen solchen Aufschwung nehmen
konnte, dass Erzeugnisse mancher Zweige derselben
selbst im Auslande einen lohnenden Absatz und eine
immer steigende preiswürdige Anerkennung finden,
wenn nicht die freien und unzünftigen Beschäftigungen,
bei welchen solche hemmende Verhältnisse entweder
gar nicht oder wenigstens im minderen Grade eintreten, und welche gerade diejenigen sind, bei denen
die Verbesserung des Gewerbsbetriebes eine höhere
Stufe erreicht und der Absatz sich erweitert hat, dem
vaterländischen Gewerbsfleiss einen Ausweg eröffnet
hätten, um sich emporzuschwingen.''
    Diese hochamtlichen Ausführungen beweisen, dass
die Concurrenz, welche der zünftige Meister von Seite
des unzünftigen oder „Decreters'' auszuhalten hatte,

keineswegs ein Kampf mit gleichen Chancen war, und
so erklärt es sich auch, dass die Zahl der nicht-
zünftigen Gewerbebetriebe in den Vierzigerjahren in
Wien sich rapid und beängstigend vermehrte, natürlich
auf Unkosten der zünftigen.

Ein anderer Irrthum wäre es, mit Reschauer zu
glauben, die Grossindustrie hätte damals — wir stehen
etwa zur Zeit des Regierungsantrittes Ferdinand I. —
noch nicht hemmend und schädigend in die Sphäre
des Handwerkes eingegriffen. Wenn uns in der oben-
erwähnten Gewerbeenquête bereits wiederholt die
Klage entgegentönt, das Handwerk könne die Concurrenz der Fabriken nicht aushalten, „viele Meister
und Befugte müssten sich als Gesellen verdingen und
einige von ihnen durch Arbeiten als Taglöhner ihr
Brot verdienen, während die Schwächlicheren und Ge-
brechlicheren den Versorgungshäusern anheimfielen",[14])
so lag darin leider keine Uebertreibung. Es ist vielmehr
das unser Jahrhundert erfüllende, markerschütternde
Lied von der Proletarisirung des Mittelstandes unter
dem alles verzehrenden Einflusse der Grossindustrie.

Nur sehr schwer lassen sich für solche Entwicke-
lungs- oder besser gesagt Zersetzungsprocesse ziffern-
mässige Beweise erbringen; hie und da ist es aber
doch möglich, den inneren Zusammenhang hierher-
gehöriger Thatsachen direct zu erweisen. Während
z. B. die Baumwollenspinnerei in Niederösterreich am
Beginne des Jahrhunderts im fabriksmässigen Betriebe einen kolossalen Aufschwung nahm, starben die
selbständigen Meister immer mehr, und zwar erschreckend rasch aus. Am Ende des vorigen Jahrhunderts schätzte man in Niederösterreich die Zahl

4*

der Handspinner noch auf mehr als hunderttausend, während man daselbst im Jahre 1811 kaum noch achttausend zählte. So weit war unter dem Einflusse der Massenindustrie der Umwandlungsprocess der alten selbständigen Handwerker in Lohnarbeiter also schon im Jahre 1811 gediehen.

Seine unheilvollen Spuren lassen sich jedoch schon viel früher deutlich erkennen. Während in Wien von 1728 bis 1780, also in etwa 50 Jahren die Zahl der „Gewerbetreibenden" (Meister und Befugte) bloss im Verhältnisse von 22 : 23 anwuchs, vermehrten sich die Fabriken im Verhältnisse 1 : 6. Die Metall- und mehr noch die Textilindustrie zog sich schon damals immer mehr und mehr in die Fabriken. [15])

In dem eben zu betrachtenden kritischen Zeitraume von 1835 bis 1847 machte der Umwandlungsprocess des Gewerbes erschreckend rasche Fortschritte und nahm ganz unvorhergesehene Dimensionen an. Die kleinen Meister wurden von den grossen abhängig, indem sie überhaupt nicht mehr für eigene Rechnung, sondern für die Rechnung anderer arbeiteten. Aus den selbständigen Meistern wurden Stückmeister und Sitzgesellen. Im Jahre 1845 ist es bereits nichts Aussergewöhnliches mehr, dass einzelne grosse Handwerksmeister — besonders der Bekleidungsbranche — in Wien [16]) ausser ihren Gesellen noch dreissig bis vierzig Meister ausser dem Hause beschäftigen, welche meist Familienväter sind und – da sie nicht selbst genug Kunden haben — für den grossen Meister nach dem Stücklohn arbeiten. In Wien nahmen die Fabrikanten von dem Jahre 1837 bis zum Jahre 1841 um 164% zu, die selbständigen Gewerbe hingegen bloss um 7·8%.

Mit diesen Angaben stimmt überein, was sich S. Becher[17]) nicht erklären konnte, dass nämlich die Zahl derjenigen, welche sich dem Gewerbe widmeten, in fast allen deutschen und slavischen Provinzen während des Zeitraumes von 1834 bis 1840 auffällig abgenommen habe, und zwar in den beiden Oesterreich, Steiermark, Kärnten, Krain, Böhmen, Mähren, Schlesien und Galizien zusammen um nicht weniger als 8700 Köpfe oder 8·5%.

Damit soll nicht gesagt sein, dass die Wiener Industrie, so weit sie in handwerksmässigem Betriebe stand, nicht auch ihre tröstlichen Partien besessen hätte. Die Wiener Gold- und Silberarbeiter erfreuten sich eines guten Rufes, ihr Gewerbe beschäftigte etwa sechshundert Meister und erforderte einen jährlichen Verbrauch von 7,000.000 fl. C.-M., d. i. etwa doppelt so viel, als die berühmte Mailänder Gold- und Silberindustrie verarbeitete.[18]) Auch die halbseidenen Wiener Shawls genossen einen gewissen Ruf im Auslande und konnten auf dem Weltmarkte selbst die Concurrenz der französischen Waare aushalten. Auch dieser Industriezweig ernährte zahlreiche Meister in Wien, obwohl auf diesem Gebiete bereits der fabriksmässige Betrieb den Kleinbetrieb zu ersticken drohte. Endlich war auch die Erzeugung musikalischer und physikalischer Instrumente eine Art Wiener Specialität von gutem Renommée. Allein, diese vereinzelten Lichtpunkte — die sich ja vielleicht noch um einige wenige vermehren liessen — können nichts an dem düsteren Gesammtbilde ändern, welches das Wiener Handwerk bot. Gerade jene Industriezweige, wo das Handwerk am wenigsten die Concurrenz des Gross- und Massen-

betriebes zu fürchten hat, die Luxus- und Mode-
industrie lag in den Vierzigerjahren noch so gut, wie
in den Windeln.[19]) Die übrigen Gewerbezweige litten
unsäglich unter dem Drucke der herrschenden Theuerung und allgemeinen Verarmung und unter dem
vollständigen Mangel der für das Handwerk uner-
lässlichen Creditgelegenheit. Dieser Mangel machte
sich umsomehr fühlbar, als gerade das kleine Gewerbe
in Wien damals die weitestgehenden Credite gewähren
musste.[20])

Wie übel es damals dem sogenannten Mittelstande
in Wien erging, zeigt der Umstand, dass bei Einbringung der landesfürstlichen und städtischen Erwerbssteuer das Zwangsverfahren von Jahr zu Jahr mehr
überhand nahm. Von den 30.000 Erwerbssteuerpflich-
tigen, welche im Jahre 1845 in Wien im höchsten Falle
existirten, musste zur Einbringung der ersten Rate bei
17.469 die einfache Militärexecution, bei 9554 die
doppelte oder verschärfte Execution und bei 7009 Rück-
ständigen der letzte Grad, die Pfändung — zur Einbringung der zweiten Rate bei 18.378 die einfache,
bei 10.566 die verschärfte Militärexecution, bei 8011 Rück-
ständigen die Pfändung angewendet werden, während
vor dem Jahre 1820 kaum gegen 100 bis 200 Gewerbsleute auch nur der erste Grad der Execution in
Antrag kam.[21])

Im Jahre 1847 war die Noth des Handwerkerstandes bereits so hoch gestiegen, dass sich viele An-
gehörige desselben nicht mehr das Werkzeug zum
selbständigen Betriebe eines Gewerbes anschaffen
konnten. Es wurde in diesem Jahre der „Wiener
Kreuzerverein zur Unterstützung der Gewerbsleute"

gegründet, der durch Anschaffung von Arbeitsmateriale und Werkzeug, Zuwendung von Darlehen u. s. w. Bedürftigen zu Hilfe kommen sollte. Im folgenden Revolutionsjahre traten verarmte Gewerbetreibende in Massen an die Gemeinde mit der Bitte um Unterstützungen heran, um ihr Gewerbe fortführen zu können.²²) Der Ausbruch der Revolution mag ja an solchen Verhältnissen vieles mitverschuldet haben; allein, der Niedergang des Gewerbes war ein schon lange deutlich erkennbarer Process, und kein socialpolitisches Genie hätte ihn in letzter Stunde aufzuhalten, seine traurigen Consequenzen zu verhindern vermocht.

Drittes Capitel.
Die Lage der Arbeiterclasse.

Das von den Ideen des Socialismus befangene Denken hat sich an den agitatorischen Lehrsatz gewöhnt, dass die materielle Lage der Grossindustrie und die Lage der von ihr abhängenden arbeitenden Classen im umgekehrten Verhältnisse stehe, so dass jeder Grad der Verbesserung auf der einen Seite eine entsprechende Verkürzung auf der anderen Seite bedingen müsse. Wenn es für die Ungiltigkeit dieser Anschauung überhaupt eines Beweises bedürfte, so wäre er in den Verhältnissen vor 1848 zu finden. Das Handwerk hatte allerdings dem Aufstreben der Grossindustrie, d. h. des Massen- und Maschinenbetriebes gegenüber nicht Stand halten können, die selbständigen Meister sanken zu lohnarbeitenden herab, und die Lage dieser Arbeiter war — wie sofort zu zeigen —

eine trostlose, jeder Beschreibung spottend elende. Auch die Lage der grossen Industrie war keineswegs eine glänzende. Man muss sich eben hüten, einen besonders günstigen Einzelfall, wie etwa die relativ gute Situation der österreichischen Baumwollenindustrie im Vormärz, zu verallgemeinern, obwohl sich in der kritischen Zeit auch auf diesem Felde Stagnation und Missbehagen fühlbar machte. Die Fabrikanten litten unter den Folgen einer offenbaren Ueberproduction der vorhergehenden Jahre, sie hatten Noth — zumal bei dem schwunghaft betriebenen Schleichhandel — ihre Producte an den Mann zu bringen. In den Hauptabsatzgebieten wurde die österreichische Production durch die englische Concurrenz geschlagen. Gleichwohl haben wir es hier mit der Standartleistung der österreichischen Industrie zu thun.

Schon die übrigen Zweige der Textilindustrie befanden sich keineswegs in einer gleich günstigen Lage. Die Leinenindustrie z. B. hatte gar keinen günstigen Markt, da in den Hauptabsatzgebieten für Oesterreich: in der Türkei, Griechenland, Aegypten etc. wenig Nachfrage nach Leinengeweben bestand. Die Fabrikation suchte daher, um das Ausland durch Wohlfeilheit zu schlagen, ihre Zuflucht in der Verschlechterung der Qualität bei äusserlich gutem Aussehen; dadurch wurde zwar augenblicklich ein Erfolg erzielt und der Export erhöht; mit der Zeit wurde dadurch der österreichische Markt aber empfindlich geschädigt, der Export vermindert und das Renommée der österreichischen Leinenindustrie zugrunde gerichtet.

Die Papierindustrie, welche um diese Zeit in England, Frankreich und Deutschland auf einem hohen

Niveau stand, konnte in Oesterreich schon deshalb
nicht prosperiren, weil die daselbst bestehenden Censur-
verhältnisse jede Entwickelung des Zeitungswesens und
Buchhandels ausschlossen; aus dem gleichen Grunde
ging die Buchdruckerei, eine Kunst, welche in Wien
eine ihrer ältesten Pflegestätten gefunden hatte,
auffällig zurück.¹) Die in Wien seit 1804 bestehende
Staatsdruckerei machte den Privatunternehmungen
eine unerträgliche Concurrenz und war trotzdem selbst
ein ganz unbedeutendes Institut.

Die Porzellanindustrie konnte trotz des fast uner-
schwinglich hohen Schutzzolles die Concurrenz mit
dem ausländischen Erzeugnisse auch nicht im Ent-
ferntesten aufnehmen, und auch hier machte eine
staatliche Fabrik in Wien der Privatindustrie empfind-
liche Concurrenz, ohne dies durch eigene finanzielle
oder künstlerische Erfolge rechtfertigen zu können.
Die ganze Thon- und Steingutindustrie lag noch in den
Windeln, die Ziegelerzeugung litt unter der geringen
Bauthätigkeit.

Die Rübenzuckerfabrikation war einer jener Zweige,
auf welche sich die österreichische Industrie mit den
grössten Hoffnungen geworfen hatte. Seit dem Jahre 1830,
in welchem in Böhmen die erste Runkelrübenzucker-
fabrik entstand, wuchsen ähnliche Institute in grosser
Zahl förmlich aus dem Boden.²) Allein, die Production
war trotz des geringen Zuckerconsums vollkommen
unzureichend, und mehr als ein Drittel des heimischen
Bedarfes wurde trotz des hohen Schutzzolles durch Im-
port³) gedeckt, während Export überhaupt nicht stattfand
Die Metall- und besonders die Eisenindustrie
besass gewiss in Oesterreich die glücklichsten natür-

lichen Voraussetzungen und war auch thatsächlich
unter allen Industriezweigen bereits am weitesten auf
der Entwickelungslinie des modernen Industrialismus
zur Centralisation vorgeschritten. Das Aerar allein erzeugte beinahe den vierten Theil des gesammten Roh-
und Gusseisens und beinahe den fünften Theil des gesammten raffinirten Eisens; sodann kamen 15 grosse
Privatunternehmer, welche zusammen mit dem Staate
mehr als ein Drittel der Gesammtproduction an sich
hielten. Trotz dieses fortgeschrittenen Entwickelungs-
processes der Grossindustrie zeigte die Montan- und
Eisenindustrie in den Vierzigerjahren einen unleug-
baren Rückgang. Im Allgemeinen war die Rohproduct-
erzeugung günstiger, die Eisen- und Metallwaare
dagegen ungünstiger situirt. Der früher ziemlich be-
trächtliche Verkehr mit Draht aus unedlen Metallen
und den daraus erzeugten Waaren war theilweise
geradezu eingegangen,[4]) die Waffenfabrikation lag im
Argen und deckte lange nicht den eigenen Bedarf,[5])
und die Maschinenfabrikation hatte in Oesterreich
noch kaum recht Boden gefasst. Bis zum Jahre 1825
wurde noch der gesammte Maschinenbedarf vom Auslande her bestritten, aber auch 1841 war noch ein
Drittel der im Industriebetriebe verwendeten Dampfmaschinen nach der Anzahl und die Hälfte der Kraft
nach ausländisches Fabrikat. Die Locomotiven und
Dampfboote wurden noch vorwiegend vom Auslande
eingeführt, während sich die heimischen Fabrikate daneben nur schüchtern geltend zu machen suchten. Bei
den sonstigen Maschinen und Maschinenbestandtheilen
überwog der Import den Export um das Sieben-
fache.[6])

Dieser kurze Ueberblick erhebt keinen Anspruch, ein erschöpfendes Bild der Grossindustrie in Oesterreich um die Mitte der Vierzigerjahre zu geben. Aber er reicht aus, um zu zeigen, dass die Lage der Industrie nicht viel besser war als die des Gewerbes, eine Thatsache, an welcher nichts dadurch geändert wird, dass einer oder der andere der damaligen Industriellen seither Besitzer von vielen Millionen geworden ist. Es ist daher nicht statthaft, das Elend der Arbeiterclasse ausschliesslich aus der fortschreitenden Centralisation der Production zu erklären, wie man das so gern thut; man wird vielmehr für die ungesunden Zustände in beiden Lagern eine gemeinsame Erklärung zu suchen haben.

Wenn irgendwo, so zeigt sich hier unverkennbar und unwiderleglich, dass es ebensowenig angehe, künstliche Scheidewände zwischen politischen und wirthschaftlichen Erscheinungen aufzurichten, als — wie es heute so oft geschieht — den politischen Factor einfach als irreale Grösse abzuthun. Derselbe Geist, welcher das Gewerbe künstlich vor Concurrenz zu bewahren suchte, glaubte auch die Industrie am besten im künstlichen Schutze hoher Prohibitivzölle zu fördern, unbekümmert darum, dass im Gewerbe dadurch die „Störerei", im Handel der Schmuggel, in beiden eine ruinöse Stagnation gezeitigt wurde. Dieser Geist, welcher vor einer agrarischen Reform ängstlich zurückscheute, obwohl er dieselbe längst als unerlässlich erkannt hatte, war der Geist der politischen Reaction, die Furcht vor der freien Bewegung, vor dem Verkehre, vor dem Fortschritte. Die allgemeine sociale und politische Lage war es, was den emporstrebenden Indu-

strialismus unbarmherzig niederhielt. Die nichts-
würdigen Formen der landwirthschaftlichen Production verursachten die entscheidenden Gleich-
gewichtsstörungen, indem, wer immer von der
bäuerlichen Scholle sich losringen konnte, in die
Stadt ging und sich den Gewerben widmete. Das
bürgerliche Gewerbe vermochte aber eine solche
Ueberfüllung umsoweniger zu ertragen, als es selbst
in seinen Existenzkampf mit der Grossindustrie getreten war. Die Folge war einer jener grossen
Proletarisirungsprocesse weiter Kreise, wie sie jeder
grossen Revolution vorangehen. Den Massen derjenigen,
welche ihre wirthschaftliche Selbständigkeit verloren
hatten, blieb nichts übrig, als in die grossen Fabriken
und Industriestätten zu strömen. Da aber die Industrie
mitten unter einem geldarmen, verelendeten, arbeits-
unlustigen und consumschwachen Volke selbst dar-
niederlag, des stärksten psychologischen Antriebes
zur Entfaltung inmitten jener politischen Depression
entbehren musste und obendrein selbst als politisch
suspect mit einer Art Acht zu kämpfen hatte, so war
sie nicht im Stande, die ihr zuströmenden Menschen-
massen auch menschenwürdig zu ernähren, und jenes
Massenelend zu verhindern, das uns im Beginne der
Vierzigerjahre gerade an den Stätten der grossen Industrie in erschütternden Bildern entgegentritt.

Es ist uns leider keine authentische Darstellung
der socialen Verhältnisse des Proletariates überliefert,
dazu war das socialpolitische Verständniss der Zeit
selbst zu schwach entwickelt, was nicht wenig zur
Verschärfung der Zustände beitrug. Wir müssen uns
also begnügen, uns aus losen Ueberlieferungen ein leid-

liches Gesammtbild zu schaffen, welches die Trieb-
kräfte der proletarischen Bewegung des Jahres 1848
zu erklären hinreicht.

Einen Zug von symptomatischer Bedeutung für
die traurige Lage der arbeitenden Classen bildet die
in der fraglichen Zeit geradezu erschreckend überhand-
nehmende Frauen- und Kinderarbeit in den Fabriken.
So weit aus den uns noch zugänglichen Daten hervorgeht, bildeten die erwachsenen Männer nicht einmal
50% der Fabriksarbeiter. Im Nachstehenden geben
wir das Verhältniss der männlichen, weiblichen und
kindlichen Arbeitskräfte in sämmtlichen 647 österreichischen Fabriken der Papier- und Baumwollen-
branche[7]) um das Jahr 1845. Es kamen von den
38.124 in Betracht gezogenen Arbeitern auf je 1000 in
Niederösterreich: 399 Männer, 448 Weiber, 153 Kinder,

Oberösterreich:	378	„	356	„	266 „
Steiermark:	393	„	500	„	107 „
Kärnten u. Krain:	271	„	514	„	215 „
Küstenland:	453	„	333	„	214 „
Tirol:	367	„	500	„	133 „
Böhmen:	454	„	416	„	130 „ .
Mähren u. Schle-					
sien:	510	„	335	„	155 „
Galizien:	648	„	242	„	110 „
Lombardei:	473	„	365	„	162 „
Venedig:	520	„	369	„	111 „

Ueberhaupt: 433 Männer, 420 Weiber, 147 Kinder.
Wie man sieht, lagen die Verhältnisse in Nieder-
österreich, zumal in den zahlreichen dort befindlichen
Baumwollenspinnereien, ganz besonders und unter dem
Durchschnitte ungünstig. Eine hochofficiöse Darstellung

der Verfassung und Einrichtung der Baumwollenspinnereifabriken in Niederösterreich,*) welche bestimmt
war, die Kinderarbeit in den Baumwollenspinnereien
vor dem Forum der Sittlichkeit und Hygiene zu rechtfertigen und eher als einen Segen für die Kinder
hinzustellen, giebt ein wohl kaum nach der arbeiterfreundlichen Seite hin outrirtes Bild:

„In. neuerer Zeit,'' sagt der Verfasser, „werden
keine Kinder unter zwölf Jahren angenommen, und
geschieht es ausnahmsweise, so ist es aus Mitleid
gegen ganz verwahrloste Kinder, die um Arbeit betteln.
— In Bezug auf das Alter dieser Kinder erheischt das
eigene Interesse der Fabriksunternehmer, vorzüglich
solche aufzunehmen, welche bereits das zwölfte Jahr
erreicht haben, weil jüngere durch Leichtsinn, Unvor-
sichtigkeit und Ungeschicklichkeit zu oft Schaden ver-
ursachen. Indessen sind sie vorzüglich durch den
Umstand, dass beide Eltern in der Fabrik arbeiten,
ihre Kinder also ohne Aufsicht physisch und moralisch
verderben würden, gezwungen, Ausnahmen zu ge-
statten und besonders in dem letztgenannten Falle
auch eine geringe Zahl Kinder von neun Jahren aufzunehmen.''

Nach diesem Officiosus wäre die Kinderarbeit
eine den Eltern und Kindern seitens der Fabriksunternehmer gewährte Gnade, eine Art moralisches
Opfer gewesen. So gering war das Verständniss der
intelligenten Kreise für das Interesse der Aermsten.
Die Zahl der Kinder unter zwölf Jahren schätzt der Verfasser der Schrift *) für sehr gering, bloss auf den zwanzig-
sten Theil der Kinder überhaupt; das gäbe nach seinen
eigenen Angaben immer noch etwa 130 bis 150 Kinder

unter zwölf Jahren in Niederösterreich. Die Arbeitszeit
dieser Kinder betrug nach demselben Gewährsmanne
circa 12 bis „höchstens" 13 Stunden täglich, und auch
das findet er sehr wenig, die Beschäftigung für den
Körper höchst förderlich, und wenn man seine Schilderung dieser Kinderarbeit liest, fühlt man sich an
die utopistischen Zukunftsbilder gewisser socialistischer
Träumer erinnert, welche die Kinder blumenbekränzt
und feiertägig gekleidet zur Arbeit, wie zu Spiel und
Tanz ziehen lassen. Der jährliche Verdienst eines
solchen Kindes betrug nach dem Resumé der Schrift
etwa 100 fl. C.-M., nach den sehr eingehenden
authentischen Tabellen aber, die am Schlusse angeführt
sind, bloss 75 fl. C.-M. im Mittel. Der wöchentliche
Verdienst schwankte von 20 kr. bis zu 3 fl. C.-M. Die
sanitären Verhältnisse findet unser Gewährsmann —
trotz der am Schlusse von ihm angeführten Morbilitäts-
und Mortalitätstafeln, die eine beständige Zunahme der
Erkrankungsfälle nachweisen — gleichfalls höchst zu-
friedenstellend, und die Erkrankungen, welche dennoch
vorkamen, sucht er[m]) auf Anlässe zurückzuführen, die
nicht in der Arbeit, „sondern in den sogenannten Er-
holungsstunden" und in gastrischen Anlässen zu suchen
sind; es klingt so, als ob die Arbeiter zu viel freie
Zeit und zu üppige Nahrung gehabt hätten. „Kinder,
die an körperlichen Uebeln und an scrophulöser Ab-
zehrung leiden und oft sterben," meint Knolz,[n])
„bringen den Keim dieser Krankheiten grösstentheils
mit, was leicht erklärbar ist, wenn man weiss, von
welchen krankhaften Eltern diese Kinder abstammen
und in welcher Verwahrlosung sie ihre frühesten
Jahre verleben." Der officiöse Gewährsmann hat an

dieser Stelle bereits vergessen, dass die Eltern dieser kindlichen Arbeiter nach seinen eigenen vorhergegangenen Angaben Arbeiter derselben Fabriken waren, deren Verhältniss er eben noch als die glücklichsten und geordnetsten hingestellt hat.

Wohlfahrtseinrichtungen für ihre Arbeiter kannten die damaligen Unternehmer kaum dem Namen nach; eigene Wohnräume, schlecht und recht waren das einzige, was man noch allenfalls als Wohlfahrtseinrichtung gelten lassen könnte; „vormals," sagt unser Gewährsmann in seinem unbeabsichtigten Humor,[12]) „vormals suchten die Fabriksunternehmer durch Errichtung von Kranken- und Sparcassen für die Zukunft ihrer Arbeitsleute Sorge zu tragen. Die Beweglichkeit dieser Menschen aber, die gern von einer Arbeit zur anderen wandern, liess diese Vorsicht unbeachtet und somit erfolglos." Von höherem Alter und festem Bestande waren die bei den Bergwerksunternehmungen eingerichteten Bruderladen, welche für die Fälle von Krankheit, Invalidität und Tod wenigstens das Nöthigste vorsorgten.

Eine Arbeiterschutzgesetzgebung — wenn man dem Worte auch nur seine primitivste Auffassung lässt — eine Fabriksgesetzgebung, welche wenigstens in Bezug auf die Kinderarbeit einigermassen Wandel geschaffen hätte, gab es natürlich nicht. Die einzige, damals zu Recht bestehende Vorschrift war ein Cabinetschreiben vom 20. November 1786, welches bestimmte, dass die Kinder in den Fabriken jede Woche wenigstens einmal gewaschen und gekämmt werden müssen, und zweimal im Jahre vom Arzte zu visitiren seien. Herz, was willst Du noch mehr? Ein Hofdecret

vom 11. Januar 1842 setzte zwar das zwölfte Lebensjahr
als jenes Minimalalter fest, unter welchem in der
Regel Kinder nicht in Fabriken zur Arbeit zugelassen
werden durften; der zweite Abschnitt hob jedoch diese
Bestimmung sofort wieder auf, indem er auch ausnahmsweise die Zulassung von Kindern mit zurück-
gelegtem neunten Lebensjahre gestattet, wenn sie vor
ihrer Aufnahme drei Jahre an einer Schule Unterricht
empfangen hatten; dieses Decret setzt weiters als
Maximalarbeitszeit für Kinder von 9 bis 12 Jahren
10 Stunden und von 12 bis 16 Jahren 12 Stunden
täglich fest, und verbot für beide Kategorien die Nacht-
arbeit. Gegen diese Bestimmung protestirten die Fabriksunternehmer, „weil die Industrie zu sehr beeinträchtigt würde, wenn man allgemeine Vorschriften
über die Arbeitszeit erlassen wollte".[13]) In der That
scheint man sich an dieses Hofdecret wenig gehalten zu
haben, und später wurde die Klage laut, in den Kattun-
druckereien wären Kinder von sieben und acht Jahren
beschäftigt worden. Zu verwundern war dies nicht;
gingen doch die ärarischen Fabriken in der miss-
bräuchlichen Anwendung der Kinderarbeit mit schlech-
testem Beispiele voran. In der Tabakfabrik zu Sedlitz
waren von 430 Arbeitern: 67 Kinder unter 14 Jahren,
96 Kinder zwischen 14 und 16 Jahren, also 163 Personen (d. i. nahezu 38%) in unerwachsenem Stande,
und die Wiener Staatsdruckerei beschäftigte weit mehr
Lehrlinge als Gehilfen.[14])

Ueber den sichersten Gradmesser der äusseren
Lebensverhältnisse unter den arbeitenden Classen
fliessen leider die authentischen Quellen noch spär-
licher als über andere Punkte. Wir haben in Nach-

stehendem eine Liste von Löhnen verschiedener Arbeitsbranchen auf Grund vereinzelter und zufälliger Angaben für Wien und Umgebung aufzustellen versucht. Es erhielt um das Jahr 1847 in Wien (respective Umgebung) in Gulden und Kreuzern C.-M.

	Pro Tag			Pro Woche		
	Min.	Max.	Mittel	Min.	Max.	Mittel
ein Seidenweber [15a]	—.40	—.50	—	2.—	6.—	—
„ Kattundrucker	—	—	—	5.—	7.—	—
„ Formstecher	—	—	—	5.—	7.—	—
„ Schriftsetzer [15b]	—	—	—	4.—	12.—	7.—
„ Baumwollenspinner [15c]	—	—	—	2.—	10.—	5.25
„ Leinenweber [15d]	—.20	—.24	—	—	—	—
„ Vergolder [15e]	—	—	—	4.—	11.—	—
„ Schneidergeselle [15f]	—.48	1.—	—	—	—	—
„ Maurergeselle [15g]	—.25	—	—.48	—	—	—
eine Baumwollen-						
spinnerin [5h]	—	—	—	1.—	5.—	2.39
detto ein Kind	—	—	—	—.20	3.—	1.26
„ Seidenarbeiterin [15i]	—	—	—	1.36	3.—	—
„ Seidenwinderin und						
Spulerin [15k]	—	—	—	—.48	1.—	—
„ Kleidermacherin [15l]	—	—	—	10.—	12.—	—
„ Weissnäherin [15m]						
Heimarbeiterin	—.10	—.20	—	—	—	—
bei einer Madame	—.12	—.16	—	—	—	—
„ Stickerin [15n]						
Heimarbeiterin	—.40	—.50	—	—	—	—
auswärts	—.30	—.40	—	—	—	—
„ Modistin [15o]	—	—	—	1.30	3.—	—
„ Handschuh-						
macherin [15p]	—.12	—.50	—.40	—	—	—
„ Arbeiterin in						
Druckereien [15q]	—	—	—	1.36	2.48	—
„ Arbeiterin in der						
Tabakfabrik [15r]	—.24	—	—	—	—	—

Nach dieser Lohnliste, die allerdings wenig Anspruch auf Vollständigkeit erheben kann, betrug um 1847 der mittlere Verdienst eines Arbeiters in der Woche etwa 5.22 fl. C.-M., einer Arbeiterin 2.58 fl., der mittlere Wochenlohn überhaupt etwa 3.57 fl. C.-M. Die ministerielle „constitutionelle Donauzeitung"[16]) gab im Jahre 1848 folgende Lohnsätze für Wien an: Es verdient ein Arbeiter im Tage von 24 kr. bis 1.20 fl. C.-M., im Jahre von 183 bis 220 fl. C.-M; eine Arbeiterin im Tage von 10 kr. bis 30 kr. C.-M., im Jahre von 90 bis 110 fl. C.-M.

Das gäbe einen mittleren Wochenlohn von 5.12 fl. für den männlichen Arbeiter und 2 fl. für die Arbeiterin, oder 3.36 fl. überhaupt, also ein womöglich noch ungünstigeres Verhältniss. Wenn wir aber auch den höheren früheren Satz als den richtigen gelten lassen wollen, so stellt sich derselbe immer noch niedrig im Vergleiche mit dem mittleren Wochenlohne in England, welcher zur gleichen Zeit etwa 5.50 fl. C.-M. (11 Shilling) oder in Frankreich, der sogar 6.50 fl. (16.68 Francs) betrug. Der niedrigste Taglohn in Wien war nach der amtlichen Statistik in den Jahren 1844 bis 1847: 24 kr.; das war jedoch der Verdienst eines Mannes, während der weibliche Minimalverdienst sowohl nach unserer Liste als nach der oben citirten officiösen Quelle nur 10 kr. betrug. In Paris war der Mindestverdienst einer Arbeiterin (75 Centimes) 17 kr. C.-M. und der eines Arbeiters (1.25 Francs) 29 kr. C.-M.[17])

Dass bei solchen Löhnen die Lebenshaltung der arbeitenden Classe eine äusserst traurige, mitunter geradezu menschenunwürdige sein musste, ist an und für sich einleuchtend, um wie viel mehr, wenn man

5*

erfährt, dass in den Vierzigerjahren alle Lebensmittel
beständig im Preise stiegen, und dass besonders in den
Jahren 1846 und 1847 diejenigen Artikel, welche den
Grundstock der Nahrung der Armen ausmachen, Hülsen-
früchte und Kartoffeln, auf eine schwindelnde Preishöhe
gestiegen waren. In nebenstehender Darstellung geben
wir ein anschauliches Bild der Preisschwankungen in
dem Decennium 1838 bis 1847, wofür sich die genauen
Zahlen zur Erläuterung im Anhange[18]) finden:
Wenn man bedenkt, dass im Jahre 1847 der
mittlere Wochenlohn einer Person nur 3.57 fl. C.-M. betrug, während ein Metzen Kartoffeln allein 2.08 fl. kostete,
so tritt einem das Elend der unteren Classen schon
in greifbareren Zügen vor Augen.

Wenn wir im Nachfolgenden ein zahlenmässiges
Bild der mittleren Lebenshaltung der Bevölkerung
Oesterreichs und speciell Wiens zu geben versuchen,
so sind wir uns des geringen descriptiven Werthes
solcher Darstellungen bewusst. Es ist selbstverständlich,
dass diese mittlere Linie eine irreale Grösse ist
und dass sich besonders die Lebenshaltung jener
Classen, auf welche es uns hier ankommt, in einem
viel tieferen Niveau bewegte. Allein, den einen Vortheil gewähren ähnliche Berechnungen doch, den eines
exacten Vergleiches mit anderen Ländern und anderen
Verhältnissen nämlich. Das ist es aber, auf was endlich alles ankommt und wodurch der Tadel vermieden
wird, den Ferdinand Lassalle in einer berühmt gewordenen Stelle gegen diese Methode, den Grad des
Wohlstandes zu bestimmen, erhoben hat.

Der äusserste Rand dessen, was zu dem nothwendigsten Lebensunterhalte gehört, meint er, könne

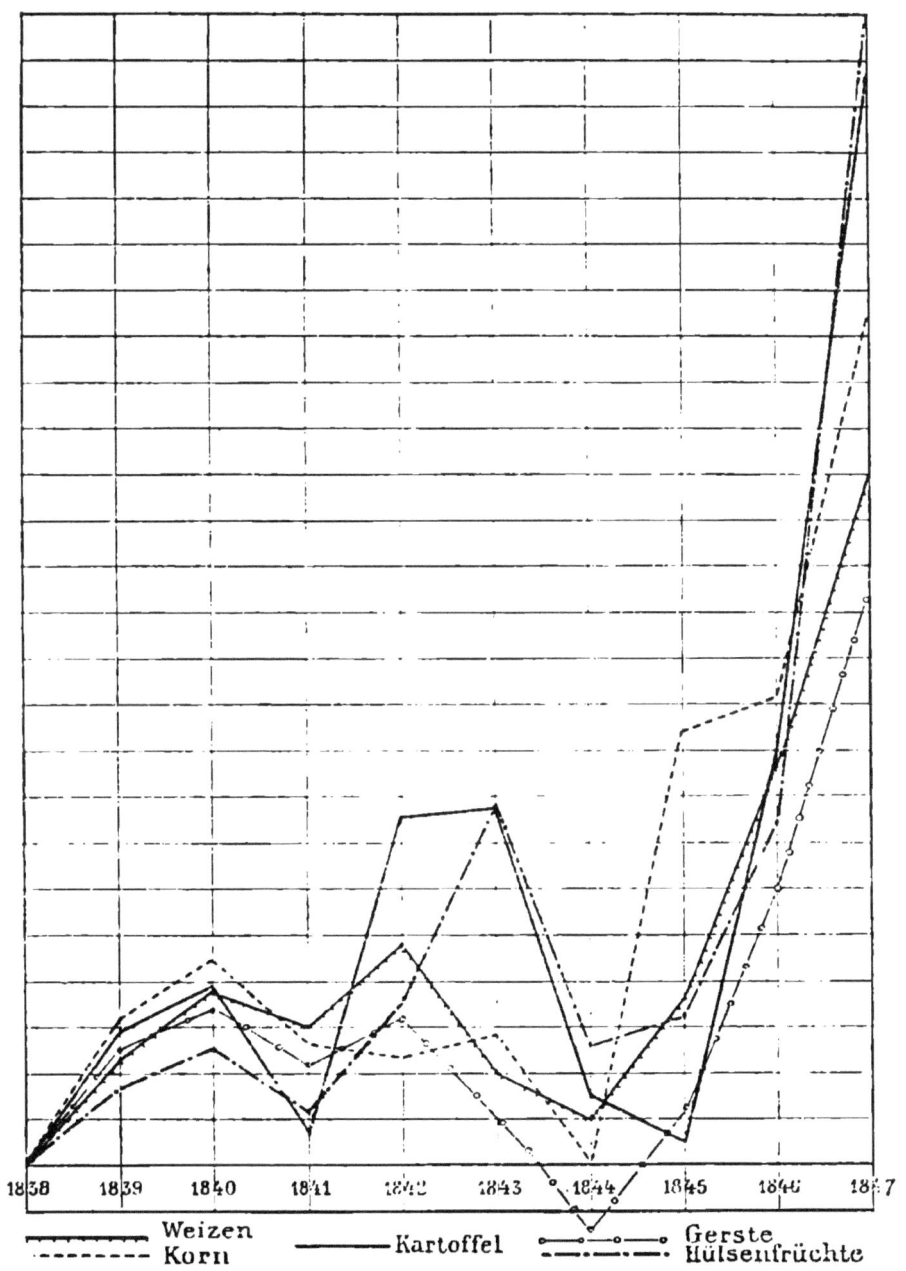

——————— Weizen		○——○——○ Gerste
– – – – – – Korn	——————— Kartoffel	—·—··—·— Hülsenfrüchte

sich in verschiedenen Zeiten allerdings ändern und es könne sonach kommen, dass, wenn man verschiedene Zeiten miteinander vergleicht, die Lage des Arbeiterstandes in einem späteren Zeitpunkte — insofern das Minimum der gewohnheitsmässig nothwendigen Lebensbedürfnisse etwas gestiegen ist — sich scheinbar gegen die Lage des Arbeiterstandes in dem früheren Jahrhundert gebessert habe. Das beweise aber nicht, dass sich der Arbeiter in dem späteren Zeitpunkte wirklich besser befinde als in dem früheren. „Alles menschliche Leiden und Entbehren hängt nur von dem Verhältniss der Befriedigungsmittel zu den in derselben Zeit bereits vorhandenen Bedürfnissen und Lebensgewohnheiten ab. Alles menschliche Leiden und Entbehren und alle menschlichen Befriedigungen, also jede menschliche Lage bemisst sich somit nur durch den Vergleich mit der Lage, in welcher sich andere Menschen derselben Zeit in Bezug auf die gewohnheitsmässigen Lebensbedürfnisse derselben befinden. Jede Lage einer Classe bemisst sich somit immer nur durch ihr Verhältniss zu der Lage der anderen Classe in derselben Zeit.''

Es ist zuzugeben, dass allerdings praktisch auf dieses allgemeine Verhältniss alles ankommt; deswegen ist es aber doch nicht die einzig bezeichnende Formel für das Problem in seiner theoretischen Fassung. Man muss auch die Zahl derjenigen in Rechnung ziehen, welche ein gewisses Bedürfniss befriedigen können. Es ist ja ohne Zweifel richtig, dass jede Besserung der Lebensführung in den arbeitenden Kreisen oft sogar in ursächlicher Verbindung von einer Steigerung des Luxus in den vermögenden Classen begleitet ist, da im Menschen die inegalitäre Tendenz, das bestehende Verhältniss zu den unteren Classen nicht abschwächen zu lassen, tief eingewurzelt ist. Es fragt sich aber immer, wie viele den Luxus mitmachen können, da es doch gewiss einen grossen Unterschied bildet, ob bloss Einer oder zehn, oder hundert von Tausend ein gewisses Luxusbedürfniss befriedigen können, möge der Abstand von denjenigen, welche begehrend zusehen müssen, wie gross immer sein.

Auf diese Formel und auf den Vergleich mit gleichzeitigen Verhältnissen des übrigen Europa kommt es uns bei den nachfolgenden Betrachtungen hauptsächlich an. Das ist auch der Grund, warum wir auf jene Artikel nur wenig Werth legen, in welchen der individuelle Verbrauch zu ungleichmässig ist, um den Schluss zu erlauben, inwieweit auch die unteren und untersten Classen an diesem Verbrauche participiren.

Das gilt vorzüglich von dem Fleischconsum, der in Oesterreich und ganz besonders in Wien schon damals sehr gross und nicht viel geringer als der von heute war, den aller anderen Grossstädte aber weit hinter sich liess. Nach übereinstimmenden Angaben [19]) dürfte sich der Gesammtfleischverbrauch pro Jahr und und Kopf anfangs der Vierzigerjahre auf 130 bis 150 Wiener Pfund (73 bis 84 kg gegen 88$\frac{1}{4}$ kg von heute) belaufen haben, während der durchschnittliche Consum pro Jahr und Kopf in Berlin bloss 113 Pfund, in London 107 Pfund, in Cöln 106 Pfund, in Breslau 93 Pfund, in Magdeburg 89 Pfund, in Paris gar nur 86 Pfund betrug. Es wäre gleichwohl ein heilloser Irrthum, wollte man aus diesen Ziffern etwas über die Lage der untersten Classen in Wien ableiten, da ge-

rade beim Fleisch der Ueberconsum in den oberen
Gesellschaftsschichten ein derart grosser sein kann,
dass selbst bei einem auffallend starken Unterconsum
auf der anderen Seite der Durchschnitt immer noch
ein relativ sehr günstiger zu sein vermag.
Bezeichnender für die relative Lage der con-
sumirenden Classen ist ein Vergleich des Zucker- und
Kaffeeverbrauches in Oesterreich mit dem anderer
Länder, weil in diesem Falle die Durchschnittsziffer
viel weniger durch einen individuellen Mehrverbrauch
auf einer Seite als durch das Hinzutreten neuer
Consumenten zu den alten bestimmt wird. Wenn wir
z. B. hören, dass der durchschnittliche Consum an
Zucker pro Kopf in Oesterreich bloss 3·6 englische
Pfund (2·94 Wiener Pfund) betrug, der in Grossbritannien (ohne Irland) aber 21·3 englische Pfund, so
ist die Erklärung doch höchst wahrscheinlich nicht
darin zu suchen, dass man in England den Thee
sechsmal so süss wie in Oesterreich trank, sondern
eher darin, dass in England sechsmal so viel Personen überhaupt Zucker consumirten als in Oesterreich.
Darin liegt also die social- und culturhistorische Bedeutung dieser Ziffern. So schwankend die Angaben auch
über diesen Punkt sein mögen, das eine geht aus ihnen
unwiderleglich hervor, dass in der Mitte der Vierzigerjahre der grössten Mehrheit der österreichischen Bevölkerung der Genuss des Zuckers fremd war, und
dass Oesterreich in dieser Beziehung auf dem Niveau
Irlands, Russlands und der Türkei stand und nicht
nur hinter dem übrigen Deutschland, England, Frankreich und der Schweiz, sondern auch hinter Belgien
Dänemark, Spanien und Portugal zurückstehen musste. [20])

Der Kaffeeverbrauch lässt keineswegs auf günstigere Verhältnisse schliessen. Die Angaben [21]) für die einzelnen Länder schwanken zwar wieder bedeutend; gerade in Bezug auf Oesterreich sind sie jedoch ziemlich übereinstimmend, und man wird kaum viel irre gehen, wenn man den jährlichen Kaffeeverbrauch auf $\frac{1}{2}$ Wiener Pfund pro Kopf veranschlagt, eine lächerlich kleine Ziffer, die wieder nur dadurch zu erklären ist, dass in Oesterreich der Kaffeegenuss noch ein Vorrecht der wohlhabendsten städtischen Kreise war. In Belgien und den Niederlanden wurde 14- bis 17mal, im übrigen Deutschland und der Schweiz 8- bis 9mal so viel consumirt. Hinter Oesterreich blieben nur die Türkei, Russland und Portugal zurück. Dazu kommt, dass in vielen Ländern der Kaffeeconsum wesentlich durch den landesüblichen Theegenuss beeinflusst wird. Wollte man auch diesen mit in Anschlag bringen, so würde Oesterreich bezüglich seiner Consumtion noch weiter zurücktreten und auch Russland noch den Vorrang geben müssen.

Der Bierconsum [22]) in Oesterreich war ein relativ hoher: Im Durchschnitte der sechs Jahre 1841 bis 1846 $19\frac{1}{2}$ Wiener Mass pro Kopf, wenigstens höher als in Preussen (12 bis 13 Quart $= 9\frac{1}{2}$ bis $10\frac{1}{2}$ Wiener Mass), wenn er gleich kaum die Hälfte des englischen Consums (48 englische Quart $= 38\frac{1}{2}$ Wiener Mass) ausmachte. Für die Städte gestaltete sich natürlich der Durchschnitt weitaus grösser und so kamen in Wien für die gleiche Zeit jährlich auf den Kopf etwa $90\frac{1}{2}$ Wiener Mass ($128\,l$ gegen $140\,l$ im Jahre 1890), in Niederösterreich auf einen Kopf noch 46 Mass. Es ist jedoch zu beobachten, dass speciell in Niederösterreich und ganz besonders in Wien der relative Bierverbrauch in den letzten Jahren auffällig, um nahezu 20 Mass pro Kopf herabging (von 100 auf 80³/₄ Mass). Der Branntweinverbrauch war im Grossen und Ganzen gleich dem Sachsens und Preussens; auf den Kopf entfiel die unerfreulich hohe Menge von 6 Mass. Dieses ungünstige Mass wurde aber hauptsächlich durch den riesigen Consum Galiziens zuwege gebracht, in welchem Lande auf den Kopf durchschnittlich 13¹/₃ Mass entfielen. Mit Ausscheidung von Galizien stellte sich der Durchschnittsconsum an Branntwein für Oesterreich auf rund 2 Mass pro Kopf. Die stetige Verminderung des Branntweinconsums in den Vierziger- jahren — eine an und für sich sehr erfreuliche That- sache — dürfte jedoch, da sie sich besonders in Galizien fühlbar machte, kaum auf die wachsende Erkenntniss von der Gefährlichkeit des Alkoholgenusses, sondern auf die zunehmende Unmöglichkeit zurückzu- führen sein, sich auch nur dieses Genussmittel zu be- schaffen.[23])

Alles weist darauf hin, dass der Kreis derer, welche an den Genüssen des Lebens theilnehmen konnten, in den Vierzigerjahren sich eher verengerte als erweiterte. Selbst der Tabakgenuss, heute eine auch in den untersten Classen allgemein eingebürgerte Sache, war damals nur dem kleineren, wohlhabenderen Theile zugänglich. In Oesterreich (ohne Venedig und Lom- bardei) war erst jeder vierte, in Niederösterreich (dem Lande der stärksten Raucher) jeder dritte Mann über 19 Jahre ein Raucher. Eine Vergrösserung dieses Kreises hat in dem Decennium 1838 bis 1847 nicht stattgefunden.[24])

Zur äusseren Lebenshaltung gehören auch die Wohnungsverhältnisse, ja mehr als die Nahrung wirkt das „Heim" auf die moralische Haltung des Individuums wie der Familie, und nicht umsonst blickt die moderne Socialpolitik so sehnsüchtig gerade nach einer befriedigenden Lösung der Wohnungsfrage in den Städten aus.

Die Wiener Verhältnisse lagen in Folge der historischen und baulichen Entwickelung der Stadt seit jeher schlecht. Schon aus den Siebzigerjahren des vorigen Jahrhunderts datiren die Klagen über die schlechten Wohnungsverhältnisse und die Vorschläge zur Sanirung derselben durch Auflassung der Festung und Verbindung der Stadt mit den Vorstädten.[25]) Schon damals gab es aber auch — nil novi sub sole — gut gesinnte Socialpolitiker, welche gleich stark im Hasse gegen „die dummen Aufklärer, die Gemeinplätze von Despotismus der Fürsten, von Menschenrechten, von allgemeiner Naturfreiheit, von politischer Sklaverei" wie gegen die Fabrikanten waren, welche „durch das Anhäufen der Arbeiter gemeinschaftlich mit dem fremden Abenteurervolk, dem Glücksrittergesindel, dem Spionengeschmeiss, den Bettlerlegionen, dem Kuppler- und Negoziantencomplot, die wöchentlich zu allen Thoren Wiens einbrechen, das Leben der Hauptstadt vertheuern" — und diese Sorte von Socialpolitikern erblickte die Lösung der Wohnungsfrage nicht in der baulichen Entwickelung der Stadt, sondern in der Verminderung der Volksmenge — utile cum dulci — durch Verlegung der Fabriken und Ausweisung geschäftsloser und „nutzloser" Fremder aus Wien. Diese Leute blieben leider, wie immer, im Rechte.

In den Jahren 1811 und 1812 war die Wohnungs-
noth in Wien so gross, dass zahlreiche arme Familien
in Ställen, Scheunen wohnen, oder von Wien weg-
befördert werden mussten; und im Jahre 1816 war
die Theuerung des Miethzinses so gestiegen, dass
Wohnungen, welche früher 50 bis 60 fl. gekostet haben,
auf 200 bis 300 fl. und solche von 700 bis 1000 fl.
in der Grösse von 6 bis 7 Zimmern auf 4000 bis 6000 fl.
stiegen. Die Wohnungsverhältnisse in Wien und den
Vorstädten besserten sich in den folgenden Jahren nur
sehr wenig, wozu die aus den allgemeinen Verhältnissen wohl erklärliche, abnorm geringe Bauthätigkeit
und Baulust in erster Linie beitrug. In den zwanzig
Jahren von 1827 bis 1847 wuchs die Bevölkerung von
Wien um 123.121 Personen, d. i. um 42·5%, während
die Häuser bloss um 900, d. i. um 11·4% zunahmen.
Der durchschnittliche Jahreszuwachs in jener Zeit betrug an Personen 6156 oder 2%, an Häusern nur 45 oder
0·57°/₀. Die ganze Bauthätigkeit Wiens in den Jahren
1843 bis 1848 beschränkte sich auf 202 Neu- und
205 Um- und Zubauten.[26]) Unter solchen Umständen
mussten natürlich die Miethzinse unerträglich hohe,
die Wohnungsverhältnisse vom socialen Standpunkte
höchst bedauerliche bleiben.

Wir schliessen diesen kurzen Ueberblick über die
mittlere Lebenshaltung mit der nochmaligen Ver-
sicherung, dass wir derlei Zahlen für nicht mehr
halten, als sie sind; aber das geht auch aus ihnen
mit grausamer Bestimmtheit hervor, dass das Mittel-
mass der Lebensführung in Wien und Oesterreich
schlechter war als fast in allen Ländern Europas,
dass sich die Verhältnisse gegen das Ende der Vier-

zigerjahre zu, wenn möglich, noch allgemein verschlechterten, und dass die Verhältnisse der arbeitenden Massen, die natürlich unter der gezeichneten Mittellinie lagen, unsäglich traurige, elende gewesen sein müssen.

Die ministerielle „Donau-Zeitung" aus dem Jahre 1848,[27]) deren Angaben in Bezug auf Durchschnittslöhne wir schon oben citirt, versuchte das Budget einer Arbeiterfamilie mit etwa 3 bis 5 Kindern zu entwerfen. „Verheiratete geben ihr Verdienst zusammen, jedoch ist in diesem Falle der Verdienst des Weibes nur die Hälfte vom Erwerbe der ledigen Frauensperson, da erstere mit den häuslichen Arbeiten beschäftigt ist." Demnach beliefen sich auf Grund obiger Durchschnittslöhne die Einnahmen von Mann und Weib jährlich auf 230 bis 275 fl. C.-M. Unser Gewährsmann rechnet nun

Miethe für eine Familie	30 bis	40	fl.	C.-M.
Wäsche reinigen	5 „	6	„	„
Brennmateriale	8 „	10	„	„
Kleidung und Wäsche (meist abgetragen beim Trödler gekauft)	30 „	40	„	„
Fussbekleidung	8 „	10	„	„
Zusammen . .	81 bis	106	fl.	C.-M.
Dies von dem Verdienste von . .	230 „	275	„	„
abgerechnet, verbleiben also . .	149 bis	169	fl.	C.-M.

oder täglich 24 bis 27 kr. C.-M. zur Verköstigung und für die sonstigen Bedürfnisse des Lebens. Unser Gewährsmann meint nun: „Einer Familie (worunter fünf Kinder) kostet ein selbst zubereitetes Mittagsessen mindestens 13 kr., wenn man nur $1\frac{1}{2}$ Pfund Fleisch rechnet. Es bleibt ihr also täglich 6 bis 9 kr.'' Aber nicht einmal das ist wahr,[28]) denn das Pfund Rindfleisch kostete nach amtlichen Angaben vor 1848 mindestens 10 kr., ein Mittagsessen war also unter 20 bis 25 kr. gar nicht herzustellen. Für Brot und sonstige Mahlzeiten blieb der guten Familie also auch nicht ein rother Heller. Einigermassen besser war der ledige Arbeiter daran, der seine Mittagskost entweder vom Arbeitgeber gegen mässige Entlohnung oder in der Garküche um 6 bis 8 kr. C.-M. erhielt. Aber auch ihm dürfte für sonstige Nebenauslagen und für die Freuden des Lebens im bescheidensten Masse nicht viel geblieben sein.

Wir finden also hier unsere Vermuthung, dass den unteren Classen jeder Genuss des Lebens versagt blieb, aus einem nichts weniger als arbeiterfreundlichen Munde bestätigt, und dabei muss man nicht aus dem Auge lassen, dass es so gut, wie der hier angeführten Familie, keineswegs allen ging; Familien mit einem jährlichen Einkommen von 250 fl. C.-M. waren ja wieder die Glücklichen unter den Elenden, wie viele hatten weniger als das zu verzehren, und wie gross mag die Zahl derjenigen gewesen sein, welche arbeitslos waren und überhaupt nichts hatten, wovon zu leben war?

Die Geschichte hat uns leider keine Zahlen über die Arbeitslosen und Armen jener Zeit aufbewahrt. Wohl aber liegen uns Schilderungen des Jammers in den tiefsten Gesellschaftsschichten der österreichischen Reichshauptstadt vor, Schilderungen, welche den bekannten Elendbildern von Whitechapel nichts an erschrecken der Grauenhaftigkeit nachgeben. Ein Kenner

der Wiener Volksverhältnisse, der bekannte demokratische Abgeordnete Ernst Violand, schreibt:[29])

„Die Folge der furchtbaren Zustände der ab-
hängigen Arbeiterclasse war, wenigstens in Wien, wie
ich aus eigener Anschauung weiss, grenzenlose Immo-
ralität und sittliche Verwilderung. Ganze Vorstädte,
wie Thury, Liechtenthal, Altlerchenfeld, strozzischer
Grund, Margarethen, Hundsthurm, neue Wieden, Fünf-
und Sechshaus, wimmelten von ausgehungerten, zer-
lumpten Arbeitern, und Abends erfüllten die unglücklichen Mädchen der Fabriken in dem jugendlichsten,
selbst Kindesalter die Glacien und den Stadtgraben,
um für einige Groschen jedem dienstbar zu sein. Im
Jahre 1845 oder 1846 zogen sie sogar mit jungen Fa-
briksarbeitern, den sogenannten Kappelbuben, welche
auf die Annäherung der Polizei zu achten hatten, in
den Strassen der inneren Stadt herum und scheuten
sich nicht, zur grösseren Bequemlichkeit ihres hori-
zontalen Nebengewerbes Bänke und Polster mit sich
zu nehmen. Auch nächtliche Anfälle und Beraubungen
auf den Glacien kamen damals fast täglich vor. Dieses
Wegelagererwesen bestand durch fast einen ganzen
Winter, welcher damals sehr streng war, und welcher
die Arbeiterbevölkerung eben deshalb, und weil sie
die Heizung nicht erschwingen konnte, zu solchen verzweifelten Gewaltthätigkeiten nöthigte. Das schauder-
volle Elend dieser Fabriksklaven, namentlich im Winter,
ging in das Unglaubliche, und doch waren sie über-
glücklich, wenn sie nur nicht ihren Verdienst verloren; denn dann blieb ihnen nichts übrig als zu
verhungern oder zu stehlen. Es gab viele brotlose
Menschen, welche fast ohne jede Bekleidung sowohl

im Sommer als im Winter, sich des Tages hindurch in den Unrathscanälen aufhielten und des Nachts, um frische Luft zu schöpfen und etwas zu erwerben und zu geniessen, Einbrüche und Raubanfälle begingen und sich dann im Prater oder in elenden Kneipen herumtrieben. Ich besuchte einst zur strengen Winterszeit einen Polizeicommissär in seinem Amte und gewahrte daselbst im Vorzimmer vielleicht zwanzig solcher Troglodyten, welche eben zusammengefangen worden waren. Sie hatten bloss ein zerlumptes Hemd und leinene Unterbeinkleider an dem von Schmutz und Unrath wie mit einer Kruste überzogenen Körper. Ueberall sah ihnen das Fleisch hervor, die Füsse, um sie zu erwärmen, waren mit Fetzen umwickelt und jede Kopfbedeckung fehlte. Ich hatte in Wien noch niemals Leute in einem ähnlichen Aufzuge erblickt, aber in Folge meiner Erkundigung erfuhr ich von dem Polizeicommissär, dass noch gar viele derart unglückliche Menschen in den Canälen steckten, von denen man gar nicht begreifen könne, wie sie ein solches Leben auszuhalten im Stande wären."

Ein anderer Zeitgenosse erzählt in seiner anonymen Schilderung der socialen und politischen Zustände Oesterreichs,[30]) dass um 1847 die Zahl der directen Bettler an sich bis zum Erschrecken gross sei, dass der Stand des socialen Elendes aber noch viel grösser und schaudererregender erscheine, wenn man auch die Legionen von indirecten Bettlern hinzuzählt. „Diese Classe von Unglücklichen und Bedürftigen," ruft er aus, „ist in Oesterreich so zahlreich und bemitleidenswerth wie irgendwo und vielleicht aus dem Grunde noch beklagenswürdiger, weil sie auf

einem so überaus reichen Grund und Boden im tiefsten
Elend schmachten und ringsum babylonische Ueppig-
keit, Schwelgerei und sinnlose Verschwendung sehen
und noch überdies die traurige, herzabdrückende
Ueberzeugung haben, dass ihre reichen Landsleute
ebenso rücksichtslos in ihrer Freigebigkeit wie in
ihrem ganzen Leben sind und theils aus wirklichem
Mitleid, theils aus Ehrenzwang und Prahlsucht dahin
das meiste Almosen werfen, wo das lauteste Hilfs-
geschrei ertönt und wo die ausgeübte Wohlthätigkeit
am glänzendsten in die Augen springt, ja, wo sie mit
Namen und Ziffern durch Zeitungen und Journale
ausposaunt wird. Der Fremde kann sich kaum einen
Begriff machen, mit welcher Unverschämtheit und be-
drohlichen Keckheit der Bettel in den Umgebungen
Wiens, zumal in den Gebirgsgegenden getrieben wird.
Es ziehen da Truppen rüstiger Bursche, die in Folge
jahrelanger Bekanntschaft von den Bauern schon
Spitznamen bekommen haben, und ganze Bettler-
familien unter verschiedenen Vorwänden von Ort zu
Ort, erpressen durch Furcht den Beitrag, welchen das
Gefühl versagt, und unterlassen es nicht, den frucht-
tragenden Bäumen und Feldern ihre diebischen Be-
suche zu machen. Ja, der Bettel wird so systematisch
betrieben, dass selbst faule Handwerksbursche jeden
Freitag ihre Arbeit einstellen, bettelnd sich das Doppelte
ihres gewöhnlichen Erwerbes verschaffen und somit
eine von Almosen abhängige Existenz einer durch
Arbeit errungenen vorziehen. Der so als Gewerbe be-
triebene Bettel ist an sich ein Krebsgeschwür der Gesellschaft; er vererbt sich thatsächlich von den Eltern
auf die verwahrlosten Kinder, die als Säuglinge auf

die Wanderschaft mitgenommen werden, um mehr
Mitleid anzuregen, später aber sich selbst überlassen
sind und wie das wilde Vieh aufwachsen, um sonach
selbst das Geschäft der Eltern am Bettelstabe fortzusetzen."
Wie der Arbeiter wohnte, schilderte Anton Langer
in folgender ergreifender Weise:[31]) „In einer weit-
entlegenen Vorstadt, nahe an der Linie, vielleicht, ja
sehr häufig ausserhalb der Linie, erhebt sich ein
niedriges Gebäude. Elende, kleine, niedere Zimmer,
deren Atmosphäre von aufgehängter Wäsche, dem aus
der Küche hineinschlagenden Rauch, durch unreine
kleine Kinder u. s. w. vergiftet, nasse Wände, ge-
brochene Fenster, durch die der Wind hereinpfeift,
ein Plafond, der bald den Staub herunterfallen lässt,
wenn ein Wagen vorbeirasselt, bald wieder den Regen
durchsickern lässt, elende, zerbrochene Möbel, ein
Tisch, ein paar Stühle, ein, höchstens zwei Betten, das
ist der Palast des braven Mannes, der als unterstes
Glied im Staate, auch zugleich das breiteste, festeste
ist. Und für diese elende Baracke — ich hätte bald
gesagt Wohnung — zahlt er 60, 70, auch 80 fl. C.-M.
Zins. Zusammengepfercht mit Weib, Kind, häufig auch
mit Bettgehern, kann er sich kaum bewegen, wohin er
sein Auge wendet, leuchtet ihm das Bild seines Elends
entgegen, es fehlt ihm die Ruhe im Hause, die Freude
am Hause; ist's ein Wunder, wenn er aus diesem
Fegefeuer ins Branntweinhaus flüchtet. In dieser un-
reinlichen, übelriechenden, von Ungeziefer wimmelnden
Wohnung soll er schlafen, sich ausrasten von den
Mühen des vergangenen, stärken zu den Mühen des
kommenden Tages. Bei Tagesanbruch muss er auf, denn

eine Stunde, oft mehr vergeht, bis er von seiner
Wohnung zu dem Orte seiner Arbeit gelangt. Ebenso
lange braucht der von der Arbeit Ermüdete, bis er
heimgelangt. Woher soll ihm des Lebens Freudigkeit
kommen? Und dennoch dieser kaum erschwingliche
Zins? Ein Dritttheil seines Lohnes zum wenigsten
muss der Arbeiter täglich für den Zins erübrigen, ein
Dritttheil seines blutigen, sauren Verdienstes an einen
Hausherrn geben, der es nicht der Mühe werth findet,
seinen rauchenden Herd, seine beschädigten Mauern
ausbessern zu lassen, der dem armen Arbeiter unnach-
sichtlich sein Bisschen wegnehmen und pfänden lässt,
wenn er seine paar Kreuzer nicht pünktlich dem Zins-
ungeheuer in den Rachen wirft. Man denke sich nun
noch, dass eine Krankheit hinzukommt, dass des Arbeiters Weib, seine Kinder oder gar der Vater selbst
aufs Krankenlager kommen. Wie soll ein Mensch in
solch einem elenden Loche gesund werden? Ein bisschen
reine Luft, ein bisschen Wärme hätten Menschen gerettet. Allein, in solchen Wohnungen muss der Mensch
zugrunde gehen. Alljährlich fordert die Brustwasser-
sucht zahlreiche Opfer aus den Arbeitern. Ich will
nicht sagen, dass die elenden Wohnungen daran Schuld
sind, aber dass sie einen grossen Theil dazu beitragen,
wird jeder Mediciner bestätigen.''

Es entsteht die Frage, was that der Staat zur Bekämpfung solcher Armuth, und was thaten die Arbeiter
selbst, um einer solchen Verelendung der Ihrigen vor-
zubeugen oder entgegenzuarbeiten?

Der rein kirchliche Charakter der Armenpflege,
wie er sich im Mittelalter herausgebildet hatte, hielt
in Oesterreich länger an als anderwärts. Erst Josef II.

6*

führte in den deutschen und slavischen Provinzen
die Pfarr-Armeninstitute ein, welche zwar an die alte
Pfarreintheilung anknüpften, sich aber mehr zu Orts-
armeninstituten ausbildeten, in welchen die von der
Gemeinde frei erwählten Armenväter unter Vorsitz
des Pfarrers, gegen öffentliche Rechnungslegung die
Armen versorgten. Nach der Josephinischen Gesetzgebung begründete der zehnjährige Aufenthalt in
einer Gemeinde den Unterstützungswohnsitz in derselben. Die kirchlichen und mit der mittelalterlichen
Handwerksorganisation zusammenhängenden, durch die
modernen Verhältnisse also längst überholten „Bruderschaften" (welche obligatorische Kranken- und Be-
gräbnisscassen für die Gesellen gewesen) wurden
sämmtlich aufgehoben, und für Niederösterreich wurde
es den ehemaligen Mitgliedern freigestellt, in einen
an Stelle der aufgehobenen Bruderschaften begründeten
Centralverein zu treten, welcher den Namen „Institut
zur thätigen Liebe des Nächsten" führte. Das Vereins-
vermögen der Bruderschaften[32]) wurde eingezogen und
zur Hälfte dem Schulfonds, zur anderen Hälfte dem
genannten Institute zugewiesen. Dieser „Landesbruder-
schaftsfonds", welcher von der niederösterreichischen
Statthalterei verwaltet wurde, sollte also eigentlich
einen Landesarmenfonds bilden, und das „Institut zur
thätigen Liebe des Nächsten" eine Art Centralstelle
für die Pfarrarmeninstitute sein.

So schön gedacht diese Einrichtungen auch waren,
zu einer segensreichen Entfaltung ihrer Kräfte fehlte
die erste Voraussetzung, eine wirthschaftlich freie und
wenigstens im Allgemeinen auch wirthschaftlich ge-
sicherte Gemeinde. Unter den von uns (im ersten Capitel)

geschilderten Verhältnissen war die Gemeinde für die
Uebernahme einer so wichtigen und auch kostspieligen
Mission aber ganz ungeeignet, es wären ihr denn die
Mittel zur Armenpflege von einem Landes- oder Reichs-
armenfonds zugeflossen. Das war aber bei der Finanzlage des Staates eine ganze Unmöglichkeit, obwohl es
an Anläufen hierzu nicht gerade fehlte. Um 1816, als
in Folge von Krieg, Missernten und Staatsbankerott
die Verarmung in bedrohlicher Weise um sich griff
und es in Wien zu höchst unliebsamen Demonstrationen
der Arbeitslosen kam, wurde in Regierungskreisen die
Frage einer allgemeinen Armensteuer, ja sogar einer
Luxus- oder Junggesellensteuer ernstlich erwogen. Allein,
es mag dem Fürsten Metternich angesichts der erschöpften Steuerkraft des Landes nicht rathsam
geschienen haben, zu neuen Steuern zu schreiten, und
so begnügte er sich denn, die Privatwohlthätigkeit
aufzurufen, damit diese „wenigstens zum Theile und
allmählich leiste, was der Staat jetzt zu leisten nicht
vermag".[33]) Zugleich wurden die Vorschriften über
die Bildung von Vereinen, welche bisher das Vereinswesen nahezu ganz unterbunden hatten, freier gehandhabt und das Entstehen von Privat-Wohlthätigkeits-
vereinen auf jede mögliche Weise begünstigt.

Es giebt wohl keinen eclatanteren Beweis für die
Trostlosigkeit der vormärzlichen Zustände als die
Thatsache, dass trotz dieser Begünstigung des humanitären Vereinswesens von oben in Wien — auf diesem
classischen Boden der Privatwohlthätigkeit — bis
1848 kaum 30 humanitäre Vereine erstanden.[34]) Ein
im Jahre 1817 unter dem Protectorate des Kaisers
und unter persönlicher Führung des Kanzlers stehen-

der „Verein zur Unterstützung der Nothleidenden Wiens" war schon nach wenigen Wochen genöthigt, seine Thätigkeit einzustellen. Es giebt eben Verhältnisse, welche so verfahren sind, dass sie jede evolutionäre und charitative Besserung ausschliessen, und solcherart waren die Zustände des Vormärz. Im Jahre 1847, als die Noth am höchsten war, erstanden die humanitären Vereine in etwas grösserer Zahl, aber sie konnten das Unvermeidliche nicht verhüten. Damals entstand als Ausfluss der zerrütteten Vermögenslage der Kleingewerbetreibenden der „Wiener Kreuzerverein zur Unterstützung der Gewerbsleute", welcher arbeitslosen, bedürftigen Personen ohne Unterschied des Geschlechtes und der Confession durch Anschaffung von Arbeitsmaterialien und Werkzeugen, Zuwendung von Darlehen Hilfe leistete. Im gleichen Jahre wurde in Folge der abnormen Nothlage der „Allgemeine Wiener Hilfsverein" (jetzt: Wiener Hilfs- und Sparverein) gegründet, welcher sogenannte Rumfordsuppe, Brot, Salz, Erdäpfel, Mehl u. dgl. an Arme verabreichte. Am 17. Mai 1847 fand die Eröffnung der von dem Vereine errichteten Rumforder Suppenanstalt statt, in welcher anfänglich täglich 6000 Portionen ausgetheilt wurden.

Auf dem Principe der Gegenseitigkeit und Selbsthilfe begründete Associationen kannten die Gewerbetreibenden Wiens nicht, obwohl die genossenschaftliche Idee in England zu jener Zeit bereits grosse Triumphe feierte, obwohl in Frankreich der radicalste Vertreter der genossenschaftlichen Socialreform, P. J. Proudhon, bereits seine epochale Lehrthätigkeit begonnen hatte, und auch in Deutschland V. A. Huber als ein begeisterter Apostel der Genossenschaft aufgetreten war.

Aber nicht bloss die Erwerbs- und Wirthschaftsorgani-
sation, auch die Kampf- und Widerstandsassociation
war den arbeitenden Classen in Oesterreich terra in-
cognita, und wir treffen in dem ganzen weiten Reiche
keine Spur einer gewerkschaftlichen Organisation zu
einer Zeit, wo in England der Trade-Unionismus
bereits mehrere grosse Revolutionen durchgemacht
und mächtige Triumphe errungen hatte. Aber selbst
an Vereinen zur gegenseitigen Unterstützung besassen
die Arbeiter nur wenig.

In Wien bestand das „Versorgungsinstitut der
Handlungsdiener" seit 1795 als einziger derartiger
Verein, wenn man von dem doch kaum hierher gehörigen „Pensionsinstitut der herrschaftlichen Livrée-
diener in Niederösterreich" (seit 1794) absieht. Die
älteste wirkliche Arbeiterorganisation in Wien ist die
der Buchdrucker und Schriftgiesser.[35]) Schon seit 1760
bestand in der Trattner'schen Officin eine „zum Besten
der Gesellen errichtete Casse", in welche allwöchent-
lich jeder ledige Geselle einen Kreuzer, jeder verheiratete Geselle zwei Kreuzer einzahlen musste. Ausserdem flossen in diese Casse noch die Aufding- und
Freisprechgelder, sowie gewisse Strafgelder; aus dieser
Casse sollten die kranken Gehilfen wöchentlich 1 fl.
erhalten; bei Todesfällen wurde ein Begräbnissgeld
von 6.45 fl. gezahlt, und die Witwe eines verstorbenen
Mitgliedes bezog ein halbes Jahr hindurch 1 fl. pro
Woche. Die Verwaltung führte Trattner selbst. Schon
am Ende des vorigen Jahrhunderts beabsichtigten
die Gehilfen, die Trattner'sche Casse in eine allgemeine
Casse für sämmtliche Buchdruckergehilfen Wiens um-
zuwandeln, stiessen hierbei aber auf Widerstand, ob-

wohl sich die Regierung dem Projecte nicht abgeneigt
zeigte und der Idee nach die Bildung einer allgemeinen
Gehilfencasse billigte. Dagegen entschied sie, dass
Trattner die vorhandenen Fonds für die beabsichtigte
Gesellencasse nicht herauszugeben habe. Somit blieb
alles beim Alten. Die Verhältnisse am Beginne des
Jahrhunderts waren einer Coalition der Arbeiter —
wäre es auch nur zu einem so harmlosen Zwecke, wie
die Gründung einer Krankencasse gewesen — entschieden ungünstig. Ein Versuch, den im Jahre 1835
ein Gehilfe (nachmals Druckereibesitzer) Johann Friedrich machte, im Vereine mit seinem Principale Maus-
berger einen Krankenverein zu gründen, wurde von
der Regierung zurückgewiesen, da — wie hochdieselbe
meinte — keine Nothwendigkeit für einen solchen
Verein vorliege.

Im Jahre 1837 gründete das Personal der Staatsdruckerei eine Vereinscasse, die auch bewilligt wurde,
und der jedes Mitglied der Anstalt angehören musste.
Der wöchentliche Beitrag belief sich auf 3 kr. C.-M. Dagegen bekam jedes erkrankte Mitglied aus der Casse ein
Vierteljahr hindurch 2 fl. C.-M. pro Woche, wenn es
in häuslicher Pflege blieb und 1 fl. C.-M., wenn es in
Spitalverpflegung war. Ausserdem war mit dieser Casse
eine „Fremdencasse" verbunden, aus welcher jeder
in Wien angekommene fremde Setzer — soferne er
nirgends einen Platz fand — einen Hilfsbeitrag von
12 kr. C.-M. erhielt. Bei Todesfällen oder Unglücks-
fällen wurden nach Ermessen Unterstützungen von
der Anstalt bewilligt. Aehnliche Hauscassen hatten
einige andere grössere Wiener Officinen, wie die Me-
chitharisten.

Auch in Linz begegnen wir schon im Jahre 1824 einem Versuche einer Kranken- und Sterbecasse der Buchdrucker, den die Principale gemeinsam mit den Gehilfen gemacht hatten, doch blieb die Casse ohne jede Bedeutung und scheint ganz willkürlich verwaltet worden zu sein. Besser prosperirte eine Kranken- und Invalidencasse, welche die Innsbrucker Setzer im Jahre 1826 gründeten und die nach segensreichem Wirken erst Ende der Fünfzigerjahre einging. Das war alles, was vor den Vierzigerjahren an Ansätzen zu einem Hilfscassenverein der Typographen und zur Arbeiterorganisation in Oesterreich überhaupt vorhanden war.

Zu Beginn des Jahres 1842 regten die Setzer Franz Engstler, Josef Senhofer, Johann Bartl und Franz Schwarz endlich die Gründung eines allgemeinen Unterstützungsvereines für erkrankte Buchdrucker- und Schriftgiessergehilfen Wiens an; die Statuten wurden nach dem Muster anderer, damals bestehender Krankenvereine den Bedürfnissen der Typographen angepasst, der Landesregierung vorgelegt und von dieser am 5. November 1843 genehmigt. Der neue Verein fasste zum erstenmale die Arbeiter einer Branche ohne Rücksicht auf die einzelnen Arbeitsstätten zusammen, wenn auch am Tage der Gründung (1. August 1842) nur 105 von den 560 in Wien beschäftigten Buchdrucker- und Schriftgiessergehilfen dem Vereine beitraten. Aber er gewährte zum erstenmale eine feste Norm für die Unterstützung der Berufsgenossen aus eigenen Mitteln unter eigener Verwaltung und eigener Controle. Es bleibt ein in socialhistorischer Hinsicht äusserst charakteristischer Zug, dass es die Principale waren, welche die dem Vereine gegenüber vollkommen indifferenten Gehilfen vermochten, dem Vereine beizutreten (nicht etwa aus Idealismus, sondern nur, weil ihnen dadurch ihre früheren Verpflegspflichten den Kranken gegenüber abgenommen oder erleichtert wurden). Erst als einige Officinen erklärten, nur solche Gehilfen anzustellen, welche dem Unterstützungsvereine angehörten, traten diese in grösserer Zahl hinzu, und im Jahre 1844 zählte der Verein 380, im Jahre 1845 bereits 516, im Jahre 1847 551 Mitglieder, so dass der Verein jetzt thatsächlich eine Organisation der gesammten Gehilfenschaft genannt zu werden verdiente.

Das war der einzige ernst zu nehmende Ansatz einer Arbeiterorganisation vor dem Jahre 1848; dieselbe war aber weit davon entfernt, eine Kampfesorganisation zu sein, und hätte es auch nicht sein dürfen, da die blosse Verabredung der Arbeiter, unter einem gewissen Lohne nicht arbeiten zu wollen, mit strengen Strafen bedroht war. Die Mitglieder fühlten aber auch gar nicht das Bedürfniss, mehr als einen Unterstützungsverein zu besitzen; ein Solidaritätsgefühl zwischen ihnen, den Arbeiteraristokraten, und den anderen Arbeitern gab es damals nicht. Die Buchdrucker hatten eigentlich wenig Grund zur Klage und vertrugen sich mit ihren Principalen aufs beste; wie es Anderen ging, das war Sache der Anderen.

Der Gedanke der solidarischen Selbsthilfe in jeder Form war den besitzlosen Classen jener Zeit vollkommen fremd, und so siechten diese Classen, ohne die Segnungen des Individualismus zu kennen, an den Folgen der Verkehrtheit hin, dass der alles bevor-

mundende Staat gerade die Schwächsten allein sich
selbst und ihrem Verderben überliess.

Viertes Capitel.

Vor dem Sturm.

Fern sei es von uns, die Macht politischer oder
auch nationaler Ideen zu unterschätzen. Es haben
Völker, deren sociales Gleichgewicht nach keiner
Richtung hin gestört war, zum Schwerte gegriffen,
um einer religiösen Vorstellung willen, die recht unpraktisch war, so alle wirthschaftlichen und socialen
Kreise störend, wie nur möglich. Es haben sich Völker
für die mitunter recht vage Idee der nationalen Freiheit
in Kriege gestürzt, auch ohne dass ihre wirthschaftliche Unabhängigkeit bedroht gewesen wäre. Die Fälle
stechen in der Geschichte so zahlreich hervor, dass
man, ohne der Geschichte Gewalt anzuthun, und ohne
getrennte Begriffe absichtlich zu verwirren, den Satz
nicht aufrecht erhalten kann, es gebe im Leben der
menschlichen Gesellschaft keinen anderen direct
treibenden Factor als den wirthschaftlichen.

Auch für die Revolution des Jahres 1848 waren
Triebfedern thätig, welche mit materiellen Interessen keinen unmittelbaren Zusammenhang hatten. Die
deutsche Einheit, eine damals noch ziemlich unfass-
bare Idee, war gewiss ein kräftiger Impuls zur und
während der Revolution, und die Idee der persönlichen
Freiheit, welche den besseren Bürger und Studenten
erfasst hatte, weil er sich mündig fühlte und der

Curatel eines unfähigen Staates müde geworden war, diese Idee war wohl eine der unmittelbarsten Veranlassungen, welche eben diese Bürger und Studenten am 13. März zum Ständehause führten. Allein, es ist doch mehr als fraglich, ob dies allein — auch wenn es sich mit den politischen Aspirationen der Stände vereinte — hingereicht hätte, den Metternich'schen Staat umzustossen. Die Masse des kleinen Bürgerthums, und besonders des Wiener Kleinbürgerthums, ist wenig „idealpolitisch" veranlagt. Diese ewigen „Fretter" — wie der Volksmund sie nennt — sind umsoweniger geeignet, den Ausweg aus ihrer Misslage im grossen socialen Bogen, durch Aufklärung, individuelle Freiheit u. s. w. machen zu wollen, als mit ihrer permanenten Noth ein ziemlich brutales Genussbedürfniss verbunden ist. Sie wollen rasch und ausgiebig „gerettet" sein. Es ist ihnen einerlei, ob die Reaction oder die Revolution, Pfaffen oder Liberale ihnen diese Rettung bringen, sie folgen jedem, von dem sie dieselbe erhoffen, mit Temperament; sie sind heute hündisch devot nach oben, morgen brüske Demokraten, übermorgen hartgesottene Reactionäre und Vincentiusbrüder, aber alles und immer radical. Von „Constitution" und „Pressfreiheit" hatten diese Leute so gut wie keine Vorstellung, aber sie forderten dieselben angesichts der schussfertigen Grenadiere, weil sie von diesen Einrichtungen eine Besserung ihrer elenden Lage erhofften.

So ähnlich war es mit den Arbeitern. Von der „deutschen Einheit" hatten diese Leute kaum etwas gehört, und wenn sie etwas gehört hatten, so war es bei dem Umstande, dass sie doch nur zum geringsten Theile Deutsche waren, höchst unwahrscheinlich, dass sie sich

für das Zustandekommen des Frankfurter Parlamentes
hätten erschiessen lassen. Was diese Leute zu den
Fahnen der Universität führte, war nicht „Deutschland"
und nicht die „Constitution", das war der Hunger,
der nach einem Leben hoffnungsloser Resignation
sturzbachgleich überschäumende Groll und die endlich
einmal aufsteigende Erwartung, es werde nun auch
für sie, die wahrhaft Enterbten der Gesellschaft, der
Tag einer gerechteren Vertheilung kommen.

Aber selbst die Studenten und die Intelligenz waren
nicht ausschliesslich durch idealpolitische Momente an
die Revolution geknüpft, wie man gewöhnlich glaubt.
Es soll den braven Jungen damit nichts von ihrem
Verdienste geraubt werden, aber auch bei ihnen hatte
der Hunger einen guten Theil der Begeisterung ver-
ursacht. Das Intelligenz- und Studentenproletariat der
Vierzigerjahre war nicht viel weniger trostlos als das
Bürger- und Arbeiterproletariat. Alle Laufbahnen waren
durch das grenzenlose Protectionswesen verschlossen,
die Advocatie von zünftlerischen Schranken umhegt,
die Laufbahn des Literaten missachtet, gefahrvoll und
aussichtslos u. s. w.

Füster, der die Studentenverhältnisse genau kannte,
giebt ein ergreifendes Bild von dem Elend der Studenten, wie es kurz vor Ausbruch der Revolution zu
Tage trat. „Ich habe zwar oft von der Armuth gehört,
die unter Studenten herrschte," erzählt er,[1] „hätte sie
mir aber nie so gross vorstellen können. Es übersteigt
diese Armuth jeden Begriff; nur die hoffnungsvolle
Jugend, die in sich eine unversiegbare Quelle des
Muthes hat, kann sie ertragen. Nicht wenige Studenten
gab es, welche wochenlang keine warme Speise ge-

nossen, deren einzige Nahrung Brot und Wasser war.
Die armen Menschen verdarben sich ohne Verschulden
die Gesundheit für ihre ganze Lebenszeit. Von anderen
Entbehrungen in Kleidung, Wäsche u. dgl. nicht zu
sprechen, erwähnen wir der Wohnungen vieler armer
Studenten: finstere, feuchte, im Winter nicht geheizte
Kellerlöcher, alles eher als Menschenwohnungen zu
nennen, waren ihre Behausungen. Wenn die Collegien
und die öffentlichen Bibliotheken ihnen nicht ein Asyl
gewährten, würden sie im Winter vor Kälte zugrunde
gehen müssen. Wir kannten einen Studenten, der gar
kein Quartier hatte, sondern im Winter in den Heu-
schobern, Wagenremisen und Scheunen weit ausser der
Stadt wohnte, und im Sommer, wenn es nicht regnete,
unter freiem Himmel schlief. Wer all dieses Elend angesehen, hätte blutige Thränen über die namenlose
Armuth vieler Studenten weinen müssen. Die meisten
Armen fand man verhältnissmässig unter den Juden.
Den jüdischen Studenten standen die gewöhnlichen
Erwerbsquellen der Studenten, die sogenannten In-
structionen, das Lectionengeben, wegen des Religions-
vorurtheiles nicht in dem Masse offen als den christlichen Studenten, von denen übrigens auch nicht sehr
viele reichlich damit versehen waren."

Gewiss war es der unleidliche geistige Druck,
welcher einen ebenso mächtigen Gegendruck der
spannkräftigen, jugendlichen Gemüther, eine Explosion
des Freiheitsgeistes hervorrief, gewiss war es die un-
sägliche Erniedrigung Deutschlands, was den Geist
der alten Burschenschaft unter den Studenten wieder
erweckte; aber nicht in letzter Reihe war es der „Ma-
gister artis, ingeniique largitor, venter", der die Flamme

der Empörung auch bei den Studenten himmelhoch
aufschlagen liess und sie zu begeisterten Priestern der
Revolution prädestinirte.

Für die grossen Massen des Volkes aber war die
Revolution in der That nichts anderes als ein Act
socialer Nothwehr, eine unbewusste Selbsthilfe aus
wirthschaftlichen Verhältnissen, die, hervorgegangen
aus einer nur die brutalsten Interessen einiger Familien verfolgenden Politik, so eng verwachsen mit
dem ganzen socialen Organismus dieses Staatsunholdes
waren, dass allerdings auch dem einfachsten Kopfe
der Ruf verständlich war: Wenn es hier anders werden
soll, muss vor allem das herrschende politische System
gestürzt werden.

Dass die wirthschaftlichen Leiden, an denen das
Volk krankte, chronisch waren und nicht erst von
den letzten Jahren, ihren Missernten, Geschäftsstockungen etc. datirten, wie so oft gesagt wurde, haben
wir im Vorhergehenden hoffentlich klar auseinander-
gesetzt.

Die Symptome eines ungewöhnlichen Grades der
Armuth traten in Wien besonders, aber auch anderwärts, vor allem in den grossen Industriecentren
schon seit dem Beginne der Vierzigerjahre immer
kenntlicher und fühlbarer zur Schau, wenn auch die
grosse Mehrheit der Gebildeten und Ungebildeten dieselben unterschätzte, indem sie sich tröstete, es handle
sich um vereinzelte und vorübergehende Fälle. Diese
waren freilich wie vom Schlage gerührt, als mit dem
Ausbruche der Revolution das Elend und die Armuth
aus den Quartieren der Vorstädte herabstieg und aus
den Schlupfwinkeln hervorkroch, und wie ein hässlicher

Riesenpolyp seine tausend Arme über das leichtlebige,
tanz- und liederfrohe Wien der „Backhendlzeit" aus-
streckte. Und doch hatte seit Jahren vernehmliches
Donnergrollen und unheimliches Wetterleuchten das
Herannahen des Ungewitters angezeigt.
Im Jahre 1844 kam es in Böhmen zu grossen Ar-
beitertumulten. In Prag klagten die Arbeiter, sie würden
bei den Lohnauszahlungen betrogen und durch die
Einführung einer neuen Druckmaschine ausserdem im
Lohne gedrückt. Am 16. Juni kam es zu grossen
Krawallen, die Arbeiter demolirten die Maschinen und
durchzogen, 1600 Mann stark, mehrere Tage hindurch
unbewaffnet, aber demonstrativ die Strassen Prags.
Endlich gelang es, die Demonstranten zu umringen
und in eine Kaserne zu treiben, von wo sie bald
wieder ohne Strafe entlassen wurden. Minder glimpflich
gingen die gleichzeitigen Arbeiterexcesse im nörd-
lichen und nordöstlichen Böhmen ab. In den Kattun-
druckereien war eine neue (Perotine-) Maschine eingeführt worden, welche viele menschliche Arme ausser
Arbeit setzte; der Lohn sank, die Arbeitszeit wuchs,
die Entlassenen rangen mit dem Hunger, und ihre
Noth steigerte sich umsomehr, als eine Missernte alle
Lebensmittel vertheuerte. In den Gegenden von Leit-
meritz und Königgrätz, Reichenberg, Böhmisch-Leipa u. a.
kam es daher zu Zusammenrottungen der Arbeiter,
welche die Abschaffung der genannten Maschinen
forderten und — als diesem Wunsche nicht willfahrt
werden konnte — die Fabriken stürmten und die Maschinen vernichteten. Ein Trupp von etwa tausend
Arbeitern zog mit Weib und Kind nach Prag, um bei
dem böhmischen Oberburggrafen Erzherzog Stefan

Vorstellungen zu erheben. In Prag wurde aber gegen die waffenlos und friedlich anrückende Massendeputation die gesammte Polizei- und Militärmacht aufgeboten, und der Polizeidirector liess ohne viel zu fragen in die wehrlose Masse hineinschiessen. Die Angegriffenen erfasste die Wuth der Verzweiflung; sie machten Miene zum Kampfe. Da sie aber einsahen, dass sie ohne jegliche Waffe das Opfer ihrer Gegner wären, flohen sie eilends aus der Stadt, zerschlugen hier und dort noch eine Fabrikseinrichtung und zerstreuten sich endlich.

Ein Schrei der Entrüstung ging durch die gebildete und gesittete Gesellschaft über dieses Vorgehen der Behörden gegen die Arbeiter. Es wurden Sammlungen eingeleitet, welche freilich nicht einmal hinreichten, um den Darbenden über die grösste Noth hinwegzuhelfen, und welche es nicht verhindern konnten, dass in den Fabriksgegenden und im Riesengebirge Tausende am Hungertyphus starben. Die hohe Regierung liess in aufgedungenen Journalen — die anderen durften darüber überhaupt nicht schreiben — die Sache so darstellen, als ob an allem nur die Juden schuld wären;[2]) damit hoffte man vielleicht die Bewegung auf ein anderes Object abzuleiten. Es wurde auch eine Commission eingesetzt, welcher nicht allein das Geschäft der Strafe gegen die Rädelsführer, sondern auch die Untersuchung der Lage der Arbeiter und der Quellen ihres Elendes oblag. Damit war man im Vormärz in Oesterreich jederzeit sofort zur Hand, und wenn sich sociale und politische Gebrechen durch die Einsetzung von Hofdeputationen, Conferenzen und Commissionen heilen liessen, so wäre es wohl nie zur

Revolution gekommen. Aber auch die Prager Commission kam — wie alle ihresgleichen — nie über das in Oesterreich so hoch in Ehren stehende Stadium des Studiums hinaus. Schon in dem darauffolgenden Jahre 1845 hegte man in Wien Besorgniss, es könnte zu ähnlichen Scenen kommen, da die Weber und Shawlfabrikanten mehr als die Hälfte ihrer Arbeiter zu entlassen genöthigt waren. Die Regierung forderte daher den Bürgermeister auf, zu berichten, „ob wirklich gegründete Besorgnisse für die öffentliche Ruhe wegen Ueberhandnehmen der Erwerbslosigkeit obwalten". Die Polizei soll sogar im Interesse der öffentlichen Ruhe und Ordnung eine behördliche Lohnregulirung für Gesellen und Lehrlinge oder eine obligatorische Beschränkung in der Aufstellung von Maschinen in Vorschlag gebracht haben.[3]) Die Regierung ging jedoch darauf nicht ein und begnügte sich, den Bürgermeister anzuweisen, er möge den Fabrikanten zu Gemüthe führen, dass sie im Staate eine ehrenvolle und meist gewinnreiche Existenz gefunden haben, dass sie sich daher aufgefordert fühlen dürften, so viel in ihren Kräften liegt, beizutragen, dass der öffentlichen Verwaltung keine Verlegenheiten bereitet werden.

Im Jahre 1846 rumorte es an mehreren Punkten des Reiches. In Böhmen, und zwar an verschiedenen Orten, in Prag, Pilsen, Komotau, Eger und anderwärts, waren neuerliche Arbeitertumulte ausgebrochen, welche gewaltsam niedergeschlagen werden mussten.

Auch der Polenaufstand des Jahres 1846 deckte die socialen Wunden des Landes auf. Der Adel suchte das Volk in den Kampf für die nationale Wiedergeburt Polens mitzureissen; allein, die nationale wie die

sociale Kluft zwischen der polnischen Schlachta und
dem ihr unterthänigen ruthenischen Bauer war eine
unüberbrückbare; und da der Adel bei der Robot-
aufhebung nur mit halbem Herzen war, ja der Emancipation des geknechteten Bauernstandes geradezu
feindselig gegenüber stand, erhob der ruthenische
Bauer seine Sense sogar gegen den Adel. Unter den
masurischen Bauern nahm der Aufstand unter der
Führung Szela's direct socialistische Formen an; Szela,
einer jener fanatischen slavischen Socialreformatoren,
deren Horizont der primitive Collectivismus der slavischen Dorfgemeinde bildet, wollte nichts Geringeres
als die Macht des Adels brechen und den Besitz desselben zum Eigenthume der Bauerngemeinde machen.
Die Jacquerie ging in dem Blutbade mitunter, in welchem
der polnische Aufstand selbst erstickt wurde. [4])

Im Jahre 1847 kam es, wie bereits erwähnt wurde,
auch auf dem flachen Lande von Niederösterreich zu
blutigen Zusammenstössen zwischen dem Militär und
den Bauern, welche die weitere Leistung der Frohndienste verweigerten. Dieses Jahr, mit seiner über den
ganzen Continent und über England reichenden Krise
fand den Landmann, den Handwerker, den Fabrikanten,
den Arbeiter, alle, alle in dem trostlosesten Zustande;
Missernten hatten mangelnde Nachfrage nach Manu-
factur- und Fabrikserzeugnissen zur Folge, Gewerbsleute und Fabrikanten konnten ihre Waare nicht los-
bringen und stellten den Betrieb ein, Massen von
Menschen wurden arbeitslos. [5]) Der Erwerb wurde gering, die Lebensmittelpreise schossen, wie wir früher
gezeigt haben, fieberhaft in die Höhe. In dieser Zeit
mehrten sich in Wien die Symptome einer abnorm

7*

zunehmenden Armuth immer auffallender. Der Strassen- und Massenbettel nahm in erschreckender Weise überhand, die öffentliche Sicherheit war in dem Masse gefährdet, dass Raubanfälle auf offener Strasse nicht selten waren, die sogenannten „Kappelbuben" oder „Strawanzerbuben", Bursche, welche durch Hunger und Arbeitslosigkeit eben auf die Wege des Verbrechens getrieben wurden, bildeten den Schrecken der Glacien und Stadtgräben, das Laster ging beim Tage bloss. Der harte Winter des Jahres 1847 steigerte die Noth ins Riesenhafte, Ungeheuerliche.

Unter dem Eindrucke des massenhaft über die Strassen schleichenden Jammers, der ungestüm an die Thore der Reichen pochenden Armuth, wurde von etwas klarer sehenden Industriellen und Geschäftsleuten der schon erwähnte Verein zur Ausspeisung der Armen mit Rumfordersuppe, Brot u. dgl. begründet. Allein, das karge Almosen brachte die Hungernden erst recht zum Bewusstsein ihres namenlosen Elends und weckte noch mehr das Bestialische in dem Wesen dieser Aermsten, so dass es im März 1847 wiederholt in Fünfhaus, Sechshaus und Gaudenzdorf zu gefährlichen „Brotrummeln" und Plünderungen von Bäcker- und Fleischerläden seitens des Proletariates kam.

Der damalige Bürgermeister Czapka wies in einer geheimen Vorstellung an die Regierung auf die „beunruhigenden Symptome einer Arbeiterbewegung" und auf eine „drohende sociale Gefahr" hin. Allein, die Regierung wusste sich ebenso wenig Rathes wie der Bürgermeister. Man ordnete an der Wien und im Prater Erdarbeiten an, bei welchen 15.000 Brotlose Beschäftigung fanden; aber diese Arbeiten waren ganz überflüssig und zwecklos, konnten daher nur von ganz kurzer Dauer sein und nur ganz vorübergehende Hilfe bringen. Es war bloss eines der ungeschickten Auskunftsmittel in der augenblicklichen Verlegenheit, wie sich derer die österreichischen Regierungen seit jeher gern zu bedienen pflegen. Dann und wann vermochte wohl eine beunruhigende Erscheinung die hohen Behörden aus ihrer Lethargie für Augenblicke aufzurütteln; sobald aber der erste Schreck überstanden war, legte man ruhig wieder die Hände in den Schoss, und suchte sich von der Grundlosigkeit der Aufregung zu überzeugen.

Die Frage, ob man sich in den massgebenden Kreisen der Beamtenschaft über die Tragweite und Folgen der bestehenden Krisen klar war, muss entschieden bejaht werden. Aus den zahlreichen, zum Theile auch im Vorhergehenden angeführten hochamtlichen Denkschriften und Vorstellungen geht unzweideutig hervor, dass man sich über die Unhaltbarkeit der wirthschaftlichen Zustände keinen Täuschungen hingab und das Bedürfniss nach Reformen lebhaft empfand. Aber die lächerliche Angst der Hofkreise jener Zeit vor Reformen ist ja geradezu sprichwörtlich geworden. Reform und Revolution war für sie gleichbedeutend, und deshalb musste es eben zu dem Gefürchteten kommen, weil das Vernünftige zu allen Zeiten unterblieb. Eine andere, weit schwierigere Frage ist die nach dem Stande der Ideen über sociale Reformen, welche im Volke selbst verbreitet waren.

Der vollständige Mangel einer politischen Journalistik,[6]) welche in der Lage gewesen wäre, breite Kreise über die thatsächlichen Verhältnisse zu unter-

richten und mit den Ideen des Auslandes in Verbindung zu setzen, sowie die aus den bestehenden Censur-
verhältnissen erwachsende Schwierigkeit, sich aus
Büchern über den Stand der socialen Ideen des übrigen
Europa au fait zu halten --- das allein lässt schon
von vornherein eine besonders extensive und inten-
sive Verbreitung der socialistischen Ideen in Oesterreich ausgeschlossen erscheinen. Freilich, Violand[7]) will
glauben machen, „dass fast niemand etwas mit Klarheit
über die Bestrebungen des Socialismus in Frankreich
wusste. Das Wort Socialismus hatten die wenigsten
Oesterreicher je einmal gehört. Höchstens diejenigen,
welche zu den Gebildeten gehörten, kannten den
Ausdruck, aber nicht seinen Begriff. Man meinte, dass
Socialismus im Grunde nichts anderes sei als Communismus, von dem man aber auch nichts wusste, und
von dem man sich bloss ganz abenteuerliche Vorstellungen machte. Gewiss hielt man aber die socialen
Bestrebungen für nichts anderes als ein lächerliches
Product menschlicher Verrücktheit oder Schlechtigkeit,
und die Reden und Ansichten Enfantin's und Bazard's,
welche man in der Geschichte der zehn Jahre von Louis
Blanc fand — welches Werk, obgleich verboten, doch
sehr viel gelesen wurde und ausserordentlich viel
Gutes für die Freiheit wirkte · erregten gewaltiges
Lachen, und es fiel gar niemandem ein, dass das von
diesen Männern, wenngleich irrig angestrebte Ziel
ein erhabenes sei, dass, wenn auf irgend eine Weise
dem socialen Elende nicht abgeholfen werde, die ganze
Gesellschaft mit sich selbst in den furchtbarsten, zer-
störendsten Kampf gerathen müsse; es fiel gar niemandem ein, dass die sociale Frage allein die der

Zukunft sein werde, und dass demnach die vollste
Anerkennung jenen gebühre, welche sich, wenngleich
irrend mit allem Eifer und mit allem Muthe bemühten,
dieselbe glücklich zu lösen".
Diese Behauptungen sind wenigstens in Bezug auf
die gebildete Classe entschieden übertrieben. Der
Bücherschmuggel wurde, wie männiglich bekannt, gerade im Vormärz äusserst schwunghaft betrieben, und
so gut wie Louis Blanc's Geschichte der zehn Jahre,
bekam man in Oesterreich auch seine „Reform der
Arbeit", auch Proudhon's „Widersprüche der National-
ökonomie", Lamennai's „Worte eines Gläubigen" u. a. in
die Hand. Und wenn man diese Bücher selbst nicht
erlangen konnte, so verschlang man doch Meissner's
und Herwegh's, Börne's und Heine's Schriften, und
sog aus diesen die Ideen des französischen Socialismus
ein, gleichgiltig, ob dies in schulgerechten Formen
geschah oder nicht. Wir haben im Laufe dieser Schrift
wiederholt die anonyme Broschüre eines Oesterreichers,
offenbar eines Wieners, über die „socialen und politischen
Zustände Oesterreichs mit besonderer Beziehung auf
den Pauperismus" (Leipzig 1847) citirt, welche unverkennbar unter dem Einflusse der christlich-socialen
Ideen Saint-Simon's und Lamennai's steht; die zahlreichen Wiener Journalisten des Jahres 1848 — allen
voran Freiherr v. Stifft — zeigten sich mit den Ideen
Saint-Simon's, Fourier's und Cabet's, Louis Blanc's und
Proudhon's wohl vertraut, und ganz besonders die viel-
verbreitete Idee des Phalanstère scheint auch in
Oesterreich sich bereits vor 1848 gewisser Popularität
erfreut zu haben, weil sonst die zahlreichen unmittelbar
nach dem Ausbruche der Revolution auftauchenden

Projecte zur Gründung von Gemeinöfen, Arbeiter-
kasernen u. s. w. nicht leicht erklärlich wären.
Allerdings dürfte diese Kenntniss der socialistischen
Ideen nicht sehr tief gedrungen sein, und zumal jene
Schichten, welchen der Socialismus eigentlich helfen
will, ganz unberührt gelassen haben. Das zeigte sich
eclatant darin, dass — als die Demokratie triumphirte
und die freie Presse die Arbeiterfrage so gut es ging
zu erörtern begann, die Anwälte der Arbeiterschaft
durchaus den bürgerlichen Kreisen angehörten. Die
Wiener Arbeiter besassen im Jahre 1848 nicht nur
keinen Albert und Proudhon, die wenigen Leute,
welche sie der Publicistik stellten, wie Sander und
Hillisch, wurden an Kenntniss der sogenannten socialen
Frage wohl von dem ersten besten Pariser Ouvrier
himmelhoch überragt. Mit einem Worte die Wiener
Arbeiterschaft, und selbstverständlich mehr noch die
des übrigen Oesterreich, trat vollkommen unvorbereitet
in den socialen Kampf ein. Sie besass nicht nur keine
Organisation, sie besass auch nicht den Begriff und
die Ahnung von dem Werthe einer Organisation, sie
hatte kein Ziel, kein utopistisches Ideal, in Folge dessen
wohl keine socialen Vorurtheile, aber leider auch kein
Programm. Dass dem so war, ist kein Wunder; eine Presse
welche die socialistischen Ideen auch nur hätte kriti-
siren und bekämpfen dürfen, wurde nicht geduldet,
ein Coalitionsrecht der Arbeiter, durch welches diese
auch in intellectuellen Verkehr zueinander getreten
wären, wurde aufs entschiedenste perhorrescirt, an
einen Verkehr zwischen dem Proletariate und den gebildeten Classen, durch welche eine geistige Be-
fruchtung der Arbeiter durch die letzteren hätte be-

werkstelligt werden können, war noch weniger zu
denken; eine socialistische Agitation, wie sie zu gleicher
Zeit in der Schweiz oder in den deutschen Rhein-
gegenden florirte, hätte die österreichische Regierung zuverlässig im Blute der Tollkühnen ertränkt,
welche sich erdreistet hätten, in Oesterreich etwa
Filialen des Communistenbundes zu errichten;⁵) den
directen Import der deutschen und französischen socialistischen Ideen durch wandernde Gesellen wusste man
durch Wanderverbote nach der Schweiz und Frankreich
zu verhindern, und die fast ausnahmlos crasse Unbildung
der Arbeiter schloss auch jene Mittel und Wege, sich
über die sociale Frage zu unterrichten, aus, welche
die Gebildeten im Volke gewählt hatten. So kam es,
dass die Abschliessung des österreichischen Proletariates
von den gesellschaftlichen und wirthschaftlichen Reform-
bestrebungen des übrigen Europa eine vollständige war.
Es ist notorisch, dass auch nicht eine einzige von
den wegen der böhmischen Arbeiterunruhen von 1844
in Untersuchung gezogenen Personen in der Schweiz
gewesen oder im Besitze einer socialistischen Druckschrift betroffen wurde. Die vollkommene Unabhängigkeit dieser Unruhen von der in einigen Theilen Deutschlands und der Schweiz betriebenen socialistischen Agitation ist vollständig ausser Zweifel gestellt.⁵) Diese
Arbeiterrummel waren nicht das Werk äusserer Ein-
flüsse und nicht der Ausfluss kalter Ueberlegung oder
fanatischer Begeisterung, sondern die spontane Gegen-
wirkung auf einen alle Grenzen übersteigenden materiellen Druck und weiter nichts. Mit der naiven
Logik der Naturmenschen kehrten sich die Arbeiter
gegen die Maschinen, welche die nächste Ursache ihres

Unglückes geworden, und zertrümmerten sie in der
Meinung, damit die Wurzel des Jammers ausreissen
zu können. Keine Ahnung dämmerte in diesen Leuten
von dem grossen wirthschaftlichen Hintergrunde, den
die vor ihren Sinnen sich abspielenden Vorgänge
hatten, keine Ahnung von den socialen und politischen
Verhältnissen, welche mit den wirthschaftlichen Zuständen verknüpft sind, keine Ahnung davon, wie dem
Hunger und zugleich der tiefen socialen und politischen Erniedrigung abzuhelfen wäre.

Und in diese Nacht hinein blitzte der Feuerschein des
13. März; Adel, Bürger, Student und Bauer, Deutsche,
Slaven, Magyaren und Italiener sprengten die Fesseln,
vereinigten ihre Stimme zu dem Rufe nach Befreiung
aus einer allen gleich unerträglichen Lage zu einem
Accord, und es wäre nur unnatürlich gewesen, wenn
in diesen Accord nicht auch ein verwandter Ton aus
den tiefsten Kreisen der Gesellschaft hineingeklungen
wäre, wenn am 13. März 1848 nicht auch die Arbeiter
die Freiheit erkannt und in ihrem Dienste die Erlösung
von allem Jammer gesehen hätten. Für Viele, welche
freudig zum Ständehause gezogen waren, wirkte es
freilich ernüchternd, als sie sahen, dass auch die Be-
wohner der äussersten Vorstädte den grossen Moment
für sich reclamirten, und manch Einer hätte wohl schon
damals viel lieber auf die Glorien der Märztage
verzichtet, als dass er sie jetzt mit dem „Fabriksgesindel” theilen musste. An die Arbeiter hatte niemand gedacht und als man ihrer vor dem Ständehause ansichtig wurde, waren nur wenige stark genug,
ihre Nähe nicht als Störung zu empfinden.

ZWEITES BUCH.

Die socialen Ereignisse der Revolution.

Fünftes Capitel.
Die sociale Bedeutung der Märztage.

Alle Schichten der Gesellschaft waren mit Zündstoffen erfüllt; der sociale Zustand war, auch wenn man von den Anlässen rein nationaler und politischer Natur ganz absehen wollte, ein unhaltbarer geworden, es bedurfte nur eines äusseren Anlasses, um die alles verschlingende Krise zum Ausbruche zu bringen, und dieser Anlass war die Kunde von der Pariser Februarrevolution.

Auf diese Nachricht hin, welcher bald neue Botschaften von dem in Deutschland allerorten ausbrechenden Sturme folgten, reckte sich in Wien nicht bloss die politische Revolution riesengross empor, der Februarsturm rüttelte auch den schwerbeweglichen Besitz auf, indem er den Schleier hinwegfegte, welcher die Fäulniss einer schwindelhaften und ruinösen Finanzwirthschaft so lange verhüllt hatte. Die Panik der Börse theilte sich dem Publicum mit; mit einemmale schienen alle Besitzverhältnisse gefährdet, drohten sie in der papierenen Sintfluth unterzugehen, mit welcher der Staat unter Zuhilfenahme der Bank in bisher ganz uncontrolirter Weise und daher auch in unbekanntem Masse den Geldmarkt überschwemmt hatte. Das Bürgerthum wurde von plötzlicher Unruhe erfasst, man drängte sich zu den Cassen der Bank, um ihre Noten in Silber umzuwechseln, das Metall, welches im Umlaufe war, wurde noch mehr dem Verkehre entzogen, und der Werth des Papiergeldes noch weiter herabgedrückt; die Sparcassen wurden bestürmt von Leuten, die ihre Einlagen in Sicherheit bringen wollten, ehe der Staat — wie man fürchtete — seine grosse Hand darauf legte; die Geschäftsthätigkeit im Grossen zog sich mit einem Schlage zurück, im kleinen Verkehre begannen sich die Stockungen des Geldumlaufes fühlbar zu machen; alle Schärfen der bestehenden wirthschaftlichen Verhältnisse drohten doppelt fühlbar zu werden.

Hatte das besitzende Bürgerthum, obwohl der weitaus wichtigste Stand der Gesellschaft, rechtlich aber in der zurückgesetzten Stellung, die ihm eine veraltete Gesellschaftsgliederung anwies, schon längst jene politischen Reformen gefordert, welche das Gleichgewicht zwischen seiner factischen socialen Bedeutung und deren rechtlicher Anerkennung bewirken sollten, Freiheit der Presse und der Wissenschaft und Theilnahme des Bürgerthums an der ständischen Vertretung, so vermehrte sich dieses Programm nunmehr durch einen neuen Punkt, durch das Verlangen nach Veröffentlichung des Staatshaushaltes. Der niederösterreichische Gewerbeverein, in welchem der grosse Besitz, und der juridisch-politische Leseverein, in welchem die Intelligenz vertreten war, diese beiden Körperschaften waren es auch, welche dem Sturme als Wettervögel voranflogen. Die Demonstration der Bürger und Studenten am 13. März vor dem Ständehause und alles, was darauf und daraus folgte, war ihr Werk. Es waren die Märztage pur et simple die sociale Revolution der städtischen Bourgeoisie.

Es konnte jedoch nicht ausbleiben, dass diese Bewegung, wie sie von allem Anfange an durch die Unzufriedenheit aller Stände unterstützt und gefördert wurde, auch die Erwartungen aller Stände weckte und die Sehnsucht aller Kreise nach socialen Reformen nährte. So kam es, dass schon am 13. März unter den Stürmen der Herrengasse die Bauernfrage ihr Haupt erhob und dass der Ruf nach Aufhebung der Robot noch an diesem Tage zu den Fenstern des Landhauses emporhallte. Aber auch die Arbeiter waren erschienen, um — wo schon niemand an eine eigene Arbeiterfrage dachte — doch wenigstens die alte Gesellschaft mit über den Haufen werfen zu helfen.

„An diesem Tage" — erzählt ein Augenzeuge¹) — „schon zeitig früh, bemerkte ich in der Herrengasse, in welcher sich das Ständegebäude befindet, einzelne Arbeiter stehen, und ein Riesenmensch, mit einem an allen Seiten geflickten Rocke, der ihm sicher nicht angemessen und für ihn gemacht worden war, bewegte sich, die schmutzige Kappe kühn auf ein Auge gedrückt, mit geballten Fäusten, mit leuchtendem Blicke und rückwärts gebogener Haltung, ganz schlagfertig, wie zum Kampfe herausfordernd, mit Riesenschritten, obgleich bedächtig mitten durch die Strasse gegen das Ständegebäude hin. In den rückwärtigen Taschen musste er eine Menge Steine als Munition tragen, denn sein Rock war straff am Rücken gespannt, und man sah ihm an, dass er sich Gewalt anthat, um nicht von der Last der Taschen rückwärts gezogen zu werden. An seiner Seite humpelte eilig, um mit ihm gleichen

- 112 -

Schritt zu halten, ein kleiner, untersetzter, schmieriger, schon ziemlich bejahrter Mensch mit einem langen Rock und mit umgeschlagenen, zu langen Aermeln daher. Er war voll bepackt, jede Tasche stand weit von ihm, und die hinteren Rocktaschen schlugen fest auf die Waden. Als ich diese Leute in diesem Aufzuge sah, dachte ich gleich, dass auch die Vorstädte niedersteigen würden, und wirklich so war es."

Agitatoren und Studenten hatten am vorhergehenden Abend die Vorstädte davon verständigt, dass es nunmehr „losgehen" werde und dass man sich in der inneren Stadt treffen werde.²) Ein Theil der Arbeiterschaft hatte diesen Ruf vernommen und war ihm gefolgt; ein anderer Theil erfuhr von den Vorgängen erst, als die Demonstration in der Herrengasse bereits begonnen hatte; alsogleich stellten die Leute die Arbeit in den Werkstätten ein und suchten mit eisernen Stangen und ähnlichen improvisirten Waffen versehen von Thury, Liechtenthal, Altlerchenfeld, strozzischem Grund, Margarethen, Hundsthurm, neuer Wieden, Fünf- und Sechshaus her gegen die Stadt zu ziehen und den Studenten zu Hilfe zu eilen.

Panischer Schrecken bemächtigte sich der Bevölkerung, als sie das „Fabrikengesindel" in vollem Anzuge wider die Stadt erblickte. Rasch wurden die Stadtthore geschlossen und Geschütze auf die Basteien geführt, um einem Sturm auf die Thore wirksam begegnen zu können. Nur einem kleinen Theile der anrückenden Schaar, einigen hundert Arbeitern war es gelungen, schon vorher die Thore zu passiren und in die Herrengasse zu gelangen. Hier wirkte ihr verzweifelter Kampfesmuth, ihre kalte Todesverachtung ohne Zweifel entscheidend auf die Stimmung der angesammelten erregten Massen.³) Ohne die Dazwischenkunft dieser Verzweifelten, welche im Kampfe nichts als ein des Lebens unwerthes Leben zu verlieren hatten, wäre die Bewegung vielleicht über eine loyale Manifestation nicht hinausgekommen. Die Ankunft der Arbeiter entflammte aber den Muth und das Vertrauen der Studenten, und riss sie zu den Thaten hin, die der Demonstration ihren bekannten, von den Landständen nicht erwarteten Fortgang gaben.

Es lässt sich nicht sagen, was an jenem Tage geschehen wäre, wenn es all den heranrückenden Arbeiterschaaren gelungen wäre, in die Stadt zu dringen und sich an dem Kampfe zwischen Volk und Militär zu betheiligen. Allein, das Gros derselben kam zu spät und fand die Thore bereits geschlossen. Mit der Wuth der Verzweiflung versuchten sie die Thore zu berennen, beim Schottenthor gelang ihnen das auch, doch hielt sie das Militär an dem weiteren Vordringen zurück. Beim Burgthor brannten sie die Spaliere nieder, zertrümmerten die Gaskandelaber und legten Feuer an, um die Thore zu verbrennen. Als sie die Fruchtlosigkeit ihrer Bemühungen erkannt hatten, kehrten sie in die Vorstädte zurück, um hier dem einmal erwachten und nicht mehr zu bändigenden Kampfesmuth einen Ausweg zu schaffen. Wie Kinder, welche dem Gegenstande, an den sie sich gestossen, grollen, fielen sie über die Mauthhäuser, die äusseren Wahrzeichen der verhassten und unerträglichen Verzehrungssteuer, her und demolirten sie, zertrümmerten in den Fabriken die Maschinen, welche ihnen den Lohn verkürzten, legten Brand in die Häuser der Fabrikanten,

welche ob ihrer Härte gegen die Arbeiter berüchtigt
waren; dagegen brachten sie den wegen ihrer Mensch-
lichkeit und Leutseligkeit in gutem Rufe stehenden
und beliebten Fabrikanten Ovationen dar, schützten
deren Häuser vor Brand und Plünderung, und sahen
überhaupt strenge darauf, dass die Acte rächender
Volksjustiz nicht von anderen zu Raub und Diebstahl
missbraucht würden.

Der Hauptherd dieser elementaren Vorgänge
scheinen die vor der Mariahilferlinie gelegenen fabriks-
reichen Vorstädte Fünfhaus und Sechshaus gewesen
zu sein.

In Mariahilf wurde das Liniengebäude gestürmt
und in Brand gesteckt, die Beamten vertrieben und
wie es heisst, ein Finanzwächter sogar in die Flammen
geworfen, in denen er umkam; auch zahlreiche Bäcker-,
Fleischer- und Krämerläden sollen das Opfer der entfesselten Volkswuth geworden sein. Vor der Linie
schaarten sich grosse Rotten von Proletariern zusammen, um den Krieg in die Fabriken zu tragen. In
Sechshaus wurden zwei Kattundruckfabriken gestürmt,
in einer Branntweinfabrik die Fässer angebohrt; das
Gemeindehaus, in welchem sich das Polizeicommissariat
befand, wurde demolirt; viele Häuser wurden in Brand
gesteckt, und als sich der Abend über Wien senkte,
da kündete der grelle Feuerschein aus den Vorstädten
den Bewohnern der Stadt, dass sich das ebenso ver-
achtete als gefürchtete „Fabriksgesindel" auf dem
Kriegspfade gegen die vermeintlichen Urheber seines
Unglückes befinde. Wie zur Verstärkung des furchtbaren scenischen Effectes hatten die Arbeiter auf dem
Glacis die Gasleitungsrohre aufgerissen und das aus-

strömende Gas entzündet, so dass Wien von einer Waberlohe umgeben war.

Schrecken erfasste Bürger- und Hofkreise, und unter dem Eindrucke dieser Schreckensbilder wurde auch die allgemeine Bewaffnung der Bürger und Studenten noch am Abende des 13. März eingeräumt. Die Regierenden glaubten offenbar, das Bürgerthum werde durch das hinter ihnen auftauchende rothe Gespenst geängstigt und eingeschüchtert über die Bändigung des Proletariates die Verfolgung der eigenen Wünsche vergessen. Am 14. März forderte eine Kundmachung des niederösterreichischen Regierungspräsidenten Johann Talatzko Freiherrn v. Gestieticz alle Haus- und Familienväter, alle Inhaber von Fabriken und Werkstätten, zu einem einträchtigen und gemeinnützigen Zusammenwirken auf, um die herrschenden Unruhen zu beseitigen, durch welche „die wünschenswerthe Gestaltung der Dinge gehindert oder doch vielleicht verzögert werden könnte".

Allein, das Bürgerthum liess sich durch diese schmeichlerischen Syrenenklänge nicht verlocken und unternahm gegen die Arbeiter nicht mehr, als dass es diese von dem Werke der Zerstörung abzubringen suchte, welches das wirthschaftliche Elend — wie man bald sah — nur vermehrte statt es lindern zu können. Die Studenten verhielten sich den Ausschreitungen des Proletariates gegenüber ganz passiv; das Gefühl der Solidarität mit den Unterdrückten war bei diesen begeisterten Jünglingen stärker als das der Furcht vor der entfesselten bête humaine; vielleicht auch ahnten sie schon an jenem Tage, dass die Schaaren dieser Arbeiter, deren ganzes Leben ein verzweifelter Kampf

8*

war, dereinst die allzeit schlagfertigen Reserven der
Freiheit sein würden. In der That wurde durch die ausgesprochen arbeiterfreundliche Haltung der Studenten
in den Märztagen jenes merkwürdig innige Band ge-
flochten, welches während der ganzen Revolutionszeit die
akademische Legion mit der Arbeiterschaft verknüpfte,
und welches der Aula ihre denkwürdige und gefürchtete Bedeutung verlieh.

Allerdings ging die Beruhigung der Vorstädte
nicht ohne Gewalt ab; hunderte von Brandlegern und
Zerstörern mussten dingfest gemacht werden, einige
wurden im Handgemenge auch verwundet und sogar
getödtet. Es währte aber auch mehrere Tage, bis sich
die empörten Volksmassen beruhigen liessen. Am
11. März berannte eine aus Fünfhaus kommende Rotte
von etwa 50 Personen das Pfarrgebäude von Mariahilf,
drang in die Wohnung des Pfarrers und zerstörte die
vorgefundenen Documente und Papiere, bis Grenadiere
erschienen und die Masse zerstreuten. In Fünf- und
Sechshaus dauerte an diesem Tage der Kampf gegen
die Fabriken, und besonders gegen solche, in welchen
die Perotine stand, fort. Von hier zog sich der Aufruhr
nach Meidling, Liesing, und Nachmittags traf eine
Masse von mehr als zweitausend Arbeitern in Mödling
ein, um hier ihr Werk fortzusetzen. Dem Bürgermeister,
der sie erwartete, antwortete der Führer der Rotte mit
Entschlossenheit und Ruhe: „Seit sechs Wochen haben
wir keine Arbeit und kein Brot; die Maschinen sind
daran schuld; wir kommen, sie zu zerstören, wenn Sie
uns daran hindern wollten, so haben wir Helfershelfer
in Mödling, die sogleich Feuer legen werden, und
Tausende stehen uns von einer anderen Seite zu Ge-

bote. Leisten sie uns aber keinen Widerstand, so wird ausser den Maschinen nichts beschädigt werden."[4]) Der Schwarm stürmte hierauf die Fabriken der Firmen E. Steiner und Rosenberg, zertrümmerte die Maschinen mit einer Art System, alles in Ruhe und Ordnung, ohne dass irgend etwas entwendet wurde. Die Bürgerschaft verhielt sich demgegenüber ruhig und begegnete der aus Wien herbeigeeilten Nationalgarde sogar feindselig. Der Bahnhof der Wien-Gloggnitzer Bahn, wie auch der Meidlinger Bahnhof waren tagelang von Plündererrotten umkreist und gefährdet.

Es brauchte lange Zeit, Gewalt und Ueberredung, um die Arbeiter wieder ihrer ruhigen Beschäftigung zuzuführen. Das galt natürlich nur für einen Theil, denn ein anderer Theil hatte sich durch die Zerstörung der Fabriken und Werkstätten selbst brotlos gemacht. Viele Unternehmer, Gewerbe- und Handelsleute waren ruinirt und Tausende von sehnigen Armen zur Unthätigkeit verurtheilt. Das war die erste, unmittelbar in die Empfindung tretende wirthschaftliche Folge der Märztage. Während in der Stadt Bürgerthum und Universität im Genusse ihrer vermeintlichen Errungenschaften schwelgten, herrschte in den Vorstädten Bestürzung und Verzweiflung.

Die Regierung aber war rathlos für den Einen wie für den Anderen. Sie wusste ebenso wenig, was in politischer Beziehung an die Stelle des Gestürzten zu setzen wäre, als was für die vom Fabrikanten bis zum letzten Arbeiter herab tief aufgewühlten Verhältnisse des Erwerbes zu thun wäre. Die Abschaffung der Verzehrungssteuer auf die nothwendigsten Lebensbedürfnisse war eine gute, aber doch keineswegs ausreichende oder auch nur ausgiebige Massregel. Da man nichts besseres wusste und in dem rottenweisen Herumziehen der beschäftigungslosen Arbeiter eine imminente Gefahr erblickte, griff man zu dem alten Aushilfsmittel der öffentlichen Erdarbeiten, einem geradezu verhängnissvollen Auskunftsmittel, wie wir noch sehen werden. „Vor der Hand" konnte man sich indes damit helfen und Tausende von Arbeitern gegen einen billigen Lohn bei der Gumpendorferlinie, am Brünnlfeld oder im Prater bei zwecklosen Erdarbeiten unterbringen.

Es braucht kaum erst hervorgehoben zu werden, dass auch in der Provinz die Bewegung, die sich wie ein Waldbrand von Wien aus fortpflanzte — die unteren Classen ergriff; in Prag gab es bis spät in den April hinein Arbeiterrummel, in Graz und Linz Arbeiterexcesse, Stürme auf die Mauthen und Linienämter, wohl auch auf Bäcker- und Fleischerläden; die Bewegung war eine allgemeine, aber sie trat auch überall in gleich primitiver Form auf und war mehr gegen die in die Sinne fallenden Symptome, als gegen die Ursachen gekehrt, die man nicht kannte, und über die man nicht nachdachte.

Besonders aber war es die bäuerliche Bevölkerung, welche bei den Botschaften, welche aus Wien kamen und den Anbruch des Freiheitsmorgens verkündeten, wie aus schweren Träumen erwachte. Wie die Arbeiter in den Städten, erhofften die Bauern am Lande von der jungen Freiheit zunächst die Beseitigung desjenigen, dessen ungerechten Druck sie sinnlich am stärksten empfanden. Ohne sich vorläufig gegen das Unterthansverhältniss selbst zu kehren, aber auch ohne sich in rechtliche Weiterungen einzulassen, lehnten die Bauern klipp und klar die Leistung von Robot und Zehent ab, stellten sie einfach ein. Nicht überall kam es aus diesen Anlässen, wie im Mürzthal in Obersteier, an einigen Orten Krains und Böhmens, sowie auch an einzelnen Punkten Niederösterreichs zu ausgesprochenen Bauernunruhen; aber die Weigerung der Bauern, Robot zu leisten und ihre directe Forderung nach Aufhebung derselben war ganz allgemein. Die Regierung antwortete auf diese Forderungen mit einem Hofkanzleidecrete vom 27. März, durch welches zur Beförderung des Robot- und Zehentablösungsgeschäftes gestattet wurde, „dass die Obrigkeiten diejenigen Rustical- und Domesticalgrundstücke, welche sie als Entgelt für die abgelösten Robot- und Zehentschuldigkeiten von ihren Unterthanen übernehmen, wenn sie solche nicht in eigener Benützung behalten können oder wollen, wieder an Unterthanen veräussern dürfen, ohne dabei an die Beschränkungen der Grundzerstückungsvorschriften gebunden zu sein". Dieselbe Ausnahme sollte auch den Unterthanen zu Statten kommen, wenn sie, um sich die zur Robot- und Zehentablösung nöthigen Geldmittel zu beschaffen, ihren Rustical- oder (emphyteutischen) Dominicalgrundbesitz an andere Unterthanen veräussern wollten. Indem die Regierung an dem von dem früheren Regime überkommenen Gedanken der Robot- und Zehentablösung festhielt, kam sie in die wunderliche Lage, dieses Decret für eine zeitgemässe Massregel zu halten, obwohl dasselbe als den Preis der Befreiung von einer unerträglichen Last, die Verschleuderung des Besitzes festsetzte und offenbar die Bereicherung der Stärksten auf Kosten der Schwächsten bedeutete. Man kann nicht

oft genug darauf hinweisen, dass nicht die wirthschaftliche Freiheit, sondern gerade das zähe, eigensinnige
Festhalten an den überlebten, mittelalterlichen Formen
der Wirthschaft dem Volke die tiefsten Wunden schlug,
Wunden, welche so brandig waren, dass sie später
allerdings auch die freie und gesunde Luft einer neuen
Epoche nicht mehr gänzlich heilen konnte.

Die österreichische Regierung — und auch die Regierungen des Jahres 1848 verleugneten keinen Augenblick die altangestammten Erbübel des alten österreichischen Herrschaftssystems — die österreichische
Regierung der ersten Revolutionsperiode hütete sich,
präjudicirliche Massregeln zu treffen und radicale
Entscheidungen zu fällen; sie befolgte vom ersten Tage
an, wo die Absicht einer gewaltsamen Niederwerfung
der Wiener Revolution gescheitert war, eine dila-
torische Taktik, um im geeigneten und sehnsüchtig
erhofften Momente den Rückzug antreten zu können,
ohne das Odium des Wort- und Treubruches auf sich
nehmen zu müssen. Man liess sich daher schrittweise
die Concessionen abringen und erhielt so die Revolution in Permanenz.

Es war nur natürlich, dass das oben citirte Decret
niemand für eine Erfüllung des laut geäusserten Wun-
sches nach Aufhebung der harten, auf den Grundbesitz
drückenden Lasten hielt. Die Länder trachteten daher
im eigenen Wirkungskreise weiter zu gehen. Am
11. April machte ein kaiserliches Patent auf Antrag
der niederösterreichischen Stände das Zugeständniss,
dass vom 1. Januar 1849 an Stelle aller auf Grund
und Boden haftenden, aus dem Obereigenthums- und
Zehentrechte entspringenden Natural- und Arbeits-

leistungen eine Geldleistung zu treten habe, welche durch ein von den niederösterreichischen Ständen auszuarbeitendes Gesetz bestimmt werden solle. Bis dorthin sollten, sofern keine freiwilligen Uebereinkommen über die Ablösung des Naturaldienstes zu Stande kommen, die Naturalgiebigkeiten bis zum Schlusse des Jahres in der bisherigen Art pflichtmässig geleistet werden. Der steierische Landtag forderte gleichfalls, dass vom 1. Januar 1849 an alle auf Grund und Boden haftenden, aus dem Obereigenthums- oder Zehentrechte entspringenden, sowie die denselben gleichgehaltenen wie immer Namen habenden Natural- und Arbeitsleistungen in eine billige Geldentschädigung umgewandelt würden; diesem Wunsche wurde für Steiermark gleichfalls durch ein kaiserliches Patent vom 11. April entsprochen. Am 15. April fand jedoch unweit Mürzzuschlag eine Bauernversammlung statt, der etwa 600 Grundbesitzer beiwohnten, und in welcher eine definitive Regelung des grundherrlichen und bäuerlichen Verhältnisses peremptorisch gefordert wurde.[5])

Auch die Tiroler Stände forderten, da die Robot im Lande nicht bestand, die Ablösung des Zehents.

Die galizischen Stände waren, wie schon berichtet, bereits früher besonders eifrig für die Regelung der landwirthschaftlichen Verhältnisse eingetreten. In der Adresse der Galizianer, welche am 6. April überreicht ward, wurde u. a. ausdrücklich „die Befreiung der bisherigen Grundholden von den Frohnen und Unterthanssschuldigkeiten, sowie die Ertheilung des Eigenthums der Rusticalgebühren an die bisherigen Grundholden im ganzen Lande" gefordert. Am 17. April erschien das kaiserliche Patent, welches für Galizien die Aufhebung aller Roboten und sonstigen Leistungen vom 15. Mai 1848 angefangen decretirte. Die Grundherren wurden zur Entschädigung dafür der aus dem grundherrlichen Verhältnisse entspringenden und auf ihnen ruhenden Lasten enthoben, welche Erleichterung als einem Drittel des Robotverlustes gleichkommend berechnet wurde; für die beiden anderen Drittel sollte die Grundherrschaft mit ihren Entschädigungsansprüchen theilweise an den Unterthan, theilweise an den Staat gewiesen werden. Es gab aber in Galizien zahlreiche Grundherren, welche ihren Unterthanen die Robot ganz schenkten.

In ähnlich friedlichem Sinne suchten die Provinziallandtage von Krain, Mähren und anderen Ländern die Frage im eigenen Wirkungskreise zu lösen; allein, eine definitive Lösung lag in allen diesen Entscheidungen nicht und konnte in ihnen nicht liegen, weil die Regelung jedes einheitlichen Gesichtspunktes entbehrte und weil vor allem die rechtliche Existenz und Machtbefugniss dieser ständischen Provinzialvertretungskörper durch die Revolution vollkommen in Frage gestellt war und ihre Beschlüsse daher keine bindende Kraft besassen, später vom constituirenden Reichstage auch angefochten wurden. Die Schritte, welche zur Regelung der Grundbesitzfrage im März und April gethan wurden, bildeten bei allem guten Willen, eben weil sie nicht radical genug waren, eben nur eine Anweisung der Bauern an die radicalen Parteien. Die Revolution musste naturgemäss weitergehen und ging weiter.

Auch in Wien und selbstverständlich auch in anderen Hauptstädten von ähnlicher gesellschaftlicher Structur gewann unmittelbar nach den Märztagen

neben den scheinbar alles dominirenden politischen
Problemen, auch die sociale Frage greifbarere Formen, körperliche Umrisse, und zwar war es die
Arbeiterfrage, die sich vorerst in den Vordergrund
schob. Waren schon vor dem Ausbruche der Revolution in Wien viele Arbeiter ohne Beschäftigung, weil
zahlreiche Fabrikanten in Folge der Geschäftsstauung
ihren Betrieb eingestellt oder herabgemindert hatten
so nahm in Folge der Bewegung die Zahl der Arbeitslosen rapid überhand; waren es doch die Arbeiter
selbst, welche durch die unvernünftige Zerstörung von
Maschinen und Fabriken zahlreiche Unternehmer gezwungen hatten, ihren Betrieb einzustellen. Die Masse
dieser Arbeitslosen wurde durch einen starken Zuzug
aus den gewerblichen Hilfsarbeitern verstärkt, welche
durch den Ruin zahlreicher kleiner Geschäfte erwerbs-
los geworden waren.

Wie die Regierung wenigstens provisorisch für
die Beschäftigung dieser für die Ruhe der Gesellschaft
äusserst gefährlichen Massen sorgte, wurde bereits gesagt. Es wäre schwer, aus vielen Möglichkeiten eine
herauszufinden, welche verbindlicher in principieller,
gefährlicher in praktischer Hinsicht, verderblicher
für die Arbeiter selbst hätte sein können, als es
die nutzlosen und zum Theile auch wirklich zwecklosen Erdarbeiten im Prater und an der Wien waren.
Man hatte das Wenigste zu gewähren versucht und
man hat das Meiste gegeben, das „Recht auf Arbeit"
garantirt, oder wie sich schon nach wenigen Tagen
zeigte, das mit dem „Rechte auf Arbeit" gleich-
bedeutende „droit à la paresse". Der Unfug und
Müssiggang, der bei den Erdarbeiten getrieben

wurde, war so auffällig, dass er auch seitens der Zeit-
genossen von keiner Seite ernstlich in Abrede gestellt wurde. Die Verlockung, gegen einen ansehnlichen Taglohn im Prater in Gesellschaft müssig zu
gehen, war natürlich gross und entzog den industriellen
Unternehmungen und Gewerben noch mehr Arbeitskräfte, während der Staat und die Stadt zu einem
wirthschaftlich ganz unproductiven Zwecke Unsummen
verausgabte, ohne dass der angestrebte nächste Zweck
auch nur in irgend einem Punkte erreicht wurde.

Die sociale und politische Gefahr, welche man von
Seite der Arbeiter fürchtete, war damit nicht nur nicht
beseitigt, sondern eher gesteigert, wie ja die Augustrummel nachträglich schlagend bewiesen.

Es ist klar, dass diese Vorgänge, die schon im
April ziemlich scharf zu Tage traten, auch auf die in
der Arbeit verbliebenen Arbeiter und auf ihr Verhältniss zu den Unternehmern nicht ohne Einfluss
bleiben konnten. Auch wenn die Nachricht, dass in
Paris die Arbeitszeit auf zehn Stunden herabgesetzt
worden sei, nicht in die breiten Massen gedrungen
wäre — die Wiener Zeitungen des Jahres 1848 brachten
wenig thatsächliche Nachrichten und die sociale Bewegung in Wien war ganz originärer Art — die blosse
Einsicht von der gesteigerten Bedeutung der Arbeiterschaft auf der einen Seite, die Furcht vor weiteren
Ausschreitungen auf der anderen Seite, musste Forderungen und Concessionen in Bezug auf die Arbeits-
bedingungen zur nothwendigen Folge haben.

Die Wien-Gloggnitzer Eisenbahngesellschaft setzte
die tägliche Arbeitszeit in ihrer Maschinenfabrik und
in ihren Werkstätten unmittelbar nach den Märztagen

„in Anerkennung des ruhmwürdigen Benehmens ihrer
Arbeiter" auf zehn Stunden herab und die übrigen
Eisenbahndirectionen folgten sofort diesem Beispiele.[6])
Die öffentliche Meinung, welche diesen Schritt in der
dankbarsten Weise aufnahm, bildete bald einen hin-
reichenden Druck, um auch zahlreiche Fabriksbesitzer
zu der gleichen Concession zu vermögen. Wo die Fabrikanten nicht aus eigenem, freiem Willen und besserer
Einsicht gewährten, traten die Arbeiter fordernd
auf mit Petitionen, die entweder an die Unternehmer
oder an die Regierung gerichtet waren. So machten
Anfangs April die Seidenzeugweber eine Eingabe beim
Ministerium, dass dieses den Fabrikanten im Gesetzes-
wege die Erhöhung und Feststellung des Lohnes und
die Abschaffung gewisser Missbräuche anordne. Einzelne Fabrikanten besserten in der That den Lohn
um 10% auf, die Mehrzahl scheint jedoch hart geblieben zu sein.[7]) Die Kattundrucker und Formstecher
stellten als Forderungen auf: Einschränkung des Lehr-
lingsunfuges, so zwar, dass immer nur auf fünf Arbeiter ein Lehrling komme, und bessere Ausbildung
der Lehrlinge; Herabsetzung der Arbeitszeit auf zehn
Stunden, Bestimmung des Arbeitslohnes nach dem
Ausmasse der geleisteten Arbeit, jedoch so, dass der
wöchentliche Verdienst nicht unter 7 fl. C.-M. beträgt,
Festsetzung eines Verhältnisses zwischen der Zahl der
Maschinen (Perrotinen) und der Handdrucker (es sollte
ebenso viel Waare durch Handdrucker als auf der Perrotine
erzeugt werden) und endlich Fürsorge für die Kranken
und Invaliden, Errichtung eines Gremiums u. s. w.[8])
Es ist ganz selbstverständlich, dass gerade jene
Arbeitergruppe, welche einzig und allein schon im

Vormärz eine Fachorganisation zuwege gebracht hatte, dass die Buchdrucker gleichfalls mit ganz bestimmten und decidirten Forderungen an die Principale hervortraten. In einem am 1. April beschlossenen Promemoria wurde verlangt: Erhöhung des Lohnes für Setzer, Drucker und Schriftgiesser nach dem Massstabe eines Wochenverdienstes von 7 bis 8 fl. C.-M., Beschränkung in der Aufnahme von Lehrlingen, so dass auf vier Subjecte nur ein Lehrling käme, Abschaffung der weiblichen Arbeiter bei den Maschinen und bei der Manipulation, Regelung der Maschinenarbeit und Feststellung eines Verhältnisses zwischen Hand- und Schnellpressen (3 : 1), zehnstündige Arbeitszeit und Sonntagsruhe. Die Typographen setzten in dem gleichzeitig den Principalen wie dem Ministerium des Innern vorgelegten Promemoria eine Präclusivfrist fest, binnen welcher die Forderungen erfüllt sein müssten. Diese Frist wurde von den Principalen zwar nicht eingehalten, auch hatte es mit der Erfüllung des ganzen Wunschzettels seine guten Wege, allein, der Annahme des von den Typographen aufgestellten Preistarifes — wohl des ersten in Oesterreich — wagte sich die Mehrzahl nicht zu widersetzen, und auch in Prag, Brünn und Pest setzten die Druckergehilfen ähnliche Lohntarife durch.[9])

In den ersten Tagen des April ertrotzten sich die Arbeiter der Nordbahn und Staatsbahn eine Verminderung der Arbeitszeit; fast gleichzeitig begehrten und erhielten auch die Arbeiter der Salm'schen Eisengiesserei unter den Weissgärbern Herabsetzung der Arbeitszeit. Mitte April gährte es abermals unter den Nordbahnarbeitern, welche durch die Prager Arbeiter aufgestachelt, die Wahl ihrer Vorgesetzten, Antheil am Gewinne, Lohnerhöhung u. s. w. begehrten. Man sieht, die Forderungen schritten aufwärts, und nicht immer war es auch dem humansten Unternehmer möglich, die Wünsche seiner Arbeiter zu erfüllen.

Schwieriger vielleicht noch gestalteten sich die Verhältnisse in den handwerksmässigen Betrieben; selbst wenn die Meister die gute Absicht hatten, den Wünschen der Gesellen Rechnung zu tragen, so war ihnen das durch die Ungunst der Wirthschaftslage nichts weniger als leicht gemacht. Allein, die Gesellen waren nicht minder energisch, Ende März und Anfangs April hielten sie zunftweise oder auch gemeinsame Versammlungen in grosser Zahl ab, in welchen die Postulate und Beschwerden formulirt wurden; mit fliegenden Fahnen zogen sie vor die Innungshäuser und drohten wohl auch mit dem Strike, im Falle ihre Wünsche nicht Erfüllung fänden. Der Tenor der Forderungen war ähnlich demjenigen der Fabriksarbeiter; so verlangten die Maurer beispielsweise humanere Behandlung durch die Poliere, Aufnahme zur Arbeit für längere Dauer (nicht mehr wie bisher von Tag zu Tag) und 14tägige Kündigung, Gleichstellung des Taglohnes für sämmtliche Arbeiter, Verkürzung der Arbeitszeit und Erhöhung des Lohnes, Verwaltung der die Gesellen betreffenden Angelegenheiten der Innung durch die Gesellen selbst u. s. w. Die Schneider verlangten gleichfalls Verrechnung der Gelder ihrer Innungsfonds durch die Gesellenschaft, Herabsetzung der Arbeitsdauer, Erhöhung des Lohnes auf 1 fl. C.-M. pro Tag und Abstellung der gewerbsmässigen Verfertigung von Kleidern durch Frauenzimmer. Aehnliche Forderungen stellten die Bauarbeiter, Tischler, Schmiede- und Bäckergehilfen und andere Handwerksarbeiter; die wichtigsten ihrer Wünsche fanden auch, wenngleich nicht ohne Widerstreben, Erfüllung, und mit fliegenden Fahnen und Fackelzügen begrüssten die Gesellen dann in der Regel die Nachgiebigkeit ihrer Meister und den Sieg ihres solidarischen Vorgehens.[10]) Nicht selten freilich ging auch die Sache nicht so glatt ab, und dann kam es wohl auch zu Aufläufen und stürmischen Scenen, wie bei den Tischlern, welche im Unmuthe darüber, dass ihre Petition nicht Gehör fand, von ihrer Herberge in die Vorstädte zogen und die Gesellen zwangen, sich ihnen anzuschliessen und die Petition durchzudrücken, was denn auch nach einigen gewaltthätigen Auftritten in Breitenfeld, Alsergrund und Landstrasse in wenigen Tagen gelang.

Versuchen wir das, was von Seite der Arbeiterschaft zu Beginn der Bewegung gefordert wurde, in allgemeinen Sätzen zusammenzufassen, so erhalten wir folgendes sociale Programm der Arbeiterbewegung in den Märztagen:

1. Lohnerhöhung, Festsetzung eines Minimallohnes, unter Aufrechterhaltung des Accordsystems.

2. Herabminderung der Arbeitszeit auf höchstens zehn tägliche Arbeitsstunden (eine Maximalarbeitszeit, die damals in Wien so ziemlich allgemein eingehalten wurde).

3. Einhaltung einer Kündigungsfrist.

4. Einschränkung des Lehrlingsunwesens und Fürsorge für die bessere Ausbildung der Lehrlinge.

5. Einschränkung der Frauenarbeit.

6. Feststellung eines Verhältnisses zwischen Hand-
und Maschinenarbeit.

7. Fürsorge für Kranke und Invalide.

8. Autonome Verwaltung der Hilfsfonds durch die
Arbeiterschaft.

9. Humane Behandlung der Arbeiter durch Unternehmer und Vorgesetzte. [11])

Dies waren die Programmpunkte, welche der Arbeiterschaft und ihren Freunden in den ersten Wochen
und Monaten der Revolution mehr oder minder klar
vor Augen schwebten. An eine Organisation der
Arbeit oder gar an eine Neuorganisation der Gesellschaft dachte eigentlich niemand; was da verlangt
wurde, glaubte man auf dem Boden der Humanität
und Gerechtigkeit erreichen zu können. Und in der
That, wie bescheiden, wie altväterlich, wie conservativ,
fast möchte ich sagen, wie reactionär nimmt sich dieser
radicalste Wunschzettel aus dem Jahre 1848 aus, wenn
man ihn neben dem Desiderar einer modernen Ar-
beiterpartei hält? Und gleichwohl bedeutete dieses
Programm zu seiner Zeit eine Revolution der Wirth-
schaftsverhältnisse, welche nicht geringer war als die
politische Revolution, die sich eben vollzog, ja mehr
die genaue Durchführung dieses Programmes wäre
gleichbedeutend mit dem Ruin zahlreicher Unternehmer,
gewiss aber mit dem Ruin der meisten kleinen Meister
aus dem Gewerbestande gewesen.

Diese kleinen Meister hatten schon vor dem Ausbruch
der Revolution einen harten Kampf um ihren Bestand
zu kämpfen gehabt, der Sturm des März hatte viele
von ihnen einfach hinweggefegt; eine grosse Zahl
musste, um ihr Gewerbe nur weiter zu betreiben, den

Staat oder die Commune um Hilfe anflehen. Man erwäge selbst, was es für Viele unter solchen Umständen bedeutete, wenn die Arbeit obendrein im Preise stieg. Es war gewiss nicht bloss die Hartherzigkeit, welche die meisten Meister dazu trieb, sich die Zugeständnisse von den Gesellen erst abtrotzen zu lassen. Am 17. April fand im Odeonsaale eine von kleinen Bürgersleuten ungeheuer besuchte Volksversammlung statt, in welcher eine an das Ministerium des Innern zu richtende Petition beschlossen wurde, welche die 25%ige Herabsetzung des Miethzinses und die Bezahlung desselben nicht im vorhinein, sondern erst nach Ablauf des Quartales forderte. Der Magistrat bestand darauf, dass der Georgi-Miethzins gezahlt werde wie bisher; „Recht muss Recht bleiben in allen Lagen der Gesellschaft, damit wir nicht allesammt untersinken in bodenlosen Abgrund". Die Behörde musste den Widersetzlichen mit gerichtlichen Schritten drohen, aber sie sprach auch die Erwartung aus, dass die Hausherren Billigkeit üben werden, insbesondere gegen ärmere und rücksichtswürdige Miethparteien. Das geschah auch thatsächlich in vielen Fällen.

Allein, welch düsteres Bild der Verarmung, der Noth, die weit in die bürgerlichen Kreise hineinreicht, tritt hier aus dem schimmernden Dunstkreis hervor, welcher die Märztage umgeben hatte. Es war eitel Freude, Wonne, Stolz und Zuversicht in den Herzen und Köpfen nach dem Sturze des alten Regimentes. Das leichtsinnige Wienerthum reichte der echten Begeisterung die Hand, und in seligem und fröhlichem Geniessen strichen die ersten von den jungen Blüthen eines frühen Lenzes bekränzten Wochen dahin, die

gedankenlos glücklichen Flitterwochen der Freiheit.
Das konnte aber nicht immer so bleiben. Handel und
Gewerbe stockte, die im Kasten aufbewahrten Spar-
pfennige waren bald verzehrt, vielleicht auch ver-
jubelt, und der Bankerott eines grossen Theiles des
Bürgerthums war eines Tages eine nicht mehr hinweg-
zuleugnende Thatsache. Da fragte man sich dann ge-
legentlich auch wieder, was die bisherigen „Errungenschaften" gefruchtet hätten, und bitterer Unmuth zog
wieder in das Herz der politischen Kinder.
Mitten in dieser gährenden Situation erschien die
octroyirte Charte vom 25. April. Das brachte das Rad,
welches einen Augenblick still gestanden, wieder in
Schwung.

Sechstes Capitel.

Die Mairevolution und der Sieg der Demokratie.

Wie wenig radical, wie wenig verhetzt, wenn man
will, in Wirklichkeit, wie wenig revolutionär das Volk
von Wien und Oesterreich war, bewies die Thatsache,
dass sich die öffentliche Meinung nicht sofort gegen
die schwächste Seite der Charte vom 25. April kehrte.
Sie war eine octroyirte Verfassung, und in einem
wirklich revolutionären Volke würde ein Sturm des
Unwillens sie hinweggefegt haben, sie mochte so gut
oder so schlecht sein, als sie nur wollte. In Wien
dachte an dieses wesentliche Moment gar niemand, und
selbst der einzige publicistische Vertreter eines ent-
schiedenen Radicalismus in jenem Zeitpunkte, Leopold

Häfner in seiner „Constitution" sah über dieses Gebrechen hinweg und liess sich nur auf eine Kritik
des Inhaltes ein. Ja, in Wien herrschte am Tage der
Verkündigung der Verfassung sogar Jubel, und
die Bedenken stellten sich erst nachher ein. Eine
um so unverzeihlichere Gewissenlosigkeit war es, ein
Volk, das so gutmüthig ist, sich nach einer erfolg-
reichen Revolution, ohne Murren eine Charte octroy-
iren zu lassen, förmlich zu verhöhnen und zu mysti-
ficiren.

Die Aprilverfassung war keine Magna charta liber-
tatum, und kein modernes Grundgesetz vom Volke
selbst, oder im Einvernehmen mit dem Volke gegeben;
sie bot nicht viel mehr als die Verbriefung dessen,
was die Stände vor dem März vergeblich gefordert
hatten, die ständische Gesellschaftsordnung in einem
längst altmodisch gewordenen parlamentarischen Ge-
wande. Von der Befreiung des Grundes enthielt die
Aprilverfassung kein Wort, und alle die lasterhaften
socialen Verhältnisse, welche durch die Grundunterthänigkeit geschaffen wurden, sollten sonach fortbestehen. Den bisherigen Provinzialständen wurde durch
die Charte ihre alte Einrichtung und Wirksamkeit ausdrücklich erhalten. Der Reichstag sollte aus zwei
Häusern, dem Senat und der Abgeordnetenkammer bestehen. Ersterer, aus 200 Mitgliedern zusammengesetzt,
von denen 50 durch den Kaiser ernannt, 150 aber von
den „bedeutendsten Grundbesitzern" aus ihrer Mitte
gewählt werden sollten, wäre recht eigentlich eine
Kammer des Adels, und zwar des Grundadels geworden,
auf deren Zusammensetzung die Besitzer grosser in-
dustrieller Etablissements und die grundbesitzende

städtische Bevölkerung nur wenig, die bäuerliche Bevölkerung aber gar keinen Einfluss hätte üben können.
Die Abgeordnetenkammer hätte allerdings demgegenüber einen wenigstens im Vergleiche mit unserem Ab-
geordnetenhause*) noch immer sehr liberalen Charakter besessen, indem sie wenigstens das famose
Curiensystem nicht kannte; allein, die Verfassung
schwieg sich vollständig darüber aus, wie weit oder
wie eng die Grenzen des activen Wahlrechtes für die
zweite Kammer gesteckt werden sollten und verschob
diese Frage auf eine erst versprochene provisorische
Wahlordnung.

Diese mit Rücksicht auf den Zeitpunkt höchst ver-
unglückte Verfassung, die vor dem März wahrscheinlich als ein grosser Fortschritt mit dankbaren Händen
entgegengenommen worden wäre, konnte ausser den
Anhängern des ständischen Altliberalismus, den Mitgliedern des Grundadels und des wohlhabenden Bürgerthums eigentlich niemanden befriedigen: die unteren
Schichten der Bevölkerung vom kleinen Bürger angefangen bis zum Arbeiter nicht, weil sie sich in der
Erwartung eines hohen Census vom Wahlrechte schon
ausgeschlossen sahen, die Bauern nicht, weil die Grund-
frage nicht gelöst, sondern auf den ersten Reichstag
verschoben war, den Kleinbürger nicht, weil die „Constitution" nicht, wie er, wenn auch mit Unrecht, er-
wartet hatte, eine Zauberformel zur Erhaltung seiner
bürgerlichen Existenz enthielt. Dazu kam, dass die In-

---

*) Dass unsere dermalen geltende Verfassung noch um einige
Nuancen reactionärer ist als die Aprilverfassung vom Jahre 1848,
die ihr vielfach zum Modell diente, bildet keine Rechtfertigung für
die letztere.

telligenz, die Studenten und das gebildete, politisch
aufgerüttelte Bürgerthum, in jedem Zuge der octroyirten Verfassung einen Charakter der Reaction er-
kannten; das Zweikammersystem, der Census, das ab-
solute Vetorecht des Monarchen, das alles widersprach
zu grell den durch die Revolution einmal anerkannten
Principien der Freiheit und Rechtsgleichheit.

Die Aufnahme der Charte war also eine unfreund-
liche und die Stimmung gegen sie wurde um so un-
freundlicher, je länger sich das Volk mit ihrem In-
halte beschäftigte. Die provisorische Wahlordnung vom
9. Mai suchte zwar etwas in demokratischere Bahnen
einzulenken, indem sie von einem Wahlcensus absah
und das Wahlrecht für die Abgeordnetenkammer bloss
an die freie Ausübung der staatsbürgerlichen Rechte
mit Ausschluss des Dienst- und des wöchentlichen oder
täglichen Lohnverhältnisses knüpfte. Damit war aber
die ganze Arbeiterschaft ihrer politischen Rechte mehr
als es durch irgend einen Census hätte geschehen
können, weil principiell und an und für sich beraubt.
Das war einer der unglücklichsten Schachzüge der an
Abderitenstreichen so reichen Regierungspolitik des
Jahres 1848.

Der Unwille gegen die Aprilverfassung wuchs von
Stunde zu Stunde und wurde in der Presse und auf
der Aula kräftig genährt. Die conservativere Gruppe
der Altliberalen, die im juridisch-politischen Leseverein
ihren Brennpunkt fanden, löste sich von dem Strome
los, und eine radicalere Richtung drängte unter neuen
Devisen vorwärts über die octroyirte Charte hinweg
zu freieren Zielen. Das Programm brauchte nicht
doctrinär entwickelt zu werden, es war gegeben. Man

war gegen das Zweikammersystem, folglich nur eine
Kammer; man war gegen den Census, folglich: allgemeines, gleiches Wahlrecht; man war gegen das ab-
solute Vetorecht des Monarchen, folglich: Souveränität
des Reichstages; man hatte endlich gesehen, was bei
einer octroyirten Verfassung herausschaue, folglich:
Einberufung eines constituirenden Reichstages. Die
Regierung selbst hatte die Principien der Demokratie
entwickelt.

Das war auch das politische Programm, unter
welchem sich die Mairevolution vollzog.

Ich muss die äusseren Hergänge der Maitage als
bekannt voraussetzen und gehe hier nur noch einmal
die groben Umrisse nach.

Die Regierung und die der Regierung sich be-
dienenden Factoren hielten die durch die Aprilverfassung den besitzenden Classen gemachten Concessionen für hinreichend, dass diese sich mit ihnen
zur Niederwerfung des hauptsächlich auf die Studenten
und Proletarier sich stützenden Radicalismus ver-
bünden würden. Man wollte versuchen, der Heerde der
Bewegung, der akademischen Legion, des Studenten-
comités und des Centralcomités der Studenten und
Nationalgarde ledig zu werden und verschmähte es
nicht, zur Erreichung dieses Zieles den bis dorthin
unbekannten Classengeist heraufzubeschwören. Allein,
so ganz wollte das Exempel beim erstenmale noch
nicht stimmen. Einige Compagnien der vorwiegend
von reichen Leuten bewohnten Bezirke, besonders
die Stadtgarden gaben sich dazu her, auf die Auflösung des Centralcomités hinzuarbeiten und so für
die Regierung die Kastanien aus dem Feuer zu holen.

Allein, das Gros der Bevölkerung, die Vorstadtgarden, Studenten und Arbeiter bildeten eine geschlossene Phalanx für dieses revolutionäre Institut; sie waren es auch, welche am Nachmittage des 15. Mai die Sturmpetition in die kaiserliche Burg veranstalteten mit dem Rufe: Zurücknahme der octroyirten Charte vom 25. April, Einberufung einer constituirenden Versammlung in einer Kammer auf Grund des allgemeinen Wahlrechtes ohne Census und kaiserliche Anerkennung des Fortbestandes des Centralcomités.

Alles wurde bewilligt, die radicale Richtung hatte gesiegt, der Versuch, die für politischen Fortschritt kämpfenden Gruppen durch das Classenbewusstsein zu trennen, war vorläufig misslungen. Zwar gab es neben dem Adel eine kleine Gruppe von Bürgerlichen, welchen der aristokratische Zug der Charte besser zugesagt hätte und die in ihrer Ruhe aufgescheucht durch den trotzigen Schritt der Demokratie die „Errungenschaften" des 15. Mai mit nichts weniger als freundlichen Blicken verfolgten. Allein, sie trauten sich einstweilen nicht mit der Meinung und Opposition hervor.

Da trat der Umschwung ein, hervorgerufen durch die bekannte „Spazierfahrt" des Kaisers nach Innsbruck am 17. Mai. In demselben Augenblicke, wo man in Wien diese Nachricht vernahm, stand in der „Wiener Zeitung" zu lesen: „Des Kaisers Abreise wäre die Flucht Ludwig XVI. und der letzte Tag seines Hierseins wäre der erste Tag der Republik! Der Kaiser kann nicht nur in Wien bleiben, er muss hier bleiben!" Die „Wiener Zeitung" war damals nicht so sehr Amtsblatt als das Organ der gemässigten altliberalen Kreise,

der Männer vom Gewerbeverein und juridisch-politischen Leseverein.[1]) Was sie da, offenbar in Unkennt-
niss der Vorgänge in der Hofburg schrieb, war also
die Anschauung der oberen Bürgerclassen. „Der letzte
Tag seines Hierseins wäre der erste Tag der Republik." Man kann sich denken, mit welchen Gefühlen
diese Kreise die Nachricht von der thatsächlichen
Flucht des Kaisers aufnahmen. Man hielt die Republik,
welche sich der beschränkte Unterthanenverstand des
Vormärzlers mit allen Schrecknissen der Anarchie, des
Communismus und der Gütervertheilung auszumalen
gelernt hatte, für unmittelbar bevorstehend, und als
in den Vormittagsstunden gar die Nachricht in die
Stadt drang, zwei radicale Journalisten hätten in
Gumpendorf die Arbeiter haranguirt, gegen die Stadt
zu ziehen und eine provisorische Regierung einzusetzen,
da begann der conservative Sinn der Besitzenden, die
kurz vorher noch für Freiheit, Gleichheit und Brüderlichkeit brennende Begeisterung zu löschen; eine
entsetzliche Panik trat ein. Mit scheelen Gesichtern
blickte man nach den Urhebern des vermeintlichen
Unglückes, nach den Studenten und Arbeitern,
unter denen zahlreiche Verhaftungen vorgenommen
wurden. Die gesammte, der Aristokratie, Clerisei und
Spiessbürgerei dienstbare Presse schrie im ungestümen
Chorus: „Weg mit den Errungenschaften des Mai!
Nieder mit der Demokratie! Fort mit der einen
Kammer!" Eines dieser Blätter erklärte seinen Lesern,
die Sturmpetition sei nichts anderes, als wenn sich in
einem Dorfe einige Hundert vereinigten, dem Richter
die Gemeindecasse abzunehmen und das Geld unter
sich zu vertheilen. Das zog, das wirkte. Das Bürger-

thum, wenigstens das wohlhabende, war bald vollständig verschüchtert, der Verkehr stockte, die Börse
blieb am 18. ganz geschlossen, der Geldmarkt machte
den Eindruck heilloser Verwirrung und Verzagtheit,
die bedeutendsten Werthpapiere, die ohnedies nicht
besonders günstig gestanden, erlitten einen weiteren
rapiden Sturz,²) auf die Cassen und Banken entstand
ein Run,³) und die Lage der Nationalbank war so
kritisch, dass die „Donau-Zeitung" — also das Organ
der Regierung — der Bank den Rath gab, sofort ihre
Zahlungen einzustellen, die Zeit und den Plan, in
welchen die Zahlungen erfolgen sollten, genau zu bestimmen und so einen untrüglichen Nachweis ihrer
Solvenz vor aller Welt zu liefern.

Die Anhänger der Aprilverfassung hatten sich
unter dem Eindrucke der Flucht des Kaisers stark
gemehrt und ihr Muth, ihre Energie war bedeutend
gestiegen. Das Centralcomité löste sich thatsächlich
auf, und damit schien einer der Hauptherde der demokratischen Revolution erloschen. Nun galt es noch den
Kampf gegen die Universität und die Legion, um die
Wiedereinsetzung der Aprilverfassung möglich zu
machen. Der Adel und die höhere Bourgeoisie waren
sich vollkommen dessen bewusst, dass dies nicht so
leichten Spieles durchführbar sei; es war daher für
den Fall des Kampfes alles vorbereitet; vorher wurde
das Aufruhrgesetz proclamirt und ein Plakat, welches
die Verkündigung des Standrechtes aussprach, für alle
Fälle gedruckt.

Am 26. Mai wurde die Auflösung der akademischen Legion proclamirt und die Sperrung der Aula
versucht. Wie dieses unverhohlene Hervortreten der

Reaction der privilegirten Stände beantwortet wurde,
ist wohl bekannt. Die Arbeiter stellten sofort in den
Werkstätten die Arbeit ein, um in hellen Schaaren
gegen die Stadt zu ziehen; in den Schriftgiessereien
wurden Kugeln statt Lettern gegossen; auf den Bahnen
wurden die Schienen aufgerissen, um den Zuzug von
Militär zu verhindern. Vergeblich versuchten es Beamte
und Pfaffen, die Arbeiter durch das Versprechen
grosser Geldsummen zu bewegen, gegen die Studenten
zu kämpfen oder doch wenigstens ihnen nicht zu Hilfe
zu ziehen.[4])

Die armen Arbeiter blieben aber fest und
zogen kampfbereit, mit Krampen und Spaten bewaffnet,
in die Stadt nach der Universität. Die Barricaden
wuchsen aus der Erde, zwei Tage und zwei Nächte
glich Wien einem Feldlager; Studenten, Vorstadtgarden, d. h. die kleinen Bürger und Gewerbetreibenden und Proletarier bildeten wieder eine Kette, vor
deren drohendem Anblicke die reactionäre Coalition
der oberen Classen, ohne einen Schuss zu wagen, in
sich zusammenbrach und widerspruchslos die gefor-
derten Garantien gewährte, d. h. die Einsetzung des
„Ausschusses der Bürger, Nationalgarden und der
akademischen Legion zur Wahrung der Volksrechte
und zur Erhaltung der Ordnung und Sicherheit in
Wien und dessen Umgebung" (Sicherheitsausschuss),
die Zurückziehung der Truppen aus Wien, die Bestreitung der Thorwachen gemeinsam durch Militär und
Garden, die Ausfolgung von 36 Kanonen an die
Nationalgarde und als Bürgschaft für die Erfüllung
dieser Forderungen die Stellung von Geiseln (Hye,
Hoyos, Colloredo und Montecucolli).

Alles wurde bewilligt. Die Demokratie hatte einen vollen, unblutigen Sieg errungen.

Das war die Mairevolution, unstreitig der Höhepunkt der Wiener Bewegung des Jahres 1848. Eine grosse Epoche ward auf den Wiener Barricaden des Mai geboren, aber der grosse Moment fand ein kleines Geschlecht. In Wien war thatsächlich die Republik, aber leider ahnte dies niemand.[5]) Der Kaiser hatte fluchtartig seine Residenz verlassen, das Ministerium ohne Vertrauen bei Hofe und ohne Vertrauen beim Volke war einflusslos und sah seine Tage gezählt, der constituirende Reichsrath war noch nicht einmal gewählt, das Militär, in Folge der Ereignisse in Italien ohnedies in wenig achtunggebietender Stärke, hatte sich zurückziehen müssen. Der seit dem 20. Mai erwählte provisorische Gemeindeausschuss war schon durch den Umstand, dass er aus dem engherzigsten Census hervorgegangen war, ein wenig populärer Machtfactor, und die zahllosen Reibungen, die zwischen ihm und dem Sicherheitsausschuss schon in den ersten Zeiten fühlbar wurden, brachten den Gemeindeausschuss nach den Gesetzen der Volkslogik bald in den Ruf, die reactionärste und volksfeindlichste Institution zu sein, wodurch er zur Einflusslosigkeit verurtheilt war. Der Sicherheitsausschuss dominirte allein über den Trümmern mit unbeschränkten Vollmachten; in seiner Zusammensetzung das treue Abbild des Volkes, das ihn auf den Barricaden gezeugt, das ihn liebte, mit aller Macht ausgestattet hatte und wie eine geschlossene Phalanx umgab, war er die einzige Behörde von factischer Geltung, ein revolutionäres Tribunal, in dessen Hand das Schicksal die Lose Oesterreichs gelegt ·hatte.

Und was that der Sicherheitsausschuss? Es ist
nicht unsere Aufgabe, hier die politische Seite dieser
Frage zu erwägen; wir müssen uns bloss mit der
socialen Thätigkeit des Ausschusses bekannt machen.
Die Institution war berufen, ein Wohlfahrtsausschuss
im eminentesten Sinne zu sein, und es muss gesagt
werden, dass sich der Sicherheitsausschuss alle Mühe
gab, dies auch zu sein, und dass es den in ihm ver-
sammelten meist jungen Männern gewiss nicht an
Muth und Ausdauer und redlicher Begeisterung fehlte.
Man weiss nicht, soll es ein Glück oder Unglück genannt werden, dass den Männern des Sicherheitsausschusses hingegen ein klar vorgezeichneter Plan
vollständig fehlte; der Gedanke eines Wohlfahrtsstaates,
auch nur in den verschwommenen Umrissen, wie er
den Männern von 1792 vorschwebte, die Organisation
der Arbeit und des Wirthschaftslebens überhaupt, wie
sie die provisorische Regierung in Frankreich eben
mit geringem Erfolge versucht hatte, solche Ideen
lagen ihnen fern, es ist schwer zu sagen, ob aus Un-
kenntniss oder aus Ueberzeugung.

Das einzige sociale Princip, welches der Sicherheitsausschuss aussprach, war der Grundsatz, dass der
Staat verpflichtet sei, allen Arbeitsuchenden eine Arbeit
zu verschaffen oder „falls dies unmöglich wäre, ihnen
den gewöhnlichen Taglohn auch ohne Arbeit zu geben".
Und in Consequenz dieses Satzes setzte der Ausschuss
eine Art officieller Lohnliste und Arbeitsordnung[6])
für die bei den öffentlichen Arbeiten Beschäftigten
fest. Den Gedanken, der in der staatlichen Anerkennung
eines Rechtes auf Arbeit lag, auszudenken, fiel keinem
ein: und so wird es ganz unmöglich sein, in die reiche

Thätigkeit des Sicherheitsausschusses nachträglich einen Plan zu bringen. Dieselbe löste sich in ungezählte Einzelfälle und Interventionen auf; hier galt es Arbeitslose zu beschäftigen, dort Streit zu schlichten, und ein andermal wieder Ruhe und Ordnung aufrecht zu halten. Keine Nacht verging ohne Arbeiterscandal und Katzenmusiken, und der Sicherheitsausschuss war die oberste Polizeibehörde. Zahllose Klagen und Beschwerden liefen ein, mit den Bäckern, Fleischern und Krämern waren die kleinen Leute sehr unzufrieden, und diese Unzufriedenheit konnte leicht gefährliche Formen annehmen. Der Sicherheitsausschuss musste den Schuldigen strenge zu Gemüthe führen, im Mass sich nicht zu vergreifen, die Zuwage nicht allzu reichlich zu bemessen u. s. w. Er war das allgemeine Schiedsgericht erster und letzter Instanz.

Der Obmann des Sicherheitsausschusses war der bekannte Demokrat Dr. Fischhof, ein Mann, der die allgemeine Achtung und Liebe, die ihn bis ans Grab begleitete, in reichstem Masse verdiente; ein säcularer Geist war er freilich nicht, ja nicht einmal ein führender Geist, und das machte sich am Sicherheitsausschusse fühlbar.

Die Seele dieses Ausschusses war ein Student Willner, aus Znaim in Mähren stammend, 20 Jahre alt, Hörer der Rechte und wegen seiner Beliebtheit und seines Einflusses bei den Arbeitern allgemein der Arbeiterkönig genannt. „Er besass einen für sein Alter bewundernswerthen Scharfblick, ein wahrhaft geniales Organisationstalent, natürliche, ausgezeichnete, zum Innersten der Seele dringende Volksberedtsamkeit voll Gefühl und Kraft und das beste, trefflichste Herz. Er

dachte Tag und Nacht nur an die Befestigung und
Sicherung der Freiheit und an seine Arbeiter, für die
er in jedem Augenblicke sein Leben gelassen hätte.
Er war nicht zu nachsichtig gegen sie, und doch
liebten und ehrten sie diesen Jüngling wie ihren
Vater, denn er war gerecht. Oft wenn er die Arbeiter
strenge tadelte und doch bei jedem strafenden Worte
seine Liebe und Theilnahme für sie hervorleuchtete,
da vergossen die Wüthendsten Thränen und ver-
sprachen ernstlichst Ruhe, Ordnung und Fleiss, und
dann konnte er sich selbst nicht mehr halten und
mitten unter ihnen trat ihm das Wasser in die Augen.
Er leitete die Arbeiter wie seine Kinder, und viele
folgten ihm fast unbedingt. Oft donnerte er gegen
sie, aber überall war er auch ihr Schützer und
wärmster Vertheidiger. Dieser zwanzigjährige Willner
war in socialer Beziehung eine der Hauptpersonen der
Wiener Revolution, denn von ihm gingen fast alle
wichtigen Pläne aus, die bezüglich der Arbeiter ins
Leben traten. Nur während des Bestandes des Sicherheitsausschusses zeigte er seine hohe Thätigkeit und
geistige Kraft, dann zog er sich wieder wie früher
bescheiden zurück, und man hörte fast nichts mehr
von ihm, denn ihm war es nicht darum zu thun, aus
Eitelkeit oder Egoismus eine Rolle zu spielen, und
sein Herz war fast gebrochen, da er ungeachtet aller
Anstrengung sein Ziel: das Glück, die Freiheit und
die Hebung des Proletariates nicht erreicht hatte.''

Diese Charakteristik des Studenten Willner aus
der Feder eines der hervorragendsten Radicalen der
Wiener Revolution und Mitglieder des Sicherheitsausschusses stammend,[7]) ist sie nicht zugleich eine

Charakteristik des Sicherheitsausschusses selbst? Viel
Begeisterung, viel guter Wille und Entschlossenheit,
wenig praktische Einsicht und keine Klarheit.
Schon Ende Mai bildete sich aus je 7 Mitgliedern des
Sicherheits- und des Gemeindeausschusses ein „Arbeitercomité", welches sich zum Grundsatze gemacht hatte:
1. Die Beschäftigung und Sorge für den Lebensunter-
halt der arbeitenden Massen; 2. im Nothfalle Vorschlag
von Bauobjecten und Betreibung ihrer Angriffnahme;
3. Vertheilung der Arbeitskräfte im Einverständnisse
mit der bauleitenden Behörde; 4. zweckmässige Verwendung der Arbeiter nach ihrer speciellen Befähi-
gung und 5. Einleitung zeitgemässer Massregeln, um
das Zuströmen der auswärtigen Arbeiter möglichst zu
hemmen.

Von diesen Absichten wurde wenig verwirklicht.
Das Arbeitercomité beabsichtigte auch auf den Arbeitsplätzen gemeinsame Wohnhäuser und grosse Gemeinküchen für die Arbeiter zu errichten. Thatsächlich
wurden in der Nähe der Arbeitsplätze Bretterbarraken
als eine Art Massenquartiere errichtet und die Nahrungsmittel gemeinsam bestritten, aber so viel uns
bekannt, auf die eigene Initiative der Arbeiter und
nicht auf die des Comités. Das Comité setzte sich auch
mit der Regierung wegen Ueberlassung von Arbeiten
an die Arbeitslosen bei den Bahnbauten am Semme-
ring, bei den Heereslieferungen u. s. w. in Verbindung
Es wurden ihm auch Versprechungen aller Art gemacht, aber nicht eingelöst.

Neben dem Sicherheitsausschusse und Gemeindeausschusse spielte das Ministerium der öffentlichen
Arbeiten, seit den Maitagen eingesetzt, eine blosse

Statistenrolle. Der Hofrath Andreas v. Baumgartner, welcher dieses Portefeuille hatte, hat weder vorher noch nachher einen anderen Eindruck als den eines durchaus mittelmässigen Kopfes gemacht, den der Zufall der Carrière an einen Platz setzte, so reich an Pflichten, Verantwortung und socialen Aufgaben. Nach Arbeit riefen tausende Kehlen, hier waren die Werkstätten verwaist, dort drängten sich Schaaren Müssiger und Hungernder zu den öffentlichen Arbeiten, aber nirgends herrschte ein weiser Geist, eine ordnende Hand. Das Arbeitsministerium begnügte sich zu thun, was auch der Sicherheitsausschuss und der Gemeindeausschuss that — es schickte die Leute zu den nutzlosen Erdarbeiten in den Prater, am Tabor und bei der sogenannten Wienflussregulirung. Kein Wunder, wenn sich in Folge dieser plan- oder geistlosen Politik die Zahl der bei den öffentlichen Arbeiten Beschäftigten erschreckend mehrte. Anfangs Mai betrug die Zahl derselben 6000 bis 7000, Ende Mai bereits über 20.000.[8])

Eine solche Erscheinung war natürlich nicht geeignet, irgend einem Theile der producirenden Kreise aus dem Zustande tiefster Zerrüttung aufzuhelfen. Es ist eine unbestrittene Thatsache, dass nicht allein die mangelnde Nachfrage die ganz abnorme Stagnation in Industrie und Handel in den Sommermonaten des Jahres 1848 herbeiführte, sondern weit mehr der Mangel an Arbeitskräften.[9]) Alles rannte zu den öffentlichen Bauten und gab sich dort lieber mit 25 kr. zufrieden, statt bei schwerer Fabriksarbeit 30 oder 40 kr. zu verdienen.

Am härtesten traf dieses schwindende Angebot von Arbeitskraft natürlich wieder die Handwerks-

meister und die kleinsten unter ihnen. Die Gewerbe-
stockung nahm in diesem Kreise erschreckend überhand, und es verging fast keine Sitzung des Gemeindeausschusses, in welcher nicht Handwerker um com-
munale Beiträge zur Weiterführung ihrer Gewerbe
angesucht hätten. Anfangs Mai gab der Kaiser
100.000 fl. zur Auslösung der Pfänder in den Wiener
Versatzämtern her; unter dem Kleinbürgerthum riss
eine furchtbare Verarmung ein. Dazu stiegen die Brot-
und Fleischpreise, man schrie über Gewichtsver-
kürzung durch die Bäcker, über Missachtung der
Zuwagsvorschriften bei den Fleischhauern, man sprach
davon, dass sich Bäcker und Fleischer auf Kosten
der armen Consumenten bereichern wollten; wenn aber
nicht alles trügt, befanden sich die Fleischer selbst in
der bedrängtesten Lage, war unter ihnen selbst die
Massenverarmung eingerissen.[10]) Der Gemeindeausschuss
ward mit Petitionen überschüttet, die Brot- und Fleisch-
satzung aufzuheben, allein er wagte es nicht, daran zu
rühren und vielleicht noch ein Gewerbe in den Abgrund
zu stossen.

Die Verhandlungen des Gemeindeausschusses beweisen, dass in dieser Körperschaft genug Leute die
richtige Ahnung hatten, dass der Brennpunkt der
socialen Frage in der vor ihren Augen sich abspielenden Proletarisirung des Handwerkerstandes liege;
diesen Leuten fehlte es auch nicht an der Einsicht
in die Mittel, welche diesen Process verhindern konnten,
allein, es gebrach ihnen am Muthe, ihre Ansicht gleich
unerschrocken den reactionären Wünschen des einen,
den radicalsten Anschauungen des anderen Theiles der
Handwerkerschaft entgegenzusetzen.

Der alte Kampf der franciscinischen Epoche zwischen Zünftlerthum und Gewerbefreiheit, der unter der Asche immer fortgeglommen, schlug wieder zu hellen Flammen empor. Es ist einer der grössten Irrthümer, in dem sich die Chronisten des Jahres 1848 allesammt befinden, anzunehmen, dass die Forderung nach Aufhebung des Zunftwesens und Freigebung der Gewerbe eine so populäre und allgemeine gewesen sei, dass sie gar keinen Widerspruch gefunden hätte. Es wäre ganz unnatürlich gewesen, wenn dieselben Leute, welche noch in der Mitte der Dreissigerjahre alle Hebel in Bewegung gesetzt hatten, um eine neue, vollkommene Sperre des Gewerbes beim Kaiser zu erwirken, nun auf einmal für Aufhebung der Zünfte und für unbedingte Gewerbefreiheit geschwärmt hätten. Es war auch gar nicht zu erwarten, dass die Besitzer zünftiger Gewerbe für die Freigebung des Gewerbes sich begeistern sollten. Der Besitz eines solchen Gewerbes war ja ein Vermögen, welches der Frau oder den Kindern vererbt, welches verkauft oder belehnt werden konnte, und die Freigebung des Gewerbes kam daher factisch einer Enteignung des einen Theiles der Gewerbetreibenden selbst gleich. Der Ruf nach Gewerbefreiheit kam von dieser Seite niemals. Dieser Ruf ging ausschliesslich von den höheren Classen der Gesellschaft, welche der liberalen Doctrin huldigten, von den Industriellen, der Intelligenz und von den durch die Zunft behinderten und tyrannisirten Arbeitern, vor allem aber von den ausser der Innung stehenden Gewerbetreibenden aus. Die Gegner der Zünftelei bildeten zwar die erdrückende Majorität, aber die Gegner der Gewerbefreiheit waren die eigentlichen autochthonen Vertreter des Gewerbes selbst, das „grundgesessene Wienerthum" wie man zu sagen pflegt, und das ist im Auge zu behalten für das Verständniss der politischen Vorgänge des August und des October. Das zünftige Bürgerthum bog in dem Augenblicke, wo die liberale Doctrin in Gewerbefragen unüberwindlich schien, vom revolutionären Wege ab, und schloss sich dem Strome der durch die Ereignisse des März und Mai Enttäuschten an. Dieser Zuwachs war aber für die Gegenrevolution um so gewichtiger, als er mit dem Zuwachs eines grossen Theiles der Nationalgarde identisch war.

Der Gemeindeausschuss wagte, wie gesagt, nicht in dieser heiklen Frage offen Farbe zu bekennen und wälzte die Last auf den künftigen Reichstag ab. Er beschloss am 27. Juni [11]) zunächst eine Art Enquête über die Frage der Reorganisation der Zünfte und Innungen zu veranstalten, bei welcher den Innungen, Gremien, sowie den gewerblichen Arbeitern Gelegenheit geboten werden sollte, ihre Ansichten und Wünsche auszusprechen; die allenfalls wünschenswerthen Abänderungen der Gewerbegesetzgebung sollten dann in einem Gesammtelaborate dem Reichstage unterbreitet werden. Der Gemeindeausschuss hatte jedoch das Pech, den reactionären Elementen ebenso wenig Vertrauen einzuflössen, wie den radicalen. Die Zünftler scherten sich nicht um den Gemeindeausschuss und vereinigten ihre Petitionen bei einem eigens ins Leben gerufenen „Central-Gremiums- und Innungscomité" in Wien, [12]) welches dem Reichstage eine gegen die Freigebung der Gewerbe gerichtete, die gänzliche Abschaffung des Hausirhandels und Aufhebung der bisher frei-gegebenen Beschäftigungen fordernde Generalpetition überreichte. Fast gleichzeitig liefen an den kaum noch constituirten Reichstag ähnliche, auf die Erhaltung des Innungswesens, die Beschränkung des Zwischenhandels u. dgl. abzielende Massenpetitionen aus Salzburg,[13]) Oberösterreich[14]) und aus Brünn[15]) ein, wo am 26., 27. und 28. Juli ein von Gewerbetreibenden Mährens, Schlesiens, Böhmens und Galiziens beschickter Gewerbetag sich versammelt hatte. Es ist gewiss kein Zufall, dass diese zünftlerische Bewegung zur selben Zeit (15. Juli bis 15. August) auch ausserhalb Oesterreichs auf dem in Frankfurt a. M. tagenden und aus ganz Deutschland beschickten „Congress deutscher Handwerker" zum kräftigen Durchbruch kam. An die Nationalversammlung wurde eine Adresse gerichtet, welche von reactionären Forderungen strotzte: Einschränkung der Concurrenz im Inneren durch unbedingtes Verbot des Hausirhandels mit Handwerkserzeugnissen und durch ausschliessliche Berechtigung des Handwerkerstandes zum Handel mit seinen Erzeugnissen; Einschränkung der Concurrenz nach aussen durch Auflage hoher Einfuhrzölle auf ausländische Gewerbeerzeugnisse, Ausfuhrzölle auf Rohproducte, die in Deutschland selbst benöthigt werden, Ausfuhrprämien für Handwerksartikel, Beschränkung der Zahl der Fabriken u. s. w.

Das Frankfurter Parlament that mit der Adresse des Handwerkercongresses dasselbe, was der constitutionirende Reichstag in Wien mit den an ihn gerichteten Gewerbepetitionen that; sie wurden ad acta gelegt. Aber damit war die Frage nicht aus der Welt geschafft, und Klarsichtigeren konnte es nicht ent-

gehen, dass durch diese Frage sich ein neuer Herd
der Reaction in den Reihen der Bürger gebildet habe.
Wohl fehlte es auch nicht an positiven Bestrebungen,
die Gewerbefrage im fortschrittlichen Sinne, auf dem
Wege freier Association oder durch eine eingreifende
Reformarbeit zu lösen, allein die Versuche waren ver-
einzelt und misslangen zum grössten Theile, trugen
wohl auch schon bei der Geburt den Keim des Miss-
lingens in sich. Von diesen Versuchen einer socialen
Reform des Gewerbestandes verdient einer ganz besonderer Erwähnung, nicht nur wegen der Person,
von welcher der Plan ausging, und welche im September fast die Veranlassung zu einem blutigen Eclat
geworden wäre, auch wegen der Idee selbst, welche
diesem Projecte zu Grunde lag.

Gegen Ende April erschien im Centralcomité ein
kleines, blasses, buckliges Männlein von ungefähr
50 Jahren; er nannte sich August Swoboda und soll
ein zugrunde gegangener Uhrmacher gewesen sein. Er
entwickelte vor dem Präsidenten des Centralcomités
einen Plan, durch dessen Verwirklichung er der allgemein einreissenden Verarmung der kleinen Fabrikanten und Handwerksmeister einen Damm setzen
wollte. Swoboda erklärte, dass es zu spät sei, den
Arbeitslosen ein Almosen zu geben; es sollte vielmehr
die Arbeitslosigkeit so viel als möglich verhindert
werden, indem den Arbeitgebern die Möglichkeit
verschafft würde, ihren Geschäftsbetrieb aufrecht zu erhalten. Er wolle daher eine Leihanstalt errichten,
welche kleinen Fabrikanten und Meistern bloss auf
Bürgschaft ihres Fleisses hin eine bestimmte, in Raten
rückzahlbare Summe auf eine gewisse Zeit vorstrecken

sollte, und zwar ohne Zinsen, gegen blosse Entrichtung einer Schreibegebühr, durch welche die Regieauslagen gedeckt werden sollten. Zu diesem Zwecke sollte die Leihanstalt so viele Anweisungen auf einen bestimmten Einheitsbetrag (50 oder 100 fl. C.-M.) anfertigen, als Häuser in Wien sind, jede von diesen Anweisungen von je einem Hausbesitzer als Bürgen unterfertigen und den Betrag auf dessen Haus intabuliren lassen. Die Staatsverwaltung oder Regierung sollte einerseits die Hausbesitzer dazu verhalten, dass sie die Bürgschaft für je eine solche Anweisung übernehmen, andererseits durch ein Gesetz diese Bons als ein vom Staate anerkanntes Tauschmittel gleich dem Gelde erklären, welches an Zahlungstatt anzunehmen jeder Staatsbürger verpflichtet sein sollte.[16])

Swoboda, der mit seinen fünfzig Jahren dennoch ein echter Feuerkopf gewesen sein mag, war überzeugt dass aus dieser Operation für die Gewerbetreibenden, unendlicher Segen und für die Hausbesitzer keine Gefahr entspringen werde, da jeder, der ein Darlehen erhalte, es sicher und ehrlich zurückzahlen werde. Daran dürfe man umsoweniger zweifeln, als der Fleiss des Schuldners bei Aufnahme einer Anweisung durch Bürgen nachgewiesen sein müsse, und da durch die interesselose Unterstützung das Geschäft des Betreffenden unfehlbar aufblühen müsse. Man dürfe nicht auf das hinweisen, was früher einmal war; früher hätten sich die Leute durch Schulden nur um so tiefer ins Elend gebracht, weil sie Zinsen dafür zahlen mussten. Ohne Zins ständen sie mit den reichen Unternehmern auf gleicher Stufe und würden ebenso wenig wie diese zugrunde gehen. Sollte übrigens dennoch

der ihm ganz unmöglich scheinende Fall eintreten, dass
entliehene Gelder nicht zurückgezahlt würden, so meinte
Swoboda, wären die Armeninstitute — welche durch
das Leihinstitut ausserordentlich viel ersparen würden
— berufen, den gewiss nur unbedeutenden Ausfall der
Leihanstalt zu decken. Die Intervention des Staates,
die Bürgschaft der Hausbesitzer, die grundbücherliche
Einverleibung und endlich der Zwangscours der Bons
sei nur deshalb nöthig, um der Anstalt und den von
ihr emittirten Papieren allgemeinen Credit zu geben
und sie so zu grossen, wohlthätigen Actionen zu be-
fähigen.

Die Galerien klatschten dem Vortrage Swoboda's
stürmischen Beifall, das Centralcomité wies ihn aber
mit seinem Projecte an den Magistrat; dieser wies
Swoboda gleichfalls ab und verwarf seinen Plan als
unpraktisch.

Wir glauben, der Magistrat habe daran sehr wohl
gethan, allein damit ist der kleine, blasse, bucklige
Swoboda für die Geschichte doch noch nicht abgethan.
Die Aehnlichkeit der Swoboda'schen Leihanstalt mit
der Proudhon'schen Volksbank (Banque du Peuple)
springt grell in die Augen. Die Anweisungen Swoboda's wären trotz der Intervention des Staates und
des Leihinstitutes nichts anderes gewesen, als die
Arbeitsbons der Proudhon'schen Bank, ein directer
Austausch von Product gegen Product. Wie bei Proudhon, war es auch hier nicht auf eine blosse Creditgelegenheit abgesehen, sondern direct darauf, dem
Capital seine Rentenfähigkeit zu nehmen und es dadurch aus der individuellen Occupation zu reissen und
zu einem Allen frei zugänglichen Collectivgut der Ge-

sellschaft zu machen. Man vergesse nicht den Zeitpunkt, in welchem Swoboda mit seinem Plane hervortrat. Es war die Zeit der grossen Versammlung, welche
den Nachlass des Hauszinses forderte, die Zeit, in
welcher man die Entrichtung eines Miethzinses nicht
nur praktisch verweigerte, sondern auch theoretisch,
als etwas nicht zu Recht bestehendes, als eine Ausbeutung des Volkes durch die reichen Hausbesitzer
hinstellte. Swoboda hat von dieser Stimmung zu profitiren gesucht und die Durchführung seiner Leihanstalt an das Giro der Hausherren geknüpft; aber das
war nicht wesentlich, im Grunde wäre die Durchführung seines Projectes mit der Vernichtung der
Rente und des Zinses überhaupt gleichbedeutend gewesen, und das ist es, was vor allem an Proudhon erinnerte.

Woher aber hatte Swoboda die Anregung zu seiner
Idee geschöpft? Aus den Schriften Proudhon's? Möglich!
An eine directe Entlehnung von Proudhon ist jedoch schon
deshalb nicht zu denken, weil dieser seinen Versuch
einer Banque du Peuple erst volle zehn Monate später,
im Februar 1849 machte; selbst die Agitationsschriften,
welche Proudhon seinem Unternehmen voranschickte,
fallen in eine spätere Zeit als die ist, in welcher Swoboda mit seinem ersten Projecte hervortrat, und es
ist ausserdem mehr als fraglich, ob diese Schriften
und Artikel, welche zumeist im „Réprésentant du
Peuple" erschienen, jemals in Wien gelesen wurden.

Es ist also sicher, dass Swoboda, wenn er schon
im Allgemeinen mit den Gedanken Proudhon's vertraut war, diese doch aus den ihn umgebenden Verhältnissen heraus in ganz unabhängiger, selbständiger

Weise entwickelte, so dass wir zuletzt den grossen Meister auf einer Bahn sehen, die sein gelehriger Schüler schon zehn Monate früher in Wien betreten hatte. Und wer war dieser merkwürdige Mann, der auf dem Pflaster von Paris vermuthlich ein führender Geist der Revolution, eine Berühmtheit ersten Ranges geworden wäre? Die Geschichte kennt ihn nicht, die geschwätzigen Chronisten des Jahres 1848 wissen von ihm nicht mehr als den Namen, und es wird wohl nie mehr mit voller Sicherheit zu eruiren sein, welches seine Vergangenheit war. Im Herbste tauchte er mit einem neuen socialpolitischen Projecte auf und wurde der mittelbare Anlass zu den Septemberunruhen, dann verschwand er vollständig von der Bildfläche.

Auch auf dem Wege der societären Wirthschaft strebte ein Theil der Handwerker sich selbst vor dem Ruine zu bewahren. Die Tischler hatten unter der Führung Franz Schneider's eine Association gegründet und in der Bäckerstrasse eine grosse Vereinsniederlage eröffnet, in welcher 270 Tischler ihre Waaren ausstellten. Dürftigeren Mitgliedern wurden die Rohstoffe angekauft. Die Mittel von 3000 fl. zur Gründung dieser Niederlage streckte ein Menschenfreund, ein Herr Leistler, dem Schneider zinsenfrei vor; die Verkaufshalle hat in den ersten Jahren einen Geschäftsumsatz von 170.000 bis 200.000 fl. gehabt; sie hat also glänzend florirt, die Wirren der Windischgrätz'schen Revolution sogar überdauert und hat zahlreichen Gewerbetreibenden über eine schwere Zeit hinausgeholfen.[17]) Es war dies die erste Erwerbs- und Wirthschaftsgenossenschaft Oesterreichs und eine der ältesten Rohstoff- und Verkaufsgenossenschaften in deutschen Landen

überhaupt. Ob ihr Beispiel und ihr Erfolg in Wien selbst
während des Jahres 1848 Nachahmung weckte, ist uns
leider unbekannt. Neben der Gewerbefrage und mehr noch als diese
stand die Arbeiterfrage, oder richtiger gesagt, die Frage
des Massenproletariates im Vordergrunde des öffentlichen Interesses. Die Zustände, welche allmählich, besonders aber angesichts des Sieges des Proletariates
unter den Arbeitern bei den öffentlichen Erdarbeiten
einrissen, zeigten, wie die staatliche Fürsorge, welche
die anerkannten Grenzen der Armenpflege überschreitet,
unbedingt das Gegentheil dessen, was sie erreichen
will, herbeiführt. Den Satz, dass aus der Anerkennung
des Rechtes auf Arbeit, mit eherner Consequenz die
des Rechtes auf Faulheit folge, demonstrirten die
Wiener Erdarbeiter ohne Philosophie und Socialwissen-
schaft auf praktischem Wege schon vierzig Jahre vor
Lafargue. Es ist eine vollkommen unbestrittene und
auch von den eifrigsten Freunden der Arbeiter nicht
geleugnete Thatsache, dass bei den öffentlichen Arbeiten die ärgste Demoralisation einriss. Die zweck-
lose Arbeit war an und für sich nicht geeignet, den
Eifer anzuspornen, die Controle, meist von jungen
Technikern ausgeübt, war natürlich eine äusserst laxe,
und, wie die Dinge standen, hätten sich die ans Nichtsthun
gewöhnten Arbeiter auch um die strengste Controle
nicht gekümmert. Die Arbeitsstätten wurden eigentlich Stätten des Nichtsthuns und der Ausgelassenheit.
Das „freie Leben", welches da geführt wurde, reizte
— wie schon mehrfach erwähnt — die Leute, massenhaft ihre gewerbliche oder Fabriksarbeit zu verlassen
und zu den öffentlichen Arbeiten zu gehen, um hier

nichts zu machen. „Diese aus ihren Diensten Ent-
laufenen waren eingefleischte Nichtsthuer. Sie brachten
die furchtbarste Unordnung hervor, denn nicht nur,
dass sie gar nichts, absolut nichts arbeiteten, wobei
sie erklärten, dass sie sich ihre Hände nicht verderben
könnten, da sie sonst in der Zukunft für ihr Gewerbe
für immer untauglich würden, so erwachte in ihnen
auch bald wieder die Sehnsucht nach ihrem früheren
grossen Lohn, und sie murrten über die ganze gesellschaftliche Einrichtung und verbreiteten überall Miss-
vergnügen, ja sie neckten, ja sie drohten sogar jenen
mit Prügeln, welche arbeiten wollten. Wenn man zur
Zeit des Einflusses dieser Leute auf die Arbeitsplätze
im Prater oder beim Bründlfeld in der Währingergasse
kam, so entsetzte man sich wirklich über den Anblick,
der sich darbot. Fast alles stand in Gruppen und ver-
trieb sich die Zeit mit Gesprächen. Hin und wieder
sassen welche in guten Kleidern mit einem Buche in
der Hand, und wehe dem Aufseher, der sie zur Arbeit
hätte anhalten wollen. In den benachbarten Schenken
waren stets eine Menge, welche tranken und Karten
spielten. Den Arbeitern selbst wurde endlich dieser
Zustand unerträglich, denn das Herumstehen durch
die ganze Woche war ihnen zu langweilig und viele
fragten, warum man sie nicht lieber gehen liesse und
ihnen bloss täglich die 25 kr. gebe, da ohnehin nichts
gearbeitet werden könne, indem sie die Anderen nicht
arbeiten liessen." Dies eine Schilderung der Zustände
aus der Feder des erzradicalen Violand. [18])

Nach und nach fasste das Proletariat die öffentlichen Arbeiten gar nicht anders mehr auf denn als
einen Prätext auf Kosten des Staates, oder besser ge-

sagt der Commune Wien — denn sie trug die Kosten
der öffentlichen Arbeiten — zu leben. Ja, man kam
sogar auf den Einfall, ein gutes Geschäft zu machen,
indem sich zahlreiche Personen an verschiedenen
Orten zugleich zur „Arbeit" eintragen liessen und
mehrfachen Taglohn bezogen. War eine solche moralische Verkommniss und Verlotterung der arbeitenden
Classen schon an und für sich zu beklagen, so bildeten
diese herumlungernden und herumstreifenden, ewig
über die politischen Verhältnisse raisonnirenden Trupps
von Müssiggängern auch eine ernste Gefahr für die
Ruhe und Ordnung der Stadt; und in der That rissen
die zeitgemässen Katzenmusiken nicht ab; schon Anfangs
Juni kamen ernstliche Ruhestörungen häufig vor, und
Plünderungen bei Bäckern, Fleischhauern und anderen
Lebensmittelhändlern kamen auf die Tagesordnung.[14])
Diese Gefahr wurde noch erhöht durch den massen-
haften Zuzug fremder Arbeiter aus der Provinz, welche
gekötert durch den im Vergleiche mit ihren Löhnen
verlockenden Lohn von 25 kr., zu Tausenden nach
Wien kamen und hier das stärkste Ferment unter den
Arbeitermassen bildeten.

Der Gemeindeausschuss, welcher die Wirkungen
dieser Zustände auf die städtischen Finanzen am
schwersten empfand, erklärte daher schon am 30. Mai,
dass die Gemeinde nur für die heimischen Arbeiter,
aber nicht auch für die fremden zu sorgen verpflichtet
sei und genehmigte einen Antrag, welcher auf die
Ausweisung aller fremden Arbeiter abzielte. Rück-
wirkende Kraft auf die bereits zugewanderten und
aufgenommenen Arbeiter sollte dieser Beschluss nicht
haben, indes suchte man auch diese Elemente durch

die Gewährung eines ansehnlichen Reisegeldes zur
Rückreise in ihre Heimat zu bewegen.

Diese Verfügungen des Gemeindeausschusses hatten
aber ebenso wenig Wirkung, wie eine Massregel des
Sicherheitsausschusses, durch welche derjenige, der
seinen Arbeitsherrn ohne zulänglichen Grund verliess,
um sich bei den Erdarbeiten zu melden, mit einer
Strafe bedroht wurde. Der Sicherheitsausschuss ver-
schloss sich überhaupt dem Ernste der durch die
Uebermassen müssiggehender Arbeiter geschaffenen
Lage keineswegs, aber er war zu schwach, um ernstliche Mittel zur Abhilfe zu finden. Gleich dem Gemeindeausschusse hatte auch er von allem Anbeginne
die Meinung vertreten, entweder müssten für die
fremden Arbeiter die Provinzen aufkommen, oder dieselben müssten Wien verlassen. Die Dominien wurden
angewiesen, Arbeitern, welche nach Wien zu ziehen
beabsichtigten, die Pässe zu verweigern. Der Sicherheitsausschuss hatte auch wiederholt beschlossen, sich
an die Handwerker und Fabrikanten in den Städten
und an die Landwirthe zu wenden und sie aufzufordern, wenn sie Arbeiter brauchten, an das Arbeitercomité heranzutreten; Personen, die sich weigerten,
eine solche industrielle oder landwirthschaftliche Arbeit
anzunehmen, sollten von den Erdarbeiten ausgeschlossen
werden und keine Unterstützung erhalten. Die Durchführung dieser wohlgemeinten Massregeln war aber
zum Theile schon durch den ganzen Apparat ausgeschlossen, und auf der anderen Seite hatte der Ausschuss nicht Macht und Muth genug, um diese Ausführung missliebiger Massregeln unter den Arbeitern
wirklich durchzusetzen. Er war wohl der Dictator der

Arbeiter, aber seine Herrschaft über diese Classen erinnerte sehr an das alte Scherzwort: „Ich habe Einen gefangen, aber er lässt mich nicht los!" Der Sicherheitsausschuss war der Niederschlag des Sieges der radicalen Partei, und die Armee dieser Partei, welche die Schlachten des Mai geschlagen, waren die Arbeiter. Auf die Zusammenhaltung dieser Armee mussten die Radicalen eifersüchtig achten, und als die Regierung für den italienischen Krieg die Werbetrommel rührte und neben den Aufnahmebuden am Glacis, wo man sich zu den Arbeiten meldete, auch eine Werbebude für Italien aufschlagen liess, da bemühte sich consequenterweise eben derselbe Sicherheitsausschuss, der den Zuzug fremder Arbeiter zu verhindern suchte, nunmehr mit allen Kräften der Ueberredung die Arbeiter davon abzuhalten, dass sie sich auf den italienischen Kriegsschauplatz verlocken, als „Kanonenfutter" missbrauchen lassen. Damit begab sich selbstverständlich der Ausschuss seiner Unabhängigkeit.

Es liegt sehr nahe, dass es an Ideen zur Verbesserung des Loses dieses Lumpenproletariates, das sich da auf den Glacien und Strassen herumtrieb, nicht fehlte. Vernünftige neben aberwitzigen und tollen Einfällen tauchten in der Presse und in Flugblättern auf. Der Gedanke, die Arbeiterfrage durch Gewinnstbetheiligung zu lösen, findet sich in der Wiener radicalen Presse des Jahres 1848 wiederholt. Versuche scheinen damit keine gemacht worden zu sein. Ein Steckenpferd der Wiener „Socialreformer" des Jahres 1848 waren die sogenannten „Gemeinöfen", eine Art Verpflegs- und Verköstigungsgenossenschaft, welche in Schottland von den Besitzern der Factoreien zu Gunsten

ihrer Arbeiter verwirklicht worden waren, eine Einrichtung, die sich vielleicht aber auch die Gemeinküchen der Prager Juden zum Muster genommen haben
dürfte. Mehrere Arbeiterfamilien sollten einen Verein
bilden, um die Nahrungsmittel zu en gros-Preisen zu
kaufen und gemeinsam zu verkochen. Bei den Erdarbeiten waren diese „Gemeinöfen" thatsächlich eingerichtet und bewährten sich. Ob auch in Fabriken
etwas Aehnliches zu Stande kam, ist uns unbekannt.
Auch die Idee der Productivgenossenschaft wurde
zur wirthschaftlichen Hebung der Erdarbeiter vor-
geschlagen. Ein gewisser Wild empfahl die Gründung
eines Institutes, bestehend aus einer Anzahl von Erd- und
Bauarbeitern, einigen technisch und mercantil gebildeten
Personen, welches durch ein bedeutendes Anlagecapital
in den Stand gesetzt werden sollte, als Bauunternehmer
aufzutreten. Die aufgeführten Bauten sollten „Instituts-
schatz" bleiben und die einlaufenden Zinsen verwendet
werden, um die Mitglieder des Institutes zu erhalten
und mit Wohnung und Kost zu versorgen, um neue
zinstragende Bauobjecte in Angriff zu nehmen und
neue Mitglieder in das Institut aufnehmen zu
können.

Neben solchen allenfalls discutablen Vorschlägen
kamen auch die absonderlichsten heraus. Es war ein
Mitglied des Sicherheitsausschusses, welches auf die
Idee verfiel, die arbeitslosen Fabriksarbeiter in ihrem
Fache zu beschäftigen und den hierdurch entstandenen
Waarenvorrath durch eine Lotterie im Auslande ab-
zusetzen. Der Gemeindeausschuss, welcher natürlich die
Kosten dieses Experimentes zu tragen gehabt hätte,
lehnte den Vorschlag als undurchführbar ab.

Ein Beamter, Namens Abl, machte den Vorschlag, Armencolonien, nach dem Beispiele der holländischen zu Drenthe, Friesland, Overyssel u. a. zu gründen. Der Staat solle das bisher noch nicht rationell bewirthete, aber bebaubare Land mittelst 5%iger Hypothekarnoten ankaufen und Arbeitslosen als Colonisten übergeben. Dieselben hätten binnen zehn Jahren, während welcher sie steuerfrei wären, das Capital sammt einer 5%igen Verzinsung zurückzuzahlen.

Der Setzer Hillisch, einer der wenigen Arbeiter, welche im Jahre 1848 eine führende Rolle spielten, empfahl dringend die Errichtung eines „communalen Pensionates für Arbeiterinnen", ein sehr an das Phalanstère erinnerndes Institut, obwohl Hillisch kaum mit den Ansichten Fourier's vertraut gewesen sein dürfte.

Es zeigen aber all die genannten Vorschläge einen mehr oder weniger socialistischen oder collectivistischen Grundgedanken, ein Gedanke, der sicherlich kein Import war, sondern aus den socialen Verhältnissen von selbst natürlich emporgesprossen war. Es waren dieselben Erscheinungen wie die des französischen Socialismus, aber in einem viel früheren Entwickelungsstadium. Dass die socialistischen Keime in Oesterreich nicht zu der unheimlichen Höhe des französischen Socialismus gediehen, war vorzüglich zwei Umständen zu danken.

Fürs Erste absorbirte das politische Interesse, die Schaffung des Rechtsstaates die führenden Geister der Revolution derartig, dass sie an die Einrichtung eines Wohlfahrtsstaates noch gar nicht denken konnten, während die Arbeiter selbst den Ideenschatz der

Revolution in keinerlei Weise zu bereichern in der
Lage waren.

Der wichtigere Grund dafür, dass der Socialismus
in Wien nicht mächtiger in die Halme schoss, war
wohl der, dass die unselige Kluft des Classenhasses
zwischen Bürgerthum und Arbeiterschaft sich in jener
Zeit noch nicht aufgethan hatte. Die Arbeiter überliessen sich fraglos und unbedingt vertrauend der
Führung der Studenten und demokratischen Bürgerschaft, und liessen sich darin durch die grossdeutsche
Nebenströmung nicht irre machen, während Bürger
und Studenten in der ehrlichsten, selbstlosesten und
opferwilligsten Weise für ihre Brüder Arbeiter sorgten
und auf Mittel zur Verbesserung ihrer Lage sannen.
Die Arbeiter und die Studenten bildeten eine rührende
Waffengemeinschaft; im September, als ein Angriff
des Militärs auf die Legion unvermeidlich schien,
stellten sich die Arbeiter vor die Studenten, um diese
mit ihren Leibern zu decken. „Wenn Unsereins fällt,
ist's kein Schade," sagten sie, „aber um die braven
jungen Herren Studenten, denen wir die Freiheit zu
verdanken haben, wäre es ewig schade." Hatten die
Arbeiter der Bewegung des Bürgerthums durch ihr
Auftreten erst Nachdruck verliehen, so dankte es ihnen
die bürgerliche Demokratie, indem sie ihnen mit
grosser Hartnäckigkeit die Gleichheit der politischen
Rechte und vor allem das Wahlrecht erwirkte, indem
sie einen Staat auf der breitesten, volksthümlichsten
Grundlage zu schaffen bereit war, in welchem nach
ihrer Meinung für das sociale Elend der unteren
Classen kein Platz mehr gewesen wäre. Die Wahnidee,
dass die Interessen des Arbeitsgebers und des Arbeits-

nehmers unter allen Umständen einander ausschlössen,
war damals noch nicht den Köpfen der Arbeiter ein-
geimpft, die Gesellen sahen vielfach von der strengen
Forderung einer Lohnerhöhung ab, ja willigten sogar
ruhig in Lohnverminderungen, weil sie einsahen, dass
die Meister nicht in der Lage wären, bei höheren
Löhnen den Betrieb fortzusetzen, und dass die wirthschaftliche Existenz ihrer Meister mit der ihrigen
aufs engste verknüpft sei.

Die Mairevolution hatte allerdings in einem Theile
der Bürgerschaft eine unüberwindliche Furcht vor den
Arbeitern hervorgerufen und unter dem Eindrucke
dieser Ereignisse war es auch, wo der Geselle Sander
in die poetische Klage ausbrach:

> Wie lang hat Deutschland erst gerungen,
> Von Nacht und Druck sich zu befrei'n;
> Nun ist es endlich denn gelungen,
> Wir könnten froh und glücklich sein.
>
> Doch kaum zum Leben auferstanden
> Vom Leibes- und vom Geistestod,
> Umfängt man uns mit neuen Banden,
> Vergebens rufen wir nach Brot.
>
> Wir haben fröhlich ausgegeben
> Den letzten Kreuzer für den Wein,
> Bei dem wir jubelnd liessen leben,
> Den ersten Freiheits-Sonnenschein.
>
> Nun kann man uns nicht weiter nützen,
> Arm, ohne Arbeit, heisst es: „fort!"
> Und keine Hand will uns beschützen,
> Für uns giebt's keinen Heimatsort.
>
> Wird denn dem Armen nie erscheinen
> Ein Tag zu mindern seine Noth?
> Wie, sollten wir denn ewig weinen,
> Giebt's denn für uns kein Morgenroth?!

11*

Allein, Sander selbst — gewiss der bedeutendste
Mann, den die Arbeiterbewegung des Jahres 1848 in
Wien ans Licht gebracht hatte — war nicht ein Ver-
treter des Classenhasses und Classenkampfes, und das
Gros der Arbeiterschaft wäre auch gar nicht in der
Lage gewesen, den Kampf gegen die Bourgeoisie auf-
zunehmen. Dazu fehlte es ihr an Intelligenz, an mate-
rieller Kraft, an einer Presse und einer Organisation.
Was die Arbeiterpresse [20]) jener Zeit betrifft, so
ist von ihr nicht viel Bemerkenswerthes zu sagen.
Zeitungen von Arbeitern für Arbeiter, wie des Druckers
Hillisch, „Oesterreichische Typographia", die später als
„Arbeiter-Zeitung" (noch später als „Oesterreichische
Arbeiter-Zeitung") forterschien und das Organ des
„Ersten allgemeinen Arbeitervereines" war, ferner
Hueber's „Oesterreichisches Buchdrucker-Organ" oder
die erst in den October fallende ephemere „Arbeiter-
Zeitung" vom Arbeiter Schmidt herausgegeben —
diese Zeitungen waren absolut nicht geeignet, das
Interesse der Arbeiterschaft zu wahren, ihr Bildungs-
niveau zu heben, ihrer Bewegung eine Richtung zu
verleihen. Aber auch die von Nichtarbeitern heraus-
gegebenen, aber für Arbeiter bestimmten Blätter, wie
„Das Wiener Allgemeine Arbeiter-Blatt" von dem radicalen Journalisten und Mitarbeiter der „Constitution"
C. Grützner (einem Sohn des Frankfurter Abgeordneten)
und dem Gesellen F. Sander, zeitweise auch unter der
Mitredaction L. Häfner's herausgegeben, oder der von
den Studenten Rülke und Waldeck geleitete „Arbeiter-
Courier" und das von Dr. Witlačil geschriebene, nur
in einer Nummer erschienene Arbeiterblatt „Concordia"
unterschieden sich durch gar nichts von dem grossen

Haufen der radicalen Gassenblätter, von ihrem Phrasen-
drusch, ihrem Schwulst, ihrer Leere an thatsächlichem
Inhalt. So waren es denn die grossen und einflussreichen radicalen Journale, Schwarzer's „Allgemeine
Oesterreichische Zeitung", L. Häfner's „Constitution",
allenfalls noch der „G'radaus", welche die Arbeiterfrage in sachlicher Weise erwogen, und den Vorhang
von den Elendsbildern des Vormärz wegzogen, auf
praktische Reformen drangen und dem socialen Denken
der sogenannten gebildeten Classen nicht weniger als
dem der arbeitenden einen Inhalt zu geben sich bemühten.

Die Männer, welche die geistige Führung des
Volkes in diesen Blättern übernahmen, L. Häfner,
Freiherr v. Stifft, Dr. Hermann Jellinek, Sigmund
Engländer, waren nichts weniger als Sterne erster
Ordnung an dem Himmel der socialen Geschichte,
aber sie überragten immer noch thurmhoch das
geistige Durchschnittsniveau ihrer Wiener Zeitge-
nossen. Strenge genommen war keiner von ihnen
Socialist; sie waren vielmehr liberale Socialreformer,
die es ebenso glühend ehrlich mit der Hebung des
Arbeiterstandes meinten, wie der socialistische Kasernen-
staat ihrem Denken und Hoffen ferne lag.

Leopold Häfner gebührt das Verdienst, in seinem
Blatte „Die Constitution" zum erstenmale die wirthschaftlichen Verhältnisse der unteren Classen schonungs-
los ans Licht gezogen und die Aufmerksamkeit der
öffentlichen Meinung von den rein politischen und
nationalen Fragen auf die socialen Uebelstände hin-
gelenkt zu haben. Selbst ein Kind des Volkes, ein
Proletarier, hatte er als Jurist die ganze Aussichts-

losigkeit aller arbeitenden Stände, besonders aber des geistigen Proletariates, in überreichem Masse an sich selbst erfahren. Er hatte die Beamtenlaufbahn gegen den Literatenberuf eingetauscht und, als auch dieser ihn nicht ernährte, sich auf den Huthandel verlegt. [21]) In dem Comptoir seines Geschäftes war es, wo Häfner am 22. März ganz allein die erste Nummer seiner „Constitution" schrieb und ihr das Leitwort „Freiheit und Arbeit" gab. Das Blatt erregte ungeheueres Aufsehen, es hatte mit der Erörterung der wirthschaftlichen Fragen und der scharfen Betonung seines arbeiterfreundlichen Standpunktes eine ganz neue Saite angeschlagen, und die Arbeiter waren es besonders welche bald Häfner als den Mann ihres Vertrauens, betrachteten und diesem Blatte dadurch den gefürchteten Einfluss verliehen.

Häfner hat sein Programm in zwei offenen Briefen an die Arbeiterschaft klar und erschöpfend auseinander gesetzt. „Meine Herren!" spricht er die Arbeiter in der „Constitution" vom 6. April an: „Sie überhäufen mich mit Besuchen und Zuschriften — Beweise Ihres Vertrauens, welche mich stolzer machen, als das von irgend einem Minister mir geschenkte Vertrauen es je vermögen würde. Sie geben mir die Ueberzeugung, dass Ihre Einsicht nicht hinter jenen aufgeklärten Arbeiterbevölkerungen Frankreichs, Englands und des deutschen Vaterlandes steht, Ihre Besonnenheit aber allen diesen als Muster dienen könnte. Einsicht und Besonnenheit sichern Ihnen die Freiheit, welche wir nicht einer Beamten- und Adelskaste abgerungen haben, um ihren ausschliesslichen Genuss dem sogenannten Mittelstande zu überlassen! Meine Herren! Ich bin arm wie Sie,

und wie Sie habe ich gelitten unter dem Drucke ge-
knechteter Verhältnisse. Das Gift falscher, gemeiner
Seelen hat mein Herz verbittert und reizbarer gemacht
gegen jede Bedrückung, gegen jede Verletzung der
angeborenen Menschenrechte. Meine Sympathien weilen
bei Ihnen, und es wird der schönste Tag meines Lebens
sein, der Hochzeitstag eines kurzen, verkümmerten
Daseins, wenn mein Rath, mein Wort, meine That das
Geringste zur Anerkennung Ihrer Rechte, die nicht
länger unbeachtet bleiben sollen, wird beigetragen
haben. Der Geist Gottes schwebt sichtbar durch die
Welt und offenbart ein neues Evangelium von der
Freiheit Aller und von Bruderliebe. Auf diesen Gott
vertrauen Sie und zu diesem Gotte beten Sie, damit
er Ihnen die Kraft und die Mässigung verleihe, ohne
welche Sie unmöglich die Opfer bringen können, welche
die gegenwärtige, neu sich gestaltende Lage des Vaterlandes und aller Industrien Ihnen wie jedem Staatsbürger auferlegt. Entfernen Sie aus ihrer Mitte jene
aufrührerischen, liederlichen Menschen, welche nicht
Arbeit verlangen, sondern Genuss, ohne Mühen. Lassen
Sie Ihr schönes, unter des Himmels Schutz gestelltes
Unternehmen nicht schänden durch Ausartungen,
welche den Fabriksherren wie die Fabriksarbeiter in
ein gemeinsames, grenzenloses Elend stürzen würden.''
Einige Tage später schrieb Häfner in seinem
Blatte: „Einen bedauerlichen Mangel von aller poli-
tischen oder nur humanen Bildung beurkundet die
Intoleranz, mit der eine grosse Zahl der Wiener
Spiessbürger die Arbeiter Gesindel und ihre Forde-
rungen aufrührerische Excesse nennen. Derartige
Aeusserungen sind um so thörichter, als das Proletariat

von Tag zu Tag mächtiger anwächst, als unter dieser
Classe mindestens ebensoviel gesunder Menschenverstand
vorhanden ist, als in allen übrigen Classen, und als dieser
gesunde Menschenverstand die Ideen des Proletariates,
wenn es sich in der Constitution unberücksichtigt
findet, natürlich einer abermaligen Umänderung dieser
Staatsform zuwenden müsste. Wir haben in unseren
Märztagen die Revolution des Bürgerstandes (fran-
zösische Julirevolution) gemacht; sollen wir aber nun
der Proletarierrevolution (Pariser Revolution 1848)
entgehen (sie würde leider nicht den sanften Charakter
von 1848, sondern jenen von 1789 annehmen) — so
ist es dringend nothwendig, dass die Regierung die
ungeheuere politische Wichtigkeit des Arbeiterstandes
in den drohenden Fingerzeigen unserer Zeiten erkenne
und augenblicklich für Arbeits- und Arbeiterverhältnisse ein eigenes Ministerium ernenne." Häfner war
also der erste, der (schon am 10. April) die decidirte
Forderung nach einem Arbeitsministerium stellte, wie
er der erste war, welcher die Gefahren einer socialen
Revolution erkannt hatte und schon am 30. März davor gewarnt hatte: „Arbeitsmangel in Wien ist eine
drohendere Thatsache als eine Erklärung der Republik
in Venedig."

Wenn Häfner mehr die radicale Demokratie ver-
körperte, so war Freiherr v. Stifft das, was man
einen Christlich-Socialen nennen möchte, nicht mit der
scheusslichen Bedeutung, die dem Worte heute in
Oesterreich anhaftet, sondern in dem guten Klange,
den das Wort in England hat oder im edlen Sinne
eines Saint-Simon, mit dem Stifft auch thatsächlich
manche Ideengemeinschaft hatte, wie er denn über-

haupt den Ideen des französischen Socialismus noch
am nächsten stand. Seine Enttäuschung über die Revolution und seine Arbeiterfreundlichkeit führte ihn —
und so viel ich weiss, ihn allein — im October zu
einer ausgesprochen feindseligen Haltung gegen die
Bourgeoisie als Classe. v. Stifft ist der typische Revolutionär: Declassirter und daher der grimmigste Feind
aller jener gesellschaftlichen Vorrechte, in deren
Genuss er selbst aufgewachsen war. Für Stifft war
die politische Ueberzeugung Religion; wie bei jedem
echten Revolutionär fiel bei ihm das Ideal der höchsten
gesellschaftlichen Potenz mit dem Gottesideale fast zusammen. Er diente beiden mit gleicher Inbrunst und
Unentwegtheit. Oft bevor der rothe Publicist an die
Arbeit einer seiner glänzenden radicalen Artikel ging,
konnte man ihn in irgend einer Kirche auf den Knien
liegend in tiefes Gebet versunken sehen. Sein Verhältniss zu der Egeria der Wiener Revolution, zur
Baronin Pasqualati (Madame Perin) war durch
gemeinsame mystisch-spiritistische Neigungen ebenso
wie durch politische Ideengemeinschaft bedingt.

Dr. Hermann Jellinek — vor der Revolution an verschiedenen Zeitschriften in Deutschland, besonders den
„Grenzboten", bienenemsig thätig, nach dem März
Hauptmitarbeiter der „Allgemeinen Oesterreichischen
Zeitung" und nach dem August des „Radicalen" —
war der Vertreter der durch die deutsche Philosophie Hegel's und Feuerbach's, wie durch den französischen Socialismus eines Fourier und Proudhon be-
einflussten Geistesrichtung in der Wiener Publicistik
des Jahres 1848. In dem Jargon der Hegel'schen
Philosophie hatte Jellinek vor dem Jahre 1848 in

mehreren Schriften ein System der gesellschaftlichen
Entwickelung gelehrt, welches auf der Idee des sou-
veränen Individuums und dem „grossen Dogma der
menschlichen Brüderschaft und Gegenseitigkeit" auf-
gebaut war, und dem damals in gewissen Theilen
Deutschlands stark verbreiteten Anarchismus eines
Marr, Hess und Grün am nächsten kam.²²) In dem
gleichen Tone und aus dem gleichen Gesichtspunkte
behandelte Dr. Jellinek die Wiener Ereignisse des
Jahres 1848, von wenigen verstanden, von den meisten
verlacht und verspottet. Am 27. November wurde der
arme Doctrinär unter dem Vorwande der standrecht-
lichen Behandlung von den Soldaten des Windischgrätz' ermordet.

Wenn Häfner, Stifft und Jellinek drei unter-
einander grundverschiedene Typen des idealpolitischen
Charakters bilden, so ist Sigmund Engländer der
Repräsentant der wissenschaftlichen Ueberlegung und
Realpolitik.

Ist er auch davon überzeugt, dass die Gesellschaft
gänzlich reformirt werden müsse, so ist für ihn doch
das Project der Socialisten und Communisten ein Un-
ding. Die Bestrebungen nach Einführung einer Ge-
sammtwirthschaft, Aufhebung des Privateigenthums,
des Geldes, Abschaffung des Handels und der freien
Concurrenz, die unklaren Organisationspläne der
Socialisten mit ihrem Wunsche nach einem Kasernen-
leben vergleicht Engländer zutreffend mit dem Wunsche,
dass alle Poren eines Menschen durch ein einziges
grosses Schweissloch, alle Adern und Aederchen durch
einen einzigen Blutcanal ersetzt würden. „Jeden
Blutstropfen wollen sie controliren, dass er nicht

schneller rolle als bei einem Anderen, und auf ihrem
Wege käme man dahin, dass endlich Genie zu haben
das höchste Verbrechen wäre." „Der Staat ist ein
Naturgewächs, nichts willkürlich Erfundenes, sondern
etwas nothwendig Organisirtes, unser einziges Bestreben
muss dahin gerichtet sein, den Staat in einen natur-
gemässen Zustand zu bringen, ihn von seinen Ver-
zerrungen zu befreien." Die Massen haben nur das
eine allgemeine, unbehagliche Gefühl der Unzufriedenheit und den Wunsch nach einem besseren Zustande,
aber keine bestimmten Ziele, und eben darin liegt die
sociale Gefahr. Aber eben darum ist es Aufgabe der
Wissenschaft, den unklaren Wünschen der unteren
Volksclassen einen festen Boden zu schaffen. ²³)

Das sind überraschende Ansichten, doppelt über-
raschend, wenn sie mitten am Höhepunkte revolutio-
närer Gährung gesprochen und vernommen werden;
das sind Worte, welche alles, was zu jener Zeit in
ähnlichem Sinne gesprochen und geschrieben wurde,
an Klarheit und Bestimmtheit übertreffen und thatsächlich die Quintessenz dessen enthalten, was auch
heute noch die wissenschaftliche Sociologie über praktische Politik zu sagen hat. Nicht trotz, sondern weil
Engländer der ernsteste Denker der Wiener Revolution war, wurde er auch ihr heiterster Witz- und
Spottvogel, der Herausgeber der berühmten „Katzenmusik" („Charivari"). Kein Anderer als er von
seiner hohen Warte wäre in der Lage gewesen, auf
die Schwächen und Tollheiten der bewegten Massen,
Parteien und Personen herabzublicken, mit ihnen sein
heiteres Spiel zu treiben und nach gleichem Masse
rechts und links die Hiebe seiner Pritsche zu vertheilen.

So sehen wir, wie auch in Wien alle Richtungen des socialen Denkens vertreten waren, wenngleich oft nur im Keime, obwohl der Same nachweisbar nicht seit Jahren durch thätige Agitatoren oder durch eine freie Presse ausgestreut worden war. So einträchtig das Auftreten der unter der Fahne des Radicalismus und der Demokratie marschirenden Elemente, so bescheiden der Umfang der socialpolitischen Ideen sein mochte, es waren dennoch die Ansätze zu all den grossen Parteiungen bereits damals deutlich zu erkennen, welche erst in kommenden Decennien in ausgebildeter Individualität auf den Kampfplatz zu treten berufen waren. So consequent wirken zu allen Zeiten und an allen Orten auch die Gesetze der geistigen Entwickelung.

Wenn schon die Publicistik deutlich erkennen liess, wie unselbständig die der Emancipation zustrebenden unteren Schichten des Volkes waren, wie den Arbeitern von der ehrlich demokratischen und liberalen Bourgeoisie erst die Zunge gelöst werden musste, so geht das aus einem kurzen Blicke auf das Vereinswesen noch brutaler hervor.

Vor dem März hatte es in Wien bloss eine einzige Arbeiterassociation, die der Buchdrucker gegeben, welche sich mit einer Trade-Union vergleichen liess, und es blieb auch nach dem März und nach dem Mai dabei; der „Allgemeine Unterstützungsverein für die Buchdrucker- und Schriftgiessergehilfen Wiens" erweckte im Jahre 1848 keine Nachahmung unter den Gehilfen anderer Gewerbe, vermuthlich deshalb, weil die ruhige Sparthätigkeit mitten in den politischen Stürmen der Revolution den Arbeitern zu kleinlich, zu nichtssagend dünkte. Dagegen machte die Organisation der Typographen selbst bedeutende Fortschritte.

Wir haben gesehen, dass der Ausschuss der Buchdruckergehilfen bald nach den Märztagen von den Principalen das Zugeständniss eines Lohntarifes erwirkte. Ueber die weiteren, in dem Promemoria aufgestellten Forderungen wurde noch weiter gemarktet, obwohl es leicht abzusehen war, dass sich bei dem damaligen Stande der Revolution auch hierin die Principale der organisirten Gehilfenschaft gegenüber nicht allzu standhaft würden erweisen können. In einer Versammlung der Buchdrucker vom 14. Juli konnte bereits berichtet werden, dass die Principale einer Regelung des Verhältnisses zwischen der Zahl der Lehrlinge und der Gehilfen zugestimmt hatten, und zwar sollte auf drei Gehilfen ein Lehrling kommen, durch vier Jahre sollte aber überhaupt kein Lehrling zur Erlernung des Druckes an der Handpresse aufgenommen werden. Die Gehilfen erklärten sich dagegen in einer Versammlung einverstanden, dass die Principale Druckmaschinen aufstellten, so viel sie wollten, doch sollten sie sich verpflichten, nicht nur die dermalen arbeitslosen, sondern auch jene Arbeiter, welche in Hinkunft durch die Einführung von Maschinen brotlos werden sollten, durch eine anständige Beschäftigung zu versorgen; sowohl Setzern wie Druckern sollte bei unverschuldetem Arbeitsmangel eine Vergütung durch die Principale gegeben werden. Endlich wurde die Aufhebung der Sonn- und Feiertagsarbeit gefordert. Dazu liessen sich die Druckereibesitzer herbei; weiters erklärten sie auf ein be-

stimmtes Verhältniss der Zahl der Handpressen und
der Maschinen nicht eingehen zu können, verpflichteten
sich jedoch, conditionslose Drucker, welche nach Wien
zuständig wären, zu versorgen, respective unter-
zubringen, der Ausschuss der Druckergehilfen wurde
anerkannt und einem aus Unternehmern und Gehilfen
zusammengesetzten Schiedsgerichte wurde beigestimmt.
Das waren die grossen Erfolge der Organisation der
Typographen, und nicht zum geringsten Theile das
Verdienst eines Mannes, der seine Vergangenheit
als einfacher Setzer nie vergessen, der alles daran-
setzte, dem Typographenstande eine dauernde, feste,
auf der geistigen Vervollkommnung begründete Organisation zu geben, Carl Scherzer's.

Am 30. April schon forderte Scherzer in einer
Versammlung der Buchdrucker und Setzer dieselben
auf, einen Typographenverein nach dem Muster des
juridisch-politischen Lesevereines zu gründen, in welchem
die fachlichen Angelegenheiten besprochen, aber auch
allgemein wissenschaftliche und politische Themata
discutirt werden sollten; er stellte auch den Antrag,
zur Vertretung der Berufsinteressen ein eigenes Journal
unter dem Titel „Die freie Presse" herauszugeben.
Beide Anträge wurden angenommen. Aus dem Journal
wurde nichts. Der „Typographenverein" wurde zwar
ins Leben gerufen; es ist uns jedoch über seine
Thätigkeit nicht viel mehr bekannt, als dass es in
einer Versammlung des Vereines in der zweiten Hälfte
Juni sehr heiss herging, und dass der Antrag gestellt
war, falls die Besitzer den oben erwähnten Forderungen der Arbeiter sich zu widersetzen wagten, in
Strike zu treten. Ob es diese Drohung war, was die

Besitzer zur Nachgiebigkeit bewog, ist uns unbekannt, ebenso was weiter aus dem „Typographenverein" wurde. Er scheint um die gleiche Zeit eingegangen zu sein, denn Ende Juni liess Scherzer abermals einen Aufruf ergehen, der zur Gründung eines „Lesevereines für Buchdruckergehilfen" aufmunterte. Etwa 300 Gehilfen erklärten sich bereit, dem neuen Verein beizutreten, was weiter geschehen, ist uns gleichfalls unbekannt.

Weitaus die bedeutendste Erscheinung des Arbeitercoalitionswesens im Jahre 1848 war der „Erste allgemeine Arbeiterverein", der sich am 24. Juni im Gasthause zum Fürstenhof in der Beatrixgasse festlich constituirte. Seine Gründer, sein Präsident, aber auch seine Seele war Friedrich Sander, „der Gesell", wie er sich immer mit einem gewissen Stolze nannte. Wir wissen von seinem Leben vor und nach der Revolution wenig mehr, als dass er Ende der Zwanzigerjahre geboren,[24]) Schustergeselle war, und Reisen im Auslande gemacht hatte, die ihm reiche Erfahrungen über die Lage der arbeitenden Classen eingetragen hatten. Nach dem März trat er in Häfner's Constitution auf als der Verfasser kleiner, auf die Arbeiterverhältnisse bezughabender Artikel und feuriger Gelegenheitsgedichte. Auf seine lebhafte Agitation hin war der „Erste allgemeine Arbeiterverein" ins Leben gerufen worden und zählte bald an 2000 Mitglieder; der Zweck des Vereines war, für die Arbeiter gleiche Rechte und gleiche Freiheiten mit denen aller übrigen Staatsbürger durch gesetzliche Mittel und durch die Selbstbildung und Selbstveredlung der Arbeiter zu erringen. Die Mitglieder pflegten deshalb in ihren Versammlungen und Zusammenkünften die politische Discussion ebenso wie die Uebung im Gesange, im Turnen, Tanzen, Declamiren, Fechten, Exerciren u. s. w. Die Vereinsabende zerfielen dementsprechend auch in eine musikalisch-declamatorische Akademie und in eine politische Discussion. Von socialistischen Reformen des Staates war im Arbeitervereine keine Rede,[25]) seine Tendenzen gingen über die Erreichung der demokratischen Freiheit nicht hinaus. Die Vereinsmitglieder trugen als Erkennungszeichen einen kleinen Bienenstock aus weissem Metall, das Symbol des Arbeitsfleisses, am Hute.

Der „Erste allgemeine Arbeiterverein" war ausschliesslich eine Coalition von gewerblichen Hilfsarbeitern, von Handwerksgesellen; daneben gab es auch einen Sammelpunkt der Fabriksarbeiter, den „radicalen liberalen Verein", der etwa Ende Juni entstand und bald über 800 Mitglieder zählte; er war noch mehr als der „Arbeiterverein" im rein politischen, demokratischen Fahrwasser. Sein Vorsitzender und sein Macher war Dr. Chaises, jene von den Gegnern der Revolution so viel gelästerte, viel verhöhnte, und wie mir scheint nicht immer mit Unrecht angegriffene Persönlichkeit, welche man am ehesten den Marat der Wiener Revolution nennen könnte. „Die Thätigkeit, welche er in Organisirung seiner Arbeiter entwickelte, geht in das Unglaubliche, und durch dieselbe brachte er es dahin, dass der Einfluss seines Vereines einer der bedeutendsten wurde. Die neu eintretenden Mitglieder umgab er, bevor sie förmlich aufgenommen wurden, durch mehrere Tage fortwährend von Früh bis in die Nacht und hielt ihnen ordentliche Vorlesungen

über die Demokratie wie ein Privatdocent seinen
Schülern. Aber dafür war auch eine Einheit unter
ihnen, welche in Verwunderung setzte. Einer hatte dieselben Ansichten wie der Andere. Den Chaises selbst
verehrten sie wie ihren Herrn und Meister, unbedingte
Gewalt übte er über sie, und Alle, so wie er selbst
waren mit gleicher Berserkerwuth gegen die Beamten-
welt, das Pfaffenregiment, gegen alle Halben. vorzüglich aber gegen den Gemeinderath der Stadt Wien
erfüllt. Den Autoritätsglauben für irgend etwas anderes als die Richtigkeit seiner Aussprüche riss er
seiner entschlossenen kraftvollen Garde von Acht-
hundert für immer aus der Brust. Das Höchste, was
sie nach und nach gegen den Monat October hin an-
strebten, war die rein demokratische Republik, obgleich sie sich mit diesem Wunsche nicht überall her-
vorwagten und unter Fremden nur von der demokratischen Monarchie sprachen, aber recht gut wussten,
dass, wenn die Demokratie siegen solle, die Monarchie
untergehen müsse. Von der demokratischen Republik,
welcher man übrigens vor der übrigen Bevölkerung
zu jener Zeit noch kaum erwähnen durfte, erwarteten
sie nicht nur volle Gerechtigkeit, sondern als bei dem
freien gleichen Rechte Aller zur Regierung sich von
selbst verstehend, auch Arbeit und Brot. Von Socialismus oder gar Communismus wussten sie kein
Wort, wenigstens wurden darauf bezügliche Ideen in
ihrer Mitte nicht gehört.*) Die Ansichten dieses Clubs

---

*) Man wird nicht irre gehen, wenn man die Richtung, in
welcher Chaises' Club sich bewegte, eine unklare oder gar nicht
bewusst anarchistische nennt. Dass diese Anschauung im Jahre 1848
in Wien einen ziemlich grossen Boden hatte, beweist die Rede des

wurden durch seine Glieder, wie natürlich, unter alle
übrigen Fabriksarbeiter verbreitet und begierig aufgenommen, so dass dieser Club als der Gesinnungs-
repräsentant aller Fabriksarbeiter angesehen werden
konnte."[26])

Neutitscheiner Abgeordneten, des Apothekers Johann Faschank,
in der Adressdebatte des Reichstages am 29. Juli. Er sagte: „Wir
sitzen hier in Anerkennung der Revolution und müssen sie aner-
kennen. Mithin kann ich sprechen: Ich bin kein Aristokrat, Demokrat, ich bin Gegner jeder Art Autokratie, Aristokratie, Demokratie, Plutokratie und wie überhaupt alle Arten von Kratien und
Herrschaften heissen mögen. Denn kein Mensch ist berechtigt zu
herrschen über Andere, er ist nur berechtigt zu herrschen über das
Thier. Wir haben keine andere Souveränität als die Souveränität
der Vernunft, und der Monarch ist nur das bildliche Symbol der
Vernunft auf dem Throne. (Gelächter.) Die Herren mögen lachen
wie sie wollen, das was ich aber gesagt habe, wird die Zukunft
stets als richtig erweisen." In der Sitzung vom 21. August sagte
der Mann in seiner etwas verworrenen Weise: „Wir stehen gegenwärtig auf einem Punkte, die imposanten Errungenschaften der
Freiheit dankbar anzunehmen, die uns das wucherische Albion
vorenthalten und die aufopfernde Liebe Frankreichs gegeben hat.
Dass wir schon deshalb dankbar sein sollen, weil sie uns gelehrt
haben, den Menschen nicht als eine physische Statue, sondern als
eine moralische Person zu befreien und die Mittel zu finden, wie
man die menschliche Gesellschaft am zweckmässigsten organisiren
kann. Das Geld, welches als Vorrecht einer privilegirten, vorzüglich
begünstigten Classe dasteht, ist der eigentliche Dämon des ganzen
Volkes, denn es ist nicht ein Mittel zur Erziehung und zum Wohle
der Menschheit, sondern es ist vielmehr ein Autokrat, und zwar
der furchtbarste Autokrat, und die Menschen sind dessen Sklaven.
Dieses hat die Franzosen zu dem unglückseligen Ausspruche des
Louis Blanc und seiner Consorten veranlasst, der da sagt: „Der
Mensch habe ein Recht auf die Arbeit." Das ist falsch, der Mensch
hat die Pflicht zu arbeiten, aber das Recht auf die Mittel zur
Arbeit." Faschank vertritt sodann den Standpunkt des Collectiv-
besitzes ganz in der Weise von Proudhon.

Neben diesen beiden grossen und einflussreichen
Arbeiterverbindungen bestand noch ein Arbeiterverein
„Concordia" unter der Leitung eines gewissen Dr. Witlačil, der jedoch ohne Bedeutung gewesen zu sein
scheint. Den meisten Einfluss von allen diesen Vereinen
hat noch Chaises' radicaler Arbeiterverein besessen,
eine grosse Rolle hat das Vereinswesen jener Zeit überhaupt nicht gespielt.

Siebentes Capitel.

Die Unruhen des August und September.

Der Höhepunkt der Revolution war mit den Maitagen erreicht; die Demokratie hatte einen vollen Sieg
errungen, denselben aber wie ein schlechter Feldherr
nicht auszunützen verstanden. Sie erschrak über sich
selbst, wie ein Mensch in einer Mondnacht erschrickt,
wenn er plötzlich seinen eigenen Schatten vor sich
riesenhaft einherschreiten sieht. Die Demokratie war
nicht stark genug, ihren Erfolg und ihre Grösse zu
ertragen; sie stand rathlos da, bis sich der Gegner
aufgerafft, gerüstet und gesammelt hatte, und als sie
sich mit Todesverachtung auf diesen Gegner warf, da
war es längst zu spät, da war der Kampf ein nutz-
loses Martyrium geworden. Dieser Rückgang der
Demokratie zeigte sich erschreckend deutlich an zwei
Ereignissen des Juli, welche eigentlich bestimmt waren,
den Sieg der Demokratie zu krönen: an dem Re-
gierungswechsel und an dem Zusammentritte des constituirenden Reichstages.

12 ·

Der Reichstag stellte sich gar bald vermöge seiner Structur und vermöge der Geschäftsordnung, die er sich gegeben hatte, als arbeitsunfähig heraus. Der Regierung aber war von der Hofpartei die Aufgabe zugedacht worden, die Dinge in Wien so lange hinzuhalten, bis sich die antirevolutionären Elemente gesammelt hatten und die Stunde zum Losschlagen für sie gekommen erachteten. Wohl nur die wenigsten Mitglieder der Regierung, ja mit Ausnahme von Wessenberg und Latour vielleicht keiner der Minister wusste im Anfange etwas von der wenig ehrenvollen Rolle, die ihnen zugedacht war. Einige, wie Doblhoff, Hornbostel, waren gemässigte, aber ehrliche Liberale. Andere freilich merkten bald ihren Beruf und passten ihm ihre Gesinnung an, besonders rasch und geschickt fügte sich aber der „Barricaden-Minister" Dr. Bach in seine fluchwürdige Rolle, diese elendeste Figur der modernen österreichischen Geschichte.

Indem man Ernst v. Schwarzer das Portefeuille der öffentlichen Arbeiten übertrug, suchte man geschickt das Odium eines unvermeidlichen Zerwürfnisses mit den Erdarbeitern und dem Sicherheitsausschusse und aller daraus entspringenden Consequenzen auf einen Vertreter der radicalen Journalistik abzuwälzen. Freilich hatte sich Schwarzer vom Anbeginne an in seinem Blatte, der „Allgemeinen österreichischen Zeitung" gegen die öffentlichen Erdarbeiten, als eine Quelle der Demoralisation der Arbeiterschaft, ausgesprochen, und seine Berufung auf die Ministerbank wurde deshalb von den Radicalen selbst, besonders aber von den radicalen Blättern nichts weniger als freundlich begrüsst. Trotzdem fuhr auch den reactionären Adels- und

Bürgerkreisen bei seiner Ernennung gelinder Schrecken in die Glieder, denn man fürchtete, er werde der „österreichische Louis Blanc und Proudhon" sein. Schwarzer hatte nun freilich mit den beiden grossen französischen Socialpolitikern so gut wie nichts gemein, nicht die Tendenzen und auch nicht die geistigen Fähigkeiten. Er war keineswegs ein bahnbrechendes Genie, der gute Schwarzer, aber klare Einsicht in die Verhältnisse und ehrlicher Wille, das, was er für recht erkannt, auch durchzusetzen, kann ihm nicht abgesprochen werden. Er besass den Muth, zu einer Lohnreduction der Erdarbeiter zu schreiten, obwohl er wissen konnte, was die Folge dieses Unterfangens sein musste, und das war fürwahr kein kleines Wagniss. Schwarzer stieg bald wieder vom Ministerstuhle herab und dürfte es kaum bedauert haben; hatte er doch während der kurzen Zeit seiner Ministerschaft genug Einblick gewonnen, um zu wissen, wohin der Curs ging, und um jene nicht zu beneiden, die der grossen Krise an leitender Stelle entgegen gingen, ohne festen Halt nach oben und ohne das Vertrauen des Volkes.

Die Zahl derjenigen, welche sich ursprünglich in den revolutionären Strom geworfen hatten oder von den Wellen des Unmuthes und der Begeisterung hatten mitreissen lassen, nunmehr aber Sehnsucht nach dem festen Lande empfanden, vermehrte sich von Stunde zu Stunde. Das eigentlich bürgerliche Element der Gesellschaft ist vermöge seiner wirthschaftlichen Seinsbedingungen, wenn auch nicht so stabil wie der Bauer auf seiner Scholle, so doch immer noch conservativer als die grossen fluctuirenden Massen; das Bürgerthum liebt die Bewegung, es lebt von ihr, aber es fürchtet

und hasst die Katastrophen, die Krisen, die Ausnahms-
zustände. Wie die Revolution seit jeher ihre Avant-
garde im Bürgerthum hatte, hat und haben wird —
denn auch die proletarische Revolution wird erst dann
Erfolge haben, wenn sich ihr ein grosser Theil der
Bourgeoisie aus politischen und taktischen Gründen an-
schliessen wird — so kann auch die Gegenrevolution in
einem bestimmten Zeitpunkte immer auf die Hilfe des
Bürgerthums rechnen. Dieser Zeitpunkt war im
Juli 1848 bereits gekommen.

Die allgemeine Wirthschaftslage war eine trostlose. Die Finanzen des Staates lagen mehr denn je im
Argen; der Krieg im Süden des Reiches verschlang
grosse Summen, während die Eingänge durch neue
Verfügungen, wie die theilweise Aufhebung der Verzehrungssteuer, Herabsetzung der Salzpreise, mancher
Zölle u. s. w. vermindert wurden oder unter der Un-
einbringlichkeit der Steuern in Folge von Erwerbs-
störungen, Geschäftsstockungen und auch blosser Renitenz
litten. Die Finanzgebarung des Vierteljahres März,
April und Mai 1849 blieb hinter dem Voranschlage
um ganze 13,897.015 fl. zurück und endete mit einem
unbedeckten Erfordernisse von 15,840.810 fl. C.-M., was
mit dem aus der Gebarung vom 1. November 1847
bis 1. März 1848 übrig gebliebenen unbedeckten Rest
von 744.297 fl. ein Gesammtdeficit von 16,585.107 fl.
gab.[1]) Der Staat sah sich in dieser Calamität, die sich
im Sommer mit den zunehmenden Kriegskosten noch
verschlimmerte, genöthigt, den Credit der Nationalbank
in reichstem Masse zu beanspruchen; die Mittel der
Bank schmolzen in Folge dessen rapid zusammen, so
dass zu Zeiten das Verhältniss der Baarmittel zu dem

Banknotenumlauf gleich 1 : 9 war;[2]) ein Ausfuhrverbot auf Gold und Silber war natürlich keineswegs geeignet, den Zudrang zu den Cassen der Bank zu vermindern; die Einstellung der Baarzahlungen war unvermeidlich, und damit war den allgemeinen Creditverhältnissen ein neuer, empfindlicher Schlag versetzt. Das Silber und Gold zog sich noch mehr aus dem Verkehre zurück, um einem entwertheten Papiergelde Platz zu machen; auch andere Institute, besonders aber die erste österreichische Sparcasse wurden geradezu in Frage gestellt. Dazu kamen dann die häufigen Coursschwankungen und wiederholten Börsenderouten in Folge der politischen Ereignisse.

Es ist leicht einzusehen, wie schwer Handel und Gewerbe, welche ohnedies unter den schon oben geschilderten Verhältnissen seufzten, durch diese Finanzlage zu leiden hatten. Geschäftsleute, welche im Auslande Credit genossen, hatten für denselben ausser dem vereinbarten Zins noch 20 bis 25% Agio zu bezahlen; zahlreiche Fabrikanten mussten, da ihnen der aus dem Auslande bezogene Rohstoff um 20 bis 25% theuerer kam, ihren Betrieb einstellen. Die geschäftlichen und gewerblichen Creditverhältnisse kamen in Folge der übel renommirten Finanzlage des Staates und der grossen Geldinstitute in arges Schwanken, und jede Veröffentlichung eines Monatsausweises über die staatliche Finanzgebarung erzeugte neue Muth- und Trostlosigkeit in der Geschäftswelt. Wie immer und überall sah der naive Mensch auch in diesem Falle in dem Symptom die Ursache, und die Geschäfts- und Finanzwelt kehrte sich mit Unwillen von der Oeffentlichkeit der Finanzverwaltung, dieser Grundsäule des Constitutionalismus ab, die man im März so eifrig begehrt hatte. Es ist, wenn auch hergebracht, so doch irrig zu glauben, dass die grosse Reaction nach dem Sturme des Jahres 1848 nicht ebenso gut wie die von heute ihre Kraft aus den Tiefen des Volkes geschöpft hätte, sondern bloss von oben betrieben worden wäre. Die Gesetze der gesellschaftlichen Bewegung dürften 1848 bereits dieselben gewesen sein wie heute, die Schuld, sie nicht erkannt zu haben, liegt bloss darin, dass man die Wiener Revolution allzu einseitig von der politischen und gar nie von der wirthschaftlichen Seite betrachtet hat. Es soll ja nicht geleugnet werden, dass die ihres allmächtigen Einflusses beraubte Hof- und Adelspartei durch die Siege der Armee in Italien, durch die Niederwerfung Prags durch Windischgrätz und durch die contrerevolutionäre Bewegung der Südslaven im Rücken der Magyaren sicher gemacht, im August bereits ihr Haupt zu erheben und zur Entscheidung zu drängen wagte. Allein, diese Reaction wäre ohnmächtig gewesen, wenn nicht im Volke selbst der Abfall von der Revolution bereits in erschreckendem Masse eingerissen wäre. Vielleicht nicht vollbewusst, vielleicht nicht gerade so scharf geschieden, wie dies leider heute der Fall ist, standen sich die besitzenden und besitzlosen Classen gegenüber, wie die Augustrummel, aber noch viel mehr die Octobertage zeigten. Die Ereignisse der Octoberrevolution müssen jedem, der den vom Mai bis zum August sich abspielenden socialen Scheidungsprocess nicht beachtet, einfach unverständlich bleiben. Dass sich die Wiener Demokratie mit Bravour zu schlagen

verstand, hatte sich am 6. und 7. October gezeigt.
Auch besass sie in Bem einen anerkannten und bewährten militärischen Führer; allein, die sociale Zer-
klüftung in der Stadt, die geheimen Sympathien des
grössten Theiles der Bürgerschaft mit den „Ruhe- und
Ordnungmachern" machten Wien zu jedem Offensiv-
stoss unfähig; die Vereinigung der Cernirungstruppen
wäre zu verhindern, die Herstellung der Verbindung
mit der Armee Meszaros noch in der Mitte October
ein Spiel, das Bombardement Wiens unmöglich gewesen, wenn nur die Bauern, auf welche die Demokratie mit Sicherheit gerechnet hatte, den Wienern
durch eine allgemeine Jacquerie zu Hilfe gekommen
wären. Statt dessen begrüssten die Bauern überall die
„Kaiserlichen" auf das wärmste und rührten kein
Glied, als der Löwe der Aula sein furchtbar rührendes
Gebrüll erhob. Das Räthsel löst sich ganz einfach
darin, dass die Bauern durch die Aufhebung der Grundunterthänigkeit, die geschäftige Agitatoren als ein Ge-
schenk der kaiserlichen Gnade hinstellten, bereits zu
jenen Elementen gehörten, welche etwas zu verlieren
hatten, dass die Reactionspartei es verstanden hatte,
diese unter Umständen gefährliche Hilfstruppe der
städtischen Demokratie auf ihre Seite, auf die Seite
der Saturirten zu bringen. Bewandert auf den Pfaden
der Politik, hatte man es daher ganz gern gesehen,
als sich der Reichstag unmittelbar nach seinem Zusammentritte mit der Frage der Grundbefreiung beschäftigte.

Die bäuerliche Bevölkerung hatte ihre Sympathien
ganz den Siegern des Mai zugekehrt und war in das
demokratische Lager gegangen, als die Charte vom

25. April ihre Hoffnungen enttäuscht und sie, statt sie
von der Grundunterthänigkeit, wie auch von den daraus
entspringenden Diensten zu befreien, auf die ganz von
feudalen Majoritäten beherrschten Provinzialstände
vertröstet hatte. Die Bauern wurden noch schwieriger,
als sie erfuhren, dass die ungarische Reichsversammlung
die Grundunterthänigkeit bereits aufgehoben hatte und
dass selbst der galizische Bauer bereits seit 15. Mai
frei und entlastet sei. Die Wahlen in den Reichstag
fielen daher, trotz der heftigen Gegenagitation des
Adels, der Geistlichkeit und der Bureaukratie, in allen
bäuerlichen Bezirken demokratisch aus; es waren
auch zahlreiche Vertreter des Bauernstandes (70 von
383) erschienen, und alle hatten sie die gebundene
Marschroute bekommen, den Bauern die bürgerliche
und wirthschaftliche Freiheit zu erwirken.

In gleicher Weise hatte sich die öffentliche Meinung
Wiens längst für die Aufhebung aller auf der landwirthschaftlichen Bevölkerung ruhenden Beschränkungen ausgesprochen.

Der Sohn eines Bauern, das jüngste Mitglied des
Reichstages, war es, das in der dritten Sitzung des
Hauses am 26. Juli den Gegenstand vor das Parlament
brachte. Der Abgeordnete von Bennisch in Schlesien,
Hans Kudlich, damals noch Student und kaum 25 Jahre
alt, aber bereits eine der populärsten Erscheinungen
der Wiener Revolution, stellte in dieser Sitzung den
Antrag. die hohe Reichsversammlung möge erklären:

„Von nun an ist das Unterthänigkeitsverhältniss
sammt allen daraus entsprungenen Rechten und Pflichten
aufgehoben; vorbehaltlich der Bestimmungen, ob und
wie eine Entschädigung zu leisten sei."

Dieser Antrag des Abgeordneten Hans Kudlich
wurde mit allgemeiner Begeisterung aufgenommen und
jubelnd unterstützt, und das Haus fasste den Beschluss,
den Antrag nicht erst einer Commission zuzuweisen,
sondern bereits in einer der nächsten Sitzungen in
Vollberathung zu ziehen. Da sich jedoch der Antrag
Kudlich's in seiner allgemeinen Form wenig zur parlamentarischen Verhandlung eignete und die Ansicht
auftauchte, der Aufhebung der Grundunterthänigkeit
müsste die Einsetzung und Organisirung landesfürstlicher Gerichte vorangehen, solle nicht auf dem Lande
ein gefährlicher Stillstand aller Rechtspflege, ja selbst
Rechtslosigkeit einreissen, so legte der Abgeordnete
Kudlich in der Zwischenzeit einen Verbesserungsantrag
vor, der auch in der sechzehnten Sitzung des constituirenden Reichstages vom 8. August zur Verhandlung kam. Dieser verbesserte Antrag Kudlich's
— der übrigens noch eine ganze Reihe von Variationen
durchzumachen hatte — lautete:

„Die Reichsversammlung wolle beschliessen: 1. Dass
die Einschränkung der persönlichen Freiheit durch
das Band der Unterthänigkeit aufzuhören hat. 2. Dass
Robot und Zehent, sowie alle anderen, die Freiheit
des bäuerlichen Grundbesitzes beschränkenden, nicht
privatrechtlichen, sondern aus dem Verhältnisse der
Grundherrlichkeit, Bergherrlichkeit, Vogteiherrlichkeit,
Schutzobrigkeit, Dorfobrigkeit und des Lehensbandes
entspringenden Lasten nicht mehr zu leisten sind.
3. Dass eine aus den Vertretern aller Provinzen ge-
wählte Commission mit Zuziehung des Ministeriums
mit thunlichster Beschleunigung über die etwaige Entschädigung und über die Einführung der neuen Ge-

richtsverfassung Gesetzentwürfe auszuarbeiten habe.
4. Dass die Gerichtsbarkeit und politische Geschäfts-
führung bis zur Einführung der neuen Gerichtsver-
fassung von den Patrimonialgerichten inzwischen noch
ausgeübt werden soll. 5. Dass darüber zur Beruhigung
des Landvolkes eine feierliche Proclamation zu erlassen sei."

Kudlich motivirte mit kurzen, allgemeinen, aber
zündenden, begeisterten Worten seinen Antrag; be-
zeichnend für den ganzen Ideenkreis jener Zeit ist es,
dass man in der gewaltigen Rede, die von düsterer
Schönheit und unheimlich glühender Freiheitsliebe
erfüllt ist, jeden ökonomischen Standpunkt vermisst.
Nicht den hungernden und darbenden Bauer führt er
der Versammlung vors Auge, sondern den Sklaven,
der „gebückt auf Robot einherschreitet und die Hände
des Gutsherrn leckt", den Bauer, „an dessen Wiege
schon die feilen Lehrer und Pfaffen hocken, um seine
geistigen Fähigkeiten mit Beschlag zu belegen und
einen so festen Ring um sein Hirn zu schmieden, dass
selten ein freier, kühner Gedanke in ihm entstand,
noch seltener aber über die Lippen drang und wohl
nie die Hand zur freien, kühnen That spornte". Als
Consequenz der Menschenrechte forderte Kudlich die Aufhebung der Unterthanslasten; er warnte, es darauf
ankommen zu lassen, dass sich die Bauern mit Gewalt
— wie es von vielen Seiten her drohte — ihre Rechte
selbst nehmen würden. Es sei Gefahr im Verzuge, Gefahr für die Ruhe des Staates, aber auch Gefahr für
die Freiheit, für den Reichstag; nur der freie Mann
kann Wächter der Freiheit sein und deshalb müsse
man den Bauern zum freien Manne machen.[3])

„Meine Herren!'' — schloss Kudlich diese Rede,
die denkwürdiger ist und grossartiger, als alle rhe-
torischen Machwerke Cicero's zusammengenommen
— „Meine Herren! Freiheit und Recht treten heute
vor die Schranken dieses Hauses, und sie fordern
Anerkennung, und an ihrer Hand führen sie eine
Schaar von Millionen als Sklaven misshandelter, ge-
drückter, seit Ewigkeit geplagter Unterthanen, die auch
unsere Brüder, die Menschen sind. Freiheit und Recht
fordern heute Anerkennung von Ihnen, und die armen
Geplagten fordern, dass Sie den Druck und die Lasten
wegnehmen, damit sie aufgerichtet neben uns als
Freiheitswächter stehen können. Meine Herren! Die
ganze Geschichte Oesterreichs tritt heute vor uns und
fordert Genugthuung, damit die Unbilden der alten
Zeit durch die Anerkennung der neuen Zeit aus-
geglichen werden; sie fordert die Anerkennung Oesterreichs, dass das Volk Oesterreichs gerechter war als
seine früheren unbeschränkten Herrscher. Meine Herren!
Was Sie heute aussprechen sollen, ist kein Paragraph
der Geschäftsordnung! Das ist die Thronrede des
österreichischen Volkes. Heute soll der Geist laut
werden, der in dieser Versammlung wohnt, damit die
Völker wissen, worauf sie bauen können. Deswegen,
meine Herren, sprechen Sie ein gerechtes Wort, sprechen
Sie ein menschliches Wort, ein grosses, ein entschei-
dendes Wort, ohne kleinliche Rücksichten, ein Wort,
bei dem es sich um etwas Grosses handelt. Sprechen
Sie ein Wort, das als Friedensbote mit dem Oelzweige
des Friedens hinfliegen wird in die Hütte des Ge-
drückten und Armen, das den Völkern verkünden wird:
Es hat sich bereits ein Punkt gebildet, an dem die

werdende Zukunft sich zu krystallisiren anfängt.
Sprechen Sie ein Wort, das die Freiheit im Stande sei
zu begründen in den Eichenherzen unserer Bauern, die
trotz des jahrhundertlangen Druckes und Quälens
noch immer ein ehrenfester, Vertrauen einflössender
Kern geblieben sind. Sprechen Sie ein Wort zu den
armen Gebeugten, damit sie aus diesem Donnerschall
wissen, was Freiheit ist. Sprechen Sie ein Wort, das
nicht bloss ein Wort des Friedens sein soll, sondern
ein Donnerwort in die Paläste der Grossen, die noch
immer auf unsere Schwäche und Unentschiedenheit
fort lossündigen."

Auf diese Rede folgte eine grosse 39 Sitzungen
erfüllende Debatte,[1]) in welcher fast alle Mitglieder des
Hauses einmal oder öfter das Wort ergriffen und weit
mehr als 100 Amendements beantragt wurden. Im
Laufe der Debatte vereinigte sich Kudlich mit den
übrigen Antragstellern zu einem Compromissantrage,
der aber gleichfalls nicht die definitive Formulirung
für die Beschlussfassung abgab. Das Vorgehen des
Präsidiums war in diesem Falle so ungeschickt, als
nur immer das eines Anfängers ohne Erfahrungen im
parlamentarischen Leben sein kann. Statt alle Amendements zu sammeln, nach Gegenständen zu gruppiren,
und auf Grund einer mit den Antragstellern zu
pflegenden Vereinbarung auch gegenstandsweise zur
Debatte zu bringen, stellte man jedes Amendement
nach der Reihenfolge zur Begründung und Discussion,
um dann nachträglich erst zu den Compromissanträgen
zu greifen und diese neuerlich zur Discussion zu
bringen. Die Debatte gewann dadurch den Charakter
einer Obstructionsdebatte, obwohl wir nicht glauben,

dass wirklich ernstliche Verschleppungsversuche gemacht wurden, wie Violand⁵) meint. Die kleinlichsten stilistischen Abänderungsvorschläge nahmen ungebührlich viel Zeit in Anspruch, zahlreiche Wiederholungen ermüdeten Redner und Hörer, der Ueberblick ging ganz verloren und der Reichstag verschwendete eine kostbare Zeit, die für die Geschichte Oesterreichs leider unwiderbringlich verloren ist. In der Eingebung düsterer Ahnungen machte Schuselka den Reichstag darauf aufmerksam, dass man einer ernsten Zeit entgegen gehe; „wir wissen nicht, ob wir in einer so wichtigen Frage mit solcher Gewalt werden auftreten können, wie wir es jetzt noch zu thun im Stande sind. Trachten wir also, dass wir diesen grossen Grundstein der Freiheit legen, und wenn wir sonst gar nichts vollbringen könnten als dies, so würde die Geschichte uns segnen, dass wir das Landvolk gänzlich frei gemacht haben."

Es muss aber auch gesagt werden, dass sich der Reichstag seiner hohen Mission in dieser Frage vollauf bewusst war, und dass er sich in jenen Tagen auf eine Höhe erhob, die er später leider nie mehr erreichte. Die Gluten der Begeisterung für Freiheit und Gleichheit schlugen unbehindert durch Nationalitätenhader und staatsrechtliche Meinungsverschiedenheiten zu einer mächtigen Flamme zusammen, welche Jahrhunderte altes Unrecht hinwegbrannten. Trotz ihrer Regellosigkeit und trotz vereinzelter Stimmen, aus welchen nur schlecht verhohlenes Missbehagen herausklang, gehört diese Debatte doch zu den grossartigsten, welche die parlamentarische Geschichte kennt; sie war das Hochgericht, bei welchem die volkserwählten Geschworenen

das vernichtende Verdict über die sociale und wirthschaftliche Ordnung der vorangegangenen Zeit fällten.
Nicht Eine Stimme wagte es, sich zu erheben, um
offen das alte System, die Grundunterthänigkeit selbst
zu vertheidigen. Und so wagte es denn auch die spätere
Zeit der Reaction nicht, an diesem Urtheile zu rütteln.
In sachlicher Hinsicht drehte sich die Debatte
vorwiegend darum, ob mit der Aufhebung der Grundunterthänigkeit auch zugleich eine Entscheidung des
Reichstages über die Entschädigungsfrage gefällt werden
sollte.

Der radicalste Theil wollte alle Lasten und
Dienste sofort und ohne jede Entschädigung aufgehoben wissen. Er machte dafür die Ungerechtigkeit
dieser Abgaben und die Unmöglichkeit einer Entschädigung geltend, weil die Bauern die Ablösungssumme
nicht hätten; die Ablösung sei aber auch wirthschaftlich ganz unzweckmässig, weil für die Bauern das
Geld höheren Werth habe als die Naturalleistung;
die Dienste gegen Geld ablösen, hiesse dem Feinde
die Munition ausliefern, sagte der mährische Abgeordnete Bittner. Der Beweis, dass die aus der Unterthänigkeit entspringenden Dienste und Abgaben ein
Eigenthum des Grundherrn bilden, sei nicht zu erbringen; auch dürfe man das Eigenthum nicht bloss
auf einer Seite respectiren, während auf der anderen
Seite die furchtbarste Rechtsverletzung und Nicht-
achtung des Eigenthums stattgefunden hatte und gut-
geheissen wurde.

Die Mehrheit der Abgeordneten war im Princip
für die Entschädigung, indem sie sich auf das historische Recht, die Gerechtigkeit und die Opportunität

berief. Das Eigenthum als solches müsse geschützt
werden, um kein Präjudiz für die Confiscation überhaupt zu schaffen, auch würden die Tabulargläubiger,
unter denen sich Waisen und Sparcassen befänden, sowie
die Gemeinden, welche Herrschaftsrechte geniessen, durch
eine Grundbefreiung ohne Entschädigung am härtesten
betroffen werden. Zahlreiche Radicale stimmten nur
für die Entschädigung, um nicht das Ganze und die
Hauptsache zu gefährden, da das Ministerium aus der
Entschädigung eine Cabinetsfrage gemacht hatte; man
scheute sich, eine Ministerkrise heraufzubeschwören,
deren Ausgang unabsehbar gewesen wäre. Kudlich
selbst hatte in seinem Antrage die Frage offen gelassen.

Unter denen, welche für eine volle und billige Entschädigung eintraten, waren die Meinungen wieder sehr
getheilt darüber, ob die Entschädigung für alle aufzuhebenden Lasten oder bloss für die aus sogenannten Privatverträgen fliessenden Abgaben festgesetzt werden
sollte; ob die Entschädigung vom Bauer oder vom
Staate, oder vom Lande, oder vom Bauer, Gutsherrn
und Staate gemeinsam geleistet werden sollte; Einzelne
wollten, dass bezüglich der Bauernwirthschaften, die nicht
aus mehr als 5 oder 9 Metzen Grund bestehen, gar
keine Entschädigung geleistet werden sollte, Andere
verlangten, dass die Patrimonialgerichtsbarkeit bis
zur Einführung landesfürstlicher Gerichte einstweilen
auf Kosten und unter Verantwortlichkeit des Staates
weitergeführt werde u. s. w. Einzelne unbeugsame
Föderalisten forderten, dass die Entscheidung über
die Fragen überhaupt nur den Provinziallandtagen
zustehe und eingeräumt werden solle.

Zenker: Wiener Revolution. 13

In der Sitzung vom 29. August sollte man zur Abstimmung schreiten. Es lagen im Ganzen 159 Fragen vor. Es wäre einfach unmöglich gewesen, ohne chaotische Verwirrung herbeizuführen, über jede dieser Fragen einzeln abzustimmen. Man versuchte deshalb die Angelegenheit durch ein Compromiss zu vereinfachen, und thatsächlich gruppirte sich die überwiegende Mehrheit der Antragsteller um zwei Collectivanträge, deren einer durch Kudlich, der andere durch Lasser vertreten war.

Der Antrag Kudlich's lautete in seiner letzten Form: 1. Soll die Unterthänigkeit (nexus subditelae) sammt allen dieselbe betreffenden Gesetzen aufgehoben werden? 2. Soll alle Robot und jeder Zehent, sowie auch alle aus dem Unterthänigkeitsverbande, dem Obereigenthum, der Dorf- und Schutzobrigkeit, aus dem Weinbergrechte, aus der Vogteiherrlichkeit, dem bäuerlichen Lehensverbande entspringenden, oder ihnen ähnlichen Natural-, Geld- und Arbeitsleistungen und Lasten des Haus- und Grundbesitzes, einschliesslich aller Besitzveränderungsgebühren von nun an aufhören? 3. Soll für alle diese aufgehobenen Lasten gar keine Entschädigung geleistet werden? 4. Soll es einer Commission überlassen werden, vorzuschlagen, für welche dieser Lasten eine Entschädigung, für welche derselben keine zu leisten sei? 5. Soll für die nicht auf Privatverträgen beruhenden Lasten die Entschädigung vom Staate geleistet werden? 6. Sollen für diese Commission aus jedem Gouvernement drei Mitglieder des Reichstages gewählt werden? Ist darüber eine Proclamation zu erlassen?"

Der Collectivantrag Lasser's lautete: „1. Ist die Unterthänigkeit und das schutzobrigkeitliche Ver-

hältniss sammt allen, diese Verhältnisse normirenden
Gesetzen aufgehoben? 2. Ist Grund und Boden zu
entlasten? Werden alle Unterschiede zwischen Do-
minical- und Rusticalgründen aufgehoben? 3. Sind
alle aus dem Unterthänigkeitsverhältnisse entspringenden, dem unterthänigen Grunde anklebenden Lasten,
Dienstleistungen und Giebigkeiten jeder Art, sowie
alle aus dem grundherrlichen Obereigenthum, aus der
Zehent-, Schutz-, Vogt- und Weinbergherrlichkeit und
aus der Dorfobrigkeit herrührenden, von den Grund-
besitzungen oder von Personen bisher zu entrichten
gewesenen Natural-, Arbeits- und Geldleistungen mit
Einschluss der bei Besitzveränderungen unter Lebenden und auf den Todesfall zu zahlenden Gebühren
von nun an aufgehoben? 4. Kann für alle aus dem
persönlichen Unterthanenverbande, aus dem Schutz-
verhältnisse, aus dem obrigkeitlichen Jurisdictions-
rechte und aus der Dorfherrlichkeit entspringenden
Rechte und Bezüge keine Entschädigung gefordert
werden, wogegen auch die daraus entspringenden
Lasten aufzuhören haben? 5. Ist für solche Arbeitsleistungen, Natural- und Geldabgaben, welche der Besitzer eines Grundes als solcher dem Grund-, Zehent-
oder Vogtherrn zu leisten habe, baldigst eine billige
Entschädigung auszumitteln? 6. Sind die Holzungs-
und Weiderechte, sowie die Servitutsrechte zwischen
den Obrigkeiten und ihren bisherigen Unterthanen
entgeltlich, das dorfobrigkeitliche Blumsuch- und
Weiderecht, sowie die Brach- und Stoppelweide unentgeltlich aufzuheben? 7. Hat eine aus Abgeordneten
aller Provinzen zu bildende Commission einen Gesetzentwurf auszuarbeiten und der Reichsversammlung

13*

vorzulegen? Hat dieser Gesetzentwurf zu enthalten die Bestimmungen *a)* über die entgeltliche Aufhebung der in emphyteutischen oder sonstigen über Theilung des Eigenthums abgeschlossenen Verträgen begründeten wechselseitigen Bezüge und Leistungen? *b)* Ueber die Aufhebbarkeit von Grundbelastungen, die etwa im § 3 nicht angeführt sind. *c)* Ueber die Art und Weise der Aufhebung und Regulirung der im § 6 angeführten Rechte? *d)* Ueber den Massstab und die Höhe der zu leistenden Entschädigung und über den aus den Mitteln der Provinzen zu bildenden Fonds, aus welchem durch Vermittelung des Staates die Entschädigung zu leisten kommt? *e)* Ueber die Frage, ob für die nach § 2 und nach § 7 aufzuhebenden, jedoch im § 4 und 5 angeführten Giebigkeiten und Leistungen eine Entschädigung und welche zu entrichten sei? 8. Haben die Patrimonialbehörden die Gerichtsbarkeit und die politische Amtsverwaltung provisorisch bis zur Einführung landesfürstlicher Behörden auf Kosten des Staates fortzuführen?"

Am 30. August schritt man zur Abstimmung. Die Majorität entschied sich dafür, dass erst der Lasser'sche, dann der Kudlich'sche Collectivantrag zur Abstimmung komme. Die ersten drei Fragen des Lasser'schen Antrages, das allgemeine Princip der Grundbefreiung betreffend, wurden einstimmig und unter unbeschreiblichem Jubel bejaht. Die Linke gedachte nunmehr die Abstimmung über die weiteren Punkte des Lasser'schen Antrages, welche die Entschädigungsfrage betrafen, zu verhindern, indem sie die Versammlung durch Absentirung beschlussunfähig zu machen suchte. Das gelang ihr jedoch nicht. Sie kehrte daher in den Saal zurück und setzte wenigstens durch, dass nicht sogleich über die Lasser'schen Fragen, sondern vorher über das Entschädigungsprincip abgestimmt werde. Die dem Hause vorgelegten Fragen lauteten: „Ist für einige der aufgehobenen Lasten eine Entschädigung zu leisten, für andere nicht?" „Ist gar keine Entschädigung zu leisten?" und „Ist für alles Entschädigung zu leisten?" Das Haus entschied sich für die erste Frage und nahm sodann die noch übrigen Punkte des Lasser'schen Antrages mit Majorität an. Hierauf wurde bei neuerlicher Abstimmung der Antrag Lasser's auch in seiner Gesammtheit mit Majorität genehmigt.

Man schritt sodann zur Erledigung des Kudlichschen Antrages. Die vier ersten Punkte wurden als durch die gefassten Beschlüsse für bereits erledigt erachtet. Das Schwergewicht des Kudlich'schen Antrages ruhte sonach im 5. Punkte, welcher die Pflicht der Entschädigung dem Staate zuschob. Bei der Einzelabstimmung wurde dieser gleich den übrigen Punkten mit grosser Majorität angenommen, bei der zweiten Abstimmung gelang es der Rechten aber, einige galizische Bauern zu gewinnen, und so kam es, dass die Gesammtheit der drei restlichen Punkte mit 152 gegen 148 Stimmen abgelehnt wurde. Die Linke schäumte vor Entrüstung und verlangte eine neuerliche Abstimmung, die Rechte verliess aber das Haus und machte es beschlussunfähig. Es blieb bei der früheren Abstimmung. Die noch übrigen Einzelamendements wurden entweder als durch die gefassten Beschlüsse erledigt betrachtet oder von den Antragstellern selbst zurückgezogen.

Am 7. September legte die Regierung dem Hause die Redaction der Beschlüsse vor; dieselben wurden mit dem Zusatze genehmigt, das Ministerium möge die „bestimmende Fertigung Sr. Majestät veranlassen und sohin dieselben in gesetzlicher Form zur ungesäumten Kundmachung bringen". Die Sanction und Publication erfolgte auch thatsächlich noch am selben Tage.

Die Nachricht von der grossen That des Reichstages, von jener That, welche diesem kurzen Parlamente einen dauernden Platz in der Geschichte wahren wird, wurde vom Volke und besonders von den Bauern wie etwas Selbstverständliches quittirt. Die lange und fruchtbare Arbeit der Jesuiten und Dragoner hatte den Sinn für Dankbarkeit aus dem Herzen des österreichischen Bauern verdrängt, und so kam es, dass das grosse Ereigniss in ganz Oesterreich weder durch Bergfeuer noch durch Pöllerschüsse, weder durch Reden und Umzüge, noch durch Gottesdienste und Dankeswallfahrten gefeiert wurde. Man hatte dem Volke die Sache so dargestellt, als ob die Aufhebung des Unterthanenverhältnisses vorwiegend der Gnade des Kaisers zu danken sei. Das Verdienst der Linken des Reichstages und vor allem des muthvollen und begeisterten Antragstellers Hans Kudlich wurde möglichst in den Hintergrund und dafür das vorgebliche Verdienst Lasser's in den Vordergrund gerückt.

Es bedurfte der Aufforderung eines radicalen Blattes, der „Bauernzeitung" (Beiblatt zu Mahler's „Freimüthigen" am 13. September), um den Bauern zum Bewusstsein zu bringen, dass sie ihren muthigen

Vertretern im Reichstage Dank schuldig wären. Am
24. September fand zu Ehren Kudlich's ein grosser
Fackelzug statt, zu welchem aus weiter Ferne Bauern-
deputationen entsendet worden waren. Es war eine
imposante Kundgebung, bei der viel gesprochen wurde.
Kudlich selbst hielt vom Balcon des Hôtel Munsch
aus jene berühmte, wildlockige Ansprache an die
Bauern, in welcher er diesen die denkwürdigen Worte
zurief: „Seid wachsam! Und wenn der Löwe der Aula
wieder ruft bei nahender Gefahr, so lasst die Flammen-
zeichen leuchten von Berg zu Berg! Ihr werdet
kommen! Ihr werdet kommen und nicht dulden, dass
man die Studenten überfalle und über ihre Leichen
schreitend die junge Freiheit vernichte."
Die Bauern jubelten natürlich den Worten zu;
hatten sie doch das Patent, das ihnen die Robot ab-
nahm, in der Tasche und brennende Fackeln in den
Händen, und wurden mit Auszeichnung behandelt und
mit Ehren überhäuft. Sie hatten auch Bärenmuth,
damals am Mehlmarkte, wo keine Croaten ihnen gegen
über standen und Windischgrätz nicht in Sicht war.
Unter den Männern der Revolution gab es freilich
sehr viele, welche auf diesen Muth und auf diese Be
geisterung der Bauern keinen Pfifferling gaben und von
der Demonstration am Mehlmarkte hinweg freudlosen
Auges in eine düstere Zukunft blickten. Anderen
stählte der Bauernaufzug immerhin den Muth und die
Hoffnung, und den Reactionären jagte er vielleicht
doch eine gelinde Angst ein; allein, die Dinge waren
zu weit gediehen, als dass sie durch eine Demonstration, wie die vom 24. September, auch nur hätten
aufgehalten werden können.

Die Arbeiterfrage hatte, wie es nicht anders
möglich war, um jene Zeit längst einen tiefen Riss in
der Bevölkerung erzeugt, welcher die Todeswunde der
Freiheit zu werden drohte. Schon Ende Juni wetterleuchtete es von ferne.
Man hatte aus Versehen den Arbeitern auf einem
Platze auch für einen Feiertag, an welchem nicht
gearbeitet worden war, den Lohn ausgefolgt. Sogleich
erschienen die Arbeiter von den übrigen Plätzen und
begehrten, dass ihnen überhaupt an Sonntagen
und Feiertagen, wie auch an Regentagen der Lohn
bezahlt werden solle. Selbst Radicale sahen das Unvernünftige dieser Forderung ein. [6]) Die Arbeiter waren
aber äusserst schwierig; Agitatoren suchten auf den
Arbeitsplätzen am Bründlfeld, in Gumpendorf, in der
Wiedener Vorstadt und anderwärts die Arbeiter auf-
zureizen, und drohten jenen, die sich zufrieden zeigten,
mit Todschlag. [7]) Man suchte zu vermitteln; ohne Erfolg. Zwischen der gemässigten Bourgeoisie und den
Arbeitern kam es zu heftigen Auseinandersetzungen,
die Stimmung wurde eine sehr verbitterte. Keine Nacht
verging ohne Katzenmusik, die oft ganz Unschuldigen
gebracht wurde, Bäcker und Fleischer kamen in
ernstliche Bedrängniss, die Nationalgarde musste Tag
und Nacht in Dienst stehen, um Ausschreitungen der
Arbeiter zu verhindern. Dadurch wurde aber die
Stimmung des Bürgerthums, welches nie für den
permanenten Waffendienst geschwärmt hat, und sich
seinem bürgerlichen Berufe entzogen fühlte, noch un-
freundlicher gegen die Arbeiter, ja man fürchtete schon
damals einen Conflict zwischen Garden und Arbeitern.

Eines Tages zog eine Rotte von etwa hundert
Arbeitern, um eine Lohnerhöhung zu ertrotzen, vor
den Sitzungssaal des Sicherheitsausschusses; eine Deputation erschien vor der Versammlung und verlangte die Erhöhung des Taglohnes auf 36 kr., während
von unten herauf ungestümes Schreien der Genossen
scholl. Der Präsident des Ausschusses, Dr. Fischhof,
suchte dem Sprecher zunächst in eindringlicher Weise
die Unerfüllbarkeit seiner Wünsche klar zu machen;
als der Arbeiter aber nunmehr mit allgemeinen Excessen der Arbeiter drohte, liess ihn Fischhof ver-
haften.

Der Sicherheitsausschuss befand sich in einer
peinlichen Situation, ähnlich wie der Reichstag im
October. Er war für die Aufrechterhaltung der Ordnung verpflichtet. Hätte er den drängenden Garden
die Erlaubniss zu einem Angriffe auf die Arbeiter
gegeben oder den eigenmächtigen Angriff auch nur
nachträglich gebilligt, so wäre sein Vertrauen im Proletariate unwiderbringlich verloren und er selbst der
Rache des eifersüchtigen Gemeindeausschusses preisgegeben gewesen. Im anderen Falle wäre der Sicherheitsausschuss vollkommen in die Arme des Proletariates und auf die Bahnen des Pariser Wohlfahrts-
ausschusses gedrängt worden. Da er nun zu dem
einen wie zu dem anderen gleich wenig Lust ver-
spürte, suchte er zwischen Garden und Arbeitern zu
vermitteln. Ausschussmitglieder und Studenten eilten
auf die Arbeitsplätze und suchten beschwichtigend
zu wirken; allein, die Arbeiter wollten auch auf die
Studenten nicht hören. Der Tumult und die Erbitterung wuchsen von Stunde zu Stunde, von Tag zu

Tag, die Arbeiter bewaffneten sich so gut es ging, die Situation war äusserst kritisch geworden. Da versuchte der Sicherheitsausschuss ein Letztes. Er consignirte die gesammte Garde sammt ihren Geschützen auf den Glacien, einige beherzte Studenten gingen unter die Arbeiter und stellten ihnen die Gefahren eines Kampfes vor Augen. Die Arbeiter, welche sich die Gewalt des Bürgerthums nicht so gross vorgestellt hatten, wurden stutzig und wichen der sichtlichen Uebermacht. Sie liessen es zu, dass die Rädelsführer verhaftet wurden; Andere entflohen, man hat wissen wollen, dass es hauptsächlich Czechen gewesen seien. Die Aufseher über die Arbeiter erhielten nunmehr strengen Befehl, solche Personen, die nicht Arbeiter waren und welche sie nicht genau kannten, von den Plätzen abzuweisen; die Arbeiter wurden purificirt, so viel es sich thun liess, und seit diesen, den sogenannten Juniunruhen war es thatsächlich auf den Arbeitsplätzen wieder ruhig geworden, obwohl ein geheimer Groll gegen den Gemeinderath und die Stadtgarden den Arbeitern seit jenen Tagen nicht mehr aus der Brust zu reissen war. Die allgemeinen Zustände auf den Arbeitsplätzen änderten sich freilich um nichts.

Als mit dem Amtsantritte des neuen Ministeriums Herr v. Schwarzer das Portefeuille der öffentlichen Arbeiten übernahm, konnte man gewärtig sein, dass in den ganz unhaltbaren Verhältnissen dieses Ressorts eine einschneidende Veränderung eintreten müsse. Schwarzer zeigte in der That den festen Willen und die redlichste Absicht, den bei den Erdarbeiten eingerissenen Missbräuchen ernstlich zu steuern und die

ganze Institution auf jenes Mass und jene Form zurückzuführen, in welcher allein sie intendirt war und sein
konnte.

Einer seiner ersten Schritte war, dass er sich an
den Sicherheits-, wie an den Gemeindeausschuss mit einem
Erlasse wendete, in welchem er die Einsetzung eines
provisorischen Centralcomités für Arbeiterangelegen-
heiten unter oberster Leitung des Ministeriums anzeigte.
Die Aufgaben dieses Centralcomités sollten sein,
Erhebungen über den Stand und Zustand, sowie über
die Zuständigkeit der verwendeten und der Verwendung.
bedürftigen Arbeiter zu pflegen, diese Daten evident
zu halten, weiters Erhebungen über Nothwendigkeit, Anzahl, Umfang und Reihenfolge der öffentlichen
Arbeitsobjecte, Fürsorge für die Beschaffung der hierzu
erforderlichen Geldmittel zu pflegen, die oberste Ueberwachung der Ausführung dieser Arbeiten und der
dabei zu beachtenden Grundsätze in technischer, öko-
nomischer und disciplinarer Hinsicht zu üben, und
endlich die Herbeiführung eines den Anforderungen
des Staates und der Gesellschaft möglichst entsprechenden normalen Zustandes der Arbeitsangelegenheiten
überhaupt anzubahnen.

Dem Centralcomité traten Mitglieder des Gemeindeausschusses und des Sicherheitsausschusses bei, freilich
mit grosser Hingebung für die Sache die letzteren
schon deshalb nicht, weil das neue Comité unter der
Leitung des Ministeriums stand und dadurch die
souveräne Stellung des Sicherheitsausschusses wesentlich erschüttert wurde. Ueber die Thätigkeit des
Centralcomités ist uns nichts bekannt geworden, wahrscheinlich wurde eine solche nicht entfaltet.

Am 2. August liess der Arbeitsminister an die Arbeiter bei den öffentlichen Bauten, welche zu ihren erlernten Gewerben zurückkehren wollten, die Aufforderung ergehen, sich bei dem Comité zu melden, da man dem Gewerbe und der Industrie durch Staatsmittel aufhelfen werde. Es meldete sich fast niemand. Bald darauf ordnete der Minister die Ausweisung der Fremden von den Arbeitsplätzen an. Die Ausführung dieser Massregel wurde mit der Behauptung hintertrieben, es seien keine Fremden da, weil alle vor dem 13. März Zugewanderten als Zuständige zu betrachten seien, oder man besässe überhaupt kein Recht, Fremde auszuweisen, weil die Kosten der Bauten aus der Staatscasse bestritten würden, in welche alle Provinzen einzahlen u. s. w.

Als diese Versuche, den krankhaften Zudrang zu den Erdarbeiten zu unterbinden, scheiterten, schritt Schwarzer zu einer radicaleren Massregel, nämlich zu einer Lohnreduction. Es wurde am 18. August zunächst der Abzug an dem Lohne der Weiber und Kinder vorgenommen, und zwar wurde der erstere auf 15 kr., der letztere auf 10 kr. herabgesetzt; eine ähnliche Lohnreduction für Männer sollte etwas später erfolgen.

Wir wollen gleich hier die socialpolitische Seite dieser verhängnissvollen Massregel beleuchten. Es gab unter den Demokraten des Jahres 1848 nur die eine Meinung, dass diese Verfügung des Arbeitsministeriums eine Provocation war, um einerseits dem weiteren Umsichgreifen des Proletariereinflusses ein Ende zu machen, andererseits des Sicherheitsausschusses sich zu entledigen, die Demokratie zu compromittiren u. s. w. Schwarzer wurde von den Einen als das eingeweihte, von den Anderen als das seiner Mission unbewusste Werkzeug der reactionären Partei bezeichnet. Es ist schwer, nach 50 Jahren über die Motive einer Handlung etwas Bestimmtes aussprechen zu wollen, über welche keine Documente vorliegen. Eben deshalb ist es aber auch die Aufgabe des Geschichtsschreibers, insolange die bekannten natürlichen Gründe zur Erklärung einer Sache hinreichen, auch wirklich sich damit zu begnügen und auf Combinationen, welche auf dem Boden der Parteileidenschaft aufgesprossen sind, zu verzichten. Schwarzer hat durch keine seiner Handlungen vor oder nach seiner Ministerschaft bewiesen, dass er sich als Werkzeug der Reaction missbrauchen lasse; er hat vielmehr bewiesen, er allein, dass er sich nicht an ein Ministerportefeuille klammere; auch seine Feinde von rechts und links waren nicht im Stande, nur das geringste gegen ihn vorzubringen, was einen so schweren Verdacht rechtfertigen könnte. Schwarzer hat aber auch im Vollbewusstsein der Consequenzen jene Massregel getroffen. „Wenn jemand behauptet, eine solche Massregel ginge ohne Aufregung vorüber, zumal bei einem so demoralisirten Zustande eines grossen Theiles gerade dieser Arbeiter, der liegt noch in der Wiege der Erfahrung," heisst es in einem unmittelbar nach den Excessen in der „Allgemeinen Oesterreichischen Zeitung" erschienenen, offenbar von Schwarzer selbst herrührenden oder doch inspirirten Artikel.

Was Schwarzer vorschwebte, war ein heute von der Wissenschaft unangefochten acceptirter Grundsatz, dass die den Armen und Arbeitslosen zu bietende

öffentliche Hilfe nie über das den localen und zeit-
lichen Verhältnissen entsprechend abgeschätzte Exi-
stenzminimum hinausgehen dürfe, um nicht auf solche,
welche noch arbeitsfähig sind und Arbeitsgelegenheit
haben, als Verlockung zu wirken. Es war ein
unverantwortlicher und nur durch die socialpolitische
Unreife zu entschuldigender Fehler des Sicherheitsausschusses, dass er den Lohn für die Nothstands-
arbeiten statt zwischen Existenz- und Lohnminimum,
höher als die bei derlei Arbeiten üblichen Löhne festsetzte. In der That haben die Gegner der Schwarzer-
schen Massregel, weniger das Wesen derselben, als den
Zeitpunkt, in welchem sie durchgeführt wurde, ihre
Form u. s. w. bemängelt. An solchen Kundgebungen
posthumer Weisheit hat es ja nie gefehlt. Weit eher
könnte man sagen, dass es verfehlt war, die Massregel zuerst auf die Weiber und Kinder zu erstrecken,
und ihr dadurch etwas ausgesucht Hartes zu verleihen.
Allein, gerade auf diesem Wege hoffte Schwarzer die
Arbeiter an die neue Ordnung der Dinge allmählich
zu gewöhnen. Jedenfalls hätte — von Aeusserlichkeiten
abgesehen — was Schwarzer that, jeder andere
Arbeitsminister, der nicht auf socialistischem Boden
stand, thun müssen; das, wozu die fanatischen Stadtgarden die ministerielle Verfügung missbrauchten,
das hat natürlich Schwarzer nicht zu verantworten.

Die Massregel wurde vom 19. August auf den
Arbeitsplätzen officiell publicirt. Sie wurde zwar mit
Murren, aber ohne ernste Demonstration aufgenommen,
und der 19. und 20. August verliefen ruhig. Am
21. August zogen die Arbeiter wie gewöhnlich zur
Arbeit und nahmen eine neuerliche Publication,[8]) in

welcher die Maßregel vom 18. August vollständig
aufrecht erhalten wurde, mit Ruhe hin; erst gegen
8 Uhr wurden sie zu einer Sturmpetition animirt;
die Stimmung wurde besonders in dem Momente eine
gereizte, als man erfuhr, dass auch die Männer
demnächst eine Lohnreduction erfahren sollten. Die
Arbeiter rotteten sich zusammen und zogen gegen die
Stadt. Das Ministerium setzte sich bei der Kunde von
dem Herannahen der Arbeiterschaaren mit allen revolutionären und regulären Behörden in Verbindung
und forderte sie auf, alles, was in ihrem Wirkungskreise liege, vorzukehren. Man suchte die Arbeiter
von der Stadt fernzuhalten; es kamen aber dennoch
viele in die Stadt und begaben sich in die Aula. Die
Legion, wie auch die Vorstadtgarden standen auf der
Seite der Arbeiter; sie suchten sie gleichwohl zu be-
schwichtigen und erreichten es auch, dass trotz aller
Feindseligkeit der Stadt- und Municipalgarden es an
diesem und dem folgenden Tage zu keinem ernsteren
Conflicte kam.

Am 23. August veranstalteten die Arbeiter im
Prater eine Farce, bei welcher der Minister schlecht
wegkam, wie solche aber damals nicht selten aufgeführt
wurden. Man führte einen Esel in Procession herum,
auf welchem eine Puppe mit einem Fünfkreuzerstück
im Munde sass, der Minister Schwarzer, der den Arbeitern 5 kr. abgezogen hatte. Schwarzer wurde dann
in effigie verbrannt, und als man sich durch dieses
Autodafé genügend in Stimmung gebracht hatte,
suchte man in Massen gegen die Stadt zu ziehen. Das
war der Moment, den die spiessbürgerlichen und gegen
das Proletariat feindseligen Stadt- und Municipalgarden

benützten, um das Spiel zum Aeussersten zu treiben. Am Eingange der Jägerzeile (Praterstrasse) stiessen die Arbeiter auf die Garden. Man weiss nicht, von welcher Seite die Feindseligkeiten eröffnet wurden, genug, die Garden feuerten wiederholt in den aus meist unbewaffneten Männern, Weibern und Kindern bestehenden Knäuel, sie hieben noch in die Fliehenden ein und schonten selbst Kinder nicht. Zahlreiche Leichen und Hunderte von Verwundeten bedeckten das Pflaster.

Bürger hatten Bürgerblut vergossen; die Revolution war geschändet, die Partei des Rückschrittes konnte sehen, dass ihre Stunde gekommen sei. Als die brutalen Männer der „Ordnung" in die Leopoldstadt zurückkehrten und ihre noch blutigen, aber mit Blumen bekränzten Säbel und die den Arbeitern entrissenen Fahnen triumphirend schwangen, wurden sie an den Fenstern von Damen mit Lebehochs und Tücherschwenken begrüsst. Das Bürgerthum hatte lange mit Widerwillen Arbeiterfreundlichkeit geheuchelt, es hatte lange den patrizischen Aristokratenstolz unterdrückt, und mit dem „Gesindel", das ihm die politische „Freiheit" erkämpft hatte, brüderlich verkehrt. Jetzt hörte der Zwang, die unnatürliche Verbrüderung auf; man wollte den Arbeiter wieder in die ihm vermeintlich gebührenden socialen Grenzen zurückgewiesen wissen, und gab sich gar keine Mühe, die brutale Gewalt, mit welcher man im Prater den Anfang gemacht hatte, zu rechtfertigen. Man bekannte offen seine Sympathien mit dem Militarismus und betonte rücksichtslos den Gegensatz zu den Demokraten, den Studenten, deren Legion sich neutral verhalten hatte, und den Vorstadtgarden.

Die Verhimmlichung der brutalen Gewalt hat in
Wien sogar ihren classischen Dichter gefunden. Ein
Grillparzer musste es sein, welcher den Kampf der
Geister und Meinungen verächtlich hinter die Moral
des Commissstiefels setzte, weil der erstere ihm, dem
Typus des griesgrämigen Spiessbürgers, mitunter einmal
die Nachtruhe störte. Darum wünschte er den Sieg
der Armee in Italien, damit die Partei der militärischen
Disciplin endlich auch in Wien „Ruhe und Ordnung"
mache.

> Glück auf, mein Feldherr, führe den Streich!
> Nicht bloss um des Ruhmes Schimmer,
> In Deinem Lager ist Oesterreich,
> Wir Andern sind einzelne Trümmer.
> Aus Thorheit und aus Eitelkeit
> Sind wir in uns zerfallen,
> In denen, die Du führst zum Streit,
> Lebt noch Ein Geist in Allen.
> Dort ist kein Jüngling, der sich vermisst
> Es besser als Du zu kennen,
> Der, was er träumt und nirgends ist
> Als Weisheit wagt zu benennen u. s. w.

Wie tief musste das österreichische und Wiener
Bürgerthum stehen, wenn selbst ein Grillparzer nicht
das Infamirende eines solchen Glaubensbekenntnisses
empfand. Einige Monde später dachte vielleicht auch
er über den Geist der Soldatesca anders — wir nehmen
das zur Ehre seines Gedächtnisses an —; im August
konnte man aber die militärische Unterdrückung der
Arbeiter- und Studentenherrschaft kaum mehr erwarten. Gewiss hat der Hof und Adel alles gethan,
um den Gang der Geschichte rückläufig zu machen,
aber die Bourgeoisie lief diesen beiden Factoren
förmlich den Rang ab. Angeborene Bedientenhaftigkeit

(Bediententreue nach oben, Bedientenhochmuth nach unten) einerseits, das berechtigte Bedürfniss nach wirthschaftlicher Consolidirung, und die unberechtigte heillose Furcht vor dem „Communismus" andererseits, das war es, was dem Bürgerthum in den Gliedern lag. Sie fragten gar nicht mehr um die politischen „Errungenschaften", der wirthschaftliche und sociale Kaufpreis, um den sie dieselben erstehen sollten, war ihnen viel zu hoch.

Die kleinen Vorstadtbürger, meist zu Sitzgesellen herabgesunkene oder bereits ganz ruinirte Handwerker und die Studenten, hielten treu zu den Arbeitern und zur Demokratie. Aber die Ereignisse des 23. August enthüllten ihnen den ganzen Ernst der Situation. Die Flitterwochen der Revolution mit ihren Illusionen waren vorüber, und ein tiefer Pessimismus riss jetzt ein. Der Sicherheitsausschuss hatte in der ganzen Angelegenheit eine erbärmliche Rolle gespielt; er hatte, als das Ministerium ihm die Executive entriss, nicht den Muth, die Arbeiter, die unbedingt auf seiner Seite gestanden wären, aufzurufen, und sich in einen Kampf mit der Regierung einzulassen. Er wollte, wie gesagt, ebenso wenig ein Wohlfahrtsausschuss werden als der Reichstag zwei Monate später die Rolle des Convents übernehmen wollte; ob dies zum Heile und Segen Oesterreichs geschah, haben wir nicht zu untersuchen. Der Sicherheitsausschuss liess daher die furchtbaren Vorgänge des August einfach geschehen, und besass nur noch den Muth des Selbstmörders. Am 24. August löste er sich noch zur rechten Zeit, ehe die Regierung die Auflösung verfügen konnte, selbst auf. Damit war die Revolution entschieden; die Demokratie

sah zwar thränenden Auges, aber die Hände in den
Taschen zu, wie ihr berufenes Organ verschwand, und
auch sie wagte kein Wort, keine That, um sich diese
ureigenste Institution der Revolution zu erhalten. Das
Spiel war verloren.

Minister Schwarzer gab unmittelbar nach dem
traurigen Ereignisse im Prater die Demission, führte
aber eine kurze Zeit noch seine Geschäfte weiter. Die
unbedingt gut zu heissenden Massregeln gegen das
Unwesen bei den öffentlichen Arbeiten konnten jetzt
mit grösserem Nachdruck und Erfolg durchgeführt
werden. Die Zahl der Erdarbeiter war bald auf die
Hälfte reducirt, und wenigstens die crassesten Missbräuche wurden abgeschafft.

Der in der Arbeiterfrage erfolgte Umschwung
machte sich aber auch sonst fühlbar. Viele Zugeständnisse, welche die Arbeitsgeber an ihre Gesellen nach
der März- und Mairevolution gemacht hatten, wurden
nun auf einmal zurückgenommen. Selbst die Drucker-
principale versuchten, an den gemachten Zugeständnissen
zu quängeln; der Lohntarif behagte ihnen nicht, gewisse Dinge wenigstens sollten „dem freien Uebereinkommen zwischen Herrn und Gehilfen überlassen
bleiben".

In den Versammlungen der Drucker wurde die
Frage lebhaft erörtert. Man beschloss die Gründung
eines „Gutenbergvereines", wie solche auch in
Deutschland bestanden, um einen Anschluss an die
grosse Organisation der Typographen Deutschlands zu
finden. Allein, die constituirende Generalversammlung
fand erst am 21. October, wenige Tage vor der Ein-
nahme Wiens durch Windischgrätz statt.

14 *

Auch unter den übrigen Arbeitern gährte es. Der Arbeiterverein plante, um die Arbeiterverhältnisse in Wien zu ermitteln, ein „Arbeiterparlament", eine Versammlung von Arbeitern, zu welcher jede Branche drei Delegirte hätte entsenden sollen, einzuberufen. Das Programm dieser Enquête war: 1. Gleichstellung der politischen Rechte des Arbeiters mit den anderen Ständen. 2. Einsetzung eines Arbeiterministeriums, in welchem auch Arbeitnehmer und Arbeitgeber als Unterstaatssecretäre vertreten sein sollen. 3. Freies Niederlassungsrecht. 4. Vollkommene Gewerbefreiheit. 5. Feststellung einer kürzeren Arbeitszeit. 6. Bildungsanstalten für die arbeitende Bevölkerung. 7. Errichtung von Kranken- und Invalidencassen mit staatlicher Beihilfe. 8. Einführung von Gewerbeschiedsgerichten. 9. Aufhebung des Passzwanges. 10. Unbeschränkte Heiratserlaubniss. 11. Ueberreichung des Ergebnisses des Arbeiterparlamentes an den hohen Reichstag mit der Forderung, die Wünsche und Bedürfnisse der Arbeiter Oesterreichs zu berücksichtigen und ihnen gerecht zu werden.

Das „Arbeiterparlament" fand leider wegen der dazwischen getretenen Octoberereignisse nicht statt, und somit kam es auch nicht dazu, dass einem österreichischen Parlamente schon im Jahre 1848 ein klares socialpolitisches Programm der Arbeiterschaft überreicht werden konnte.

Es verdient, wenn auch nur als historische Pikanterie, in einem Buche über die socialen Bewegungen des Jahres 1848 vermerkt zu werden, dass im Sommer des Jahres Michael Bakunin und Karl Marx in Oesterreich weilten. Bakunin war zum Slavencongress in

Prag erschienen und bildete hier während des Pfingst-
aufstandes mit einigen anderen slavischen Revolutionären eine Art Generalstab, der den höchsten Widerstand zu organisiren sich bemühte.⁹) Von einer eigentlich
socialistischen Agitation Bakunin's in Prag ist nichts bekannt geworden. Der Vater des Actionsanarchismus, oder
wie er es nannte, des „Amorphismus", befand sich
damals in Bezug auf seine Anschauungen selbst noch
in einem sehr amorphen Zustande: er hatte kaum die
ersten Keime der Proudhon'schen Lehre in sich aufgenommen, und pendelte einstweilen noch von der
deutschen Demokratie zum knutenlüsternen Panslavis-
mus hin und her.

Ebenfalls in kritischer Zeit weilte Karl Marx in
Wien, nachweisbar vom 28. August bis 7. September.¹⁰)
Marx hatte wohl gehofft, für seine Ansichten hier einen
der Agitation zugänglichen Boden zu finden, sah sich
hierin aber bitter enttäuscht. Schon das freundliche
Zusammengehen eines Theiles des Bürgerthums mit
dem Proletariate war ganz und gar nicht nach seinem
Geschmacke. In einer am 28. August abgehaltenen
Versammlung des demokratischen Vereines sprach er
das bis dorthin in Wien kaum gehörte Wort aus,
dass es sich bei dem Augustrummel um weiter
nichts als um einen Kampf zwischen Bourgeoisie und
Proletariat handle. Dr. Hermann Jellinek polemi-
sirte gegen ihn, aber Marx war nicht so leicht zu
bekehren, und in der „Neuen Rheinischen Zeitung"
liess er sich über die Unreife der Wiener Revolutions-
männer nicht besonders liebenswürdig aus. In den
ersten Tagen des September sprach Marx wiederholt
im „Arbeitervereine". Er hielt einen Vortrag über

„Lohnarbeit und Capital". Alle Revolutionen seien sociale; das Capital bestehe nicht aus Geld, sondern aus Rohstoffen, Productionsinstrumenten etc. Die Behauptung, dass die Interessen des Capitalisten und des Lohnarbeiters dieselben seien, sei falsch. Mit der Theilung der Arbeit wachse die Concurrenz unter den Arbeitern, es sinkt der Lohn; noch viel mehr durch das Maschinenwesen. Die Productionskosten bestimmen den Arbeitslohn.(?) Die Civilisation vermehre nicht das Wohlbefinden der Arbeiter, im Gegentheile, es wachsen die Steuern und die Lebensbedürfnisse u. s. w.

Schon aus diesem kurzen Berichte geht hervor, dass sich Marx bemühte, die Wiener Arbeiter für seine Lehre zu gewinnen; aus der ungelenken Wiedergabe des Vortrages durch den Präsidenten des Arbeitervereines[11]) ist aber auch zu ersehen, dass Marx hier einen sehr schlechten Boden vorfand. Ziemlich enttäuscht mag er Wien — vermuthlich gleich nach dem 7. September — verlassen haben. Wenn man ihm den Vorwurf machte, er habe bei den gleich zu schildernden Septemberunruhen die Hand im Spiele gehabt, so war das eine purblanke Erfindung. Marx hatte um diese Zeit zuverlässig Wien bereits verlassen.

Auch die Genesis dieser Septemberunruhen, dieses Wetterleuchtens vor dem grossen Ungewitter des October, ist in erster Linie in wirthschaftlichen Veranlassungen, in der von Tag zu Tag beängstigender um sich greifenden Verelendung des Handwerkerstandes, des Kleinbürgerthums zu suchen.

Wir haben die traurige Lage des kleinen Gewerbes und ihre Voraussetzungen wiederholt geschildert; durch die Vorgänge in Südungarn, durch die

Scheidewand, welche sich in Folge der politischen
Vorgänge zwischen Wien und jenem Hauptabsatz-
gebiete der Wiener Industrie aufthürmte, wurde der
letzteren ein neuer empfindlicher Schlag versetzt. Im
Gemeindeausschusse mehrten sich die Ansuchen von
Gewerbetreibenden um Gewährung von Vorschüssen
oder Unterstützungen zur Fortführung ihrer Gewerbe.
Im Auftrage und unter Leitung des Ministeriums
bildete sich ein Comité, welches sich die Aufgabe
stellte, mittellose Gewerbsleute durch Zuwendung
von Rohstoffen, Abnahme von Producten und nöthigen-
falls auch durch Zuwendung von Barmitteln zu unterstützen. Das Finanzministerium setzte für diesen Zweck
eine Summe von 500.000 fl. aus, die jedoch vorder-
hand nicht in Angriff genommen wurde; überhaupt
scheint sich das Comité in seiner Thätigkeit nicht über-
stürzt zu haben.

Und doch drängte die Noth unabweislich, dem
Handwerke mussten Creditquellen eröffnet werden,
sollte es nicht verdorren und verschmachten. Man
hatte wiederholt in der Presse und auf der Tribüne
die Heranziehung des Credites der Nationalbank für
das Kleingewerbe angeregt. Otto Hübner verlangte, [12])
dass die Bank Fabrikanten und Gewerbsleuten Darlehen auf ihre Producte und Waaren gewähre. Thatsächlich wurden von Seite der Bank 4,000.000 fl. zu
diesem Zwecke bestimmt, [13]) ob aber auch wirklich
verwendet, ist nicht bekannt. Ende August machte ein
Th. Iwan dem Gemeindeausschusse den Vorschlag zur
Errichtung eines gewerblichen Creditinstitutes auf
Grund einer von der Nationalbank aufzunehmenden
Anleihe von 500,000.000 fl. Der Vorschlag wurde mit

Rücksicht auf die bekannte Finanzlage der Nationalbank als unausführbar ad acta gelegt.

Auch der Reichstag hätte mehreremale Gelegenheit
gehabt, sich zu einer That für die Gewerbetreibenden
aufzuraffen, da die demokratischen und liberalen Abgeordneten wiederholt mit praktisch durchführbaren
Projecten hervortraten. In der Sitzung vom 23. August
stellte der Abgeordnete Latzel den Antrag, die Reichsversammlung erkläre Volksbanken, zusammenhängend
mit den zu errichtenden landesfürstlichen Behörden
für nothwendig und fordere sachkundige Männer zur
Ausarbeitung entsprechender Pläne auf. Der Antragsteller sagte in der Motivirung, dass mit der
Nationalbank nur einige, verhältnissmässig wenige,
meist durch grossen Besitz, mindestens aber durch
ausgedehnten Credit begünstigte Personen in directem
Verkehr stünden; alle übrigen, die immense Majorität
sei von dieser Handvoll von Millionären abhängig,
sie seien die Zinsholden dieser Wenigen. Die Zeit, wo
die Reichen Anstalten für Reiche gründeten, um sich
noch mehr zu bereichern, sei hoffentlich für immer
vorbei; Gemeinnützigkeit für die grosse Menge Be-
sitzloser und wenig Besitzender sei die Losung des
Tages und der Zukunft, und daher sei es Aufgabe
des Reichstages, billigen, raschen und jedem zugänglichen Credit zu schaffen. Latzel wollte, dass
diesen Anstalten das Vermögen der Witwen und
Waisen, der Kirchen und Stifte anvertraut werde, und
wollte sie daher in engste Verbindung mit den zu errichtenden landesfürstlichen Behörden bringen. Er
nahm dieselben zunächst für die Landwirthschaft in
Anspruch; durch die Zuführung von Capital an die

Landwirthschaft werde man am besten im Stande
sein, der progressiven Vermehrung des Proletariates
Schranken zu setzen; sodann sollten die Volksbanken
aber auch dem Handel und Gewerbe zugute kommen.
Allein, die Versammlung war auf socialpolitischem
Gebiete des Gehens und Stehens unkundig wie ein
kleines Kind; sie zeigte wenig Lust, an eine Frage zu
tasten, welche nach der Meinung der Mehrheit ganz
unberechenbare Folgen für die wirthschaftlichen und
finanziellen Zustände hätte haben können. Und so
kam es denn nicht einmal zu der von Latzel ge-
wünschten platonischen Erklärung, dass der Reichstag
die Schaffung neuer Creditanstalten für das Volk für
nothwendig erachte.

Angesichts der Unfähigkeit und Willenlosigkeit
des Reichstages und Gemeindeausschusses, Hilfe zu
schaffen, darf es nicht Wunder nehmen, dass ein aus
der Mitte des Volkes selbst auftauchender Plan zur
Geldbeschaffung eifrig aufgegriffen und blindgläubig
hingenommen wurde. Der uns schon bekannte August
Swoboda hatte unmittelbar nachdem sein erstes
Project vom Sicherheitsausschusse und Gemeindeausschusse zurückgewiesen worden war, sich an den
Entwurf eines neuen Projectes zur Begründung eines
„Privatdarlehenvereines ohne Hypothek" gemacht.[14])
Das neue Project war eigentlich nur eine Modification,
und zwar eine Verschlechterung des ersten, indem
die früher geforderte Sicherstellung der Antheilscheine
auf den Realbesitz jetzt weggelassen erschien. Der
Finanzplan Swoboda's war diesmal noch gewagter;
er dachte sich einen Verein aller nothleidenden Gewerbsleute, welcher 200.000 Stück „Actien" à 20 fl. C.-M.

mit der Benennung „Actien der Wiener Gewerbemänner" ausgeben und zu deren Ankauf das Publicum
einladen sollte; jede Actie sollte zu 5% verzinst werden.
Durch den Verkauf der 200.000 Actien wäre dem
Vereine ein Capital von 4,000.000 fl. zugeflossen; dieses
sollte dazu verwendet werden, um Gewerbetreibenden
zum Fortbetriebe ihres Geschäftes, zur Tilgung ihrer
Schulden u. s. w. Vorschüsse zu gewähren. Die Rück-
zahlung des Capitales sollte an den Verein in monat-
lichen Raten von 2% des dargeliehenen Betrages erfolgen. Eventuell dem Vereine erwachsende Verluste
sollten auf alle Mitglieder gleichmässig repartirt
werden, also Solidarhaft. Der Verein seinerseits sollte
allmonatlich so viele, durch das Los getroffene Actien
zurückzahlen, als die eingelaufenen Gelder erlaubten:
Auf diese Weise hoffte Swoboda in vier Jahren und
zwei Monaten die ganze Summe zurückgezahlt zu
haben.

Swoboda's felsenfester mutualistischer Glaube,
der in diesem Project fast noch mehr als in dem
ersten hervortritt, verleitete ihn zu der Erwartung,
dass die „Actien der Wiener Gewerbemänner" allgemeinen Courswerth bekommen würden, und er scheint
nicht Wenige gefunden zu haben, welche sich gleich ihm
derselben schmeichlerischen Hoffnung hingaben. Dass
natürlich die kleinen Gewerbetreibenden, welche nichts
als die Einschreibegebühr von 10 kr. riskirten und auf
allerlei Darlehen hofften, in Massen herandrängten,
kann nicht Staunen erwecken. Es scheinen sich aber
auch Leute gefunden zu haben, welche ihr Geld in
Swoboda'schen Actien anlegten, und Andere, welche
solche Actien übernahmen. Als nun gar die Minister

Doblhoff und Hornbostel als Privatpersonen, in der Meinung, einen wohlthätigen Zweck zu unterstützen, grössere Beträge zeichneten und dies öffentlich bekannt wurde, hielten Viele dies für einen Act staatlicher Garantie und traten gleichfalls mit kleineren Beträgen bei. Man sagt, dass die Zahl der an dem Vereine Interessirten schliesslich 40.000 betragen habe.[15]) Freilich fehlte es auch nicht an öffentlichen Warnungen vor dem „Schwindel", als den man das Swoboda'sche Unternehmen vielfach ansah. Swoboda wurde durch das Ministerium auf das Eindringlichste verwarnt und darauf aufmerksam gemacht, dass er durch seinen Verein sich und viele Andere ins Unglück stürze, und am 29. August erklärte Handelsminister Hornbostel in öffentlicher Reichstagssitzung, er bedauere, dass dieser Privatdarlehensverein entstanden sei, er habe den Gewerbsleuten ein Versprechen gemacht, das schwer in Erfüllung gehen dürfte, da die Basis, auf der er beruht, unsicher sei.

Das war damals aber schon zu spät. Die Weitergabe der „Actien der Wiener Gewerbemänner" stiess, wie zu erwarten, bald auf unüberwindliche Schwierigkeiten, sie sanken rapid im Werthe und wurden um Spottpreise losgeschlagen. Darüber entstand begreifliche Aufregung. Der arme Swoboda bot nun alles auf, um eine Garantie für sein Unternehmen, für den Cours der Papiere zu erlangen. Er verlangte zuerst, dass der Kaiser diese Garantie übernehmen möge,[16]) und als dies kurzweg zurückgewiesen wurde, die Erregung unter den in ihren Hoffnungen Getäuschten aber bereits ihren Siedepunkt erreicht hatte, wendete er sich an den Gemeindeausschuss mit dem Ersuchen um

Garantirung der von ihm ausgegebenen Actien; es war am 11. September, also just an jenem Tage, wo die Trauerfeier für die im August gemordeten Arbeiter von den demokratischen Vereinen abgehalten wurde und die Massen sich ohnedies in erregtester Stimmung befanden.

Vor dem Berathungssaale des Gemeindeausschusses und auf den Galerien drängten sich Tausende von Menschen. Der Ausschuss — der angesichts des Auflaufes nicht den Muth hatte, das Gesuch schlankweg abzulehnen — überwies dasselbe einem Comité zur Untersuchung und Prüfung.[17]) Dieser Beschluss rief jedoch auf den Galerien furchtbare Erbitterung hervor; man schrie und tobte, sprang von der wenig über dem Niveau des Saales liegenden Galerie in den Berathungsraum, suchte mit Drohungen den Gemeinderath zur sofortigen Annahme des Gesuches zu bewegen, und trieb ihn, als dies nicht gelang, einfach auseinander. Der tobende Haufe, zumeist aus Handwerkern und kleinen Fabrikanten bestehend, welche den Vorstadtgarden angehörten, stürzte sich hierauf[18]) auf den Judenplatz zum Palais des Ministers des Innern, drang bis in die Zimmer des Ministers und plünderte, als man diesen nicht fand, alle Räume. Ein Theil der Stadtgarden, welcher sich aus den wohlhabenden Bürgerclassen recrutirte, trat auch hier wieder dem anderen aus der armen Bürgerschaft bestehenden Theile der Nationalgarde feindlich gegenüber.

Tags darauf erklärte die Regierung in einer Kundmachung, dass der Staat sich in eine Privatangelegenheit nicht einmischen könne, dagegen wolle er, damit die Geschäftsleute durch die bereits ausgegebenen Actien nicht Schaden leiden, eine Commission zur genauen Untersuchung und Hintanhaltung aller ferneren Umtriebe des Vereines einsetzen. Das genügte den aufgeregten Massen nicht; es kam zu neuen Tumulten, welche den 12. und 13. September erfüllten, und mitten unter welchen der Ruf nach Wiedereinsetzung des Sicherheitsausschusses ertönte, der ein tausendfaches Echo fand.

Diesen Augenblick hatte die Partei des gewaltsamen Widerstandes nur abgewartet, um — entgegen den klaren Maizugeständnissen, nach welchen das Militär nur über Requisition des Nationalgardeobercommandos interveniren durfte — die Truppen ausrücken und gegen die Aula, den vermeintlichen Herd jeder Unruhe, marschiren zu lassen. Drohend standen sich einige Stunden hindurch Militär und Volk mit schussfertigem Gewehre gegenüber, und es wäre gewiss schon am 13. September zu dem blutigen Zusammenstoss gekommen, der erst zwei Wochen später erfolgte, wenn der Putsch gelungen wäre, und der Reichstag, der sich in Permanenz erklärte, nicht die sofortige Zurückziehung der Truppen durchgesetzt hätte.

Unter dem Eindrucke dieser Ereignisse beschloss der Reichstag einhellig über Antrag der Abgeordneten Brestel, Goldmark und Genossen, dem Ministerium einen Credit von zwei Millionen Gulden zu dem Zwecke zu eröffnen, um durch zinsfreie Vorschüsse wenigstens im ersten Jahre den Gewerbetreibenden der Stadt Wien in ihrer bedrängten Lage aufzuhelfen, jedoch seien die vom Minister bereits zu dem gleichen Zwecke angewiesenen 500.000 fl. in diese zwei Millionen ein-

zurechnen. Ein Theil dieser Summe wurde dazu
verwendet, um sofort die im Besitze der Gewerbetreibenden sich befindlichen Swoboda'schen Actien
gegen Erlag eines Schuldscheines an die Staatsverwaltung zu 20%igen Theilbeträgen einzulösen, was
wohl nicht wenig zur Beruhigung der Massen beitrug.

Pillersdorf als Referent des Finanzausschusses
empfahl diese staatliche Hilfe für die Gewerbetreibenden
mit der Gewissens- und Rechtsverwahrung, dass er
kein Anhänger der Lehre sei, dass der Staat die
Verpflichtung habe, für Arbeit und Erwerb zu sorgen;
er glaube, der Staat leiste seinen Verpflichtungen Ge-
nüge, wenn er die Hindernisse beseitigt, welche dem
Erwerbe und Verdienste entgegenstehe, und wenn er
jedem die Mittel erleichtert, nach seinen Kräften, nach
seinen Fähigkeiten und nach seinen Neigungen Arbeit
und Erwerb zu suchen. [19])

Ein Beweis aber, wie mächtig der Einfluss der
Swoboda'schen Idee — wenigstens der ursprünglichen
Idee eines hypothecirten Volksanlehens war, geht daraus
hervor, dass in derselben Sitzung des Reichstages
vom 13. September der Abgeordnete Neuwall diese
Idee aufnahm und an den Handelsminister die Anfrage stellte:

„Nachdem das Volk selbst, ich möchte sagen,
instinctmässig die Richtung angedeutet hat, in welcher
ihm Hilfe zukommen kann, dasselbe aber allein weder
den rechten Weg zu finden, noch die Mittel zur Verfolgung desselben herbeizuschaffen im Stande ist, frage
ich das Ministerium, ob es einem Anstande oder Bedenken unterliegen könne, die Stadt Wien selbst aufzufordern, einen Theil ihres Realvermögens als Hy-

pothek zur Begründung einer Leih- und Escompte-
bank für kleine Handel- und Gewerbetreibende in
Wien zu widmen, und auf dieser Basis durch Ausgabe
von Actien, unter Garantie, Ueberwachung und Leitung
der Stadtgemeinde selbst, dem drohenden Ruine der
Wiener Bürger, denen der Staat schon seit früher für
unendliche Opfer, jetzt aber Oesterreich für die erlangte Freiheit den Dank schuldet, zuvorzukommen
und den vielfältigen bedauerlichen Aufregungen und
Ruhestörungen durch Unterstützung und möglichste
Zufriedenstellung der Wiener Bürger den wirksamsten
Damm entgegenzusetzen?"

Handelsminister Hornbostel erwiderte, die Stadt
Wien habe allerdings ein nicht unbedeutendes Vermögen in Liegenschaften, dasselbe sei jedoch nicht
ohne Belastung. Die Stadt Wien wäre in diesem
Jahre sogar bemüssigt gewesen, ein Darlehen von der
Nationalbank aufzunehmen, um die Nothstandsbauten
fortführen zu können und um gegen die Bauunternehmer ihre Verpflichtungen einhalten zu können. Ob
die Stadt Wien in der Lage sei, eine solche Bank ins
Leben zu rufen, könne er für sich allein nicht aussprechen, er sei aber gern bereit, diese Frage an die
Gemeindevertretung zu richten. Er wolle keinesfalls
in Abrede stellen, dass eine solche Bank, wenn sie in
geeigneter Weise ins Leben gerufen würde, von der
grössten Nützlichkeit und von den erspriesslichsten
Folgen sein dürfte. Das Ministerium werde es sich zur
Pflicht machen, alles vorzukehren, um eine solche
Bank baldmöglichst ins Leben gerufen zu sehen. Ob
diese Bank von Privaten zu errichten oder in Vereinigung mit der Nationalbank ins Leben zu rufen

sei, ob sich die Stadt Wien dabei betheiligen werde, das alles lasse sich jetzt nicht beantworten, aber das Ministerium werde alles daran wenden, dass ein solches Institut überhaupt zu Stande komme. Die politischen Ereignisse der kommenden Zeit haben dieses von dem redlichen Hornbostel gewiss aufrichtig gemeinte Versprechen, sowie tausend andere illusorisch gemacht.

Ebenfalls noch am 13. September fragte derselbe Neuwall den Kriegsminister, ob man denn nicht den Handwerkern und kleinen Fabrikanten wenigstens dadurch helfen könne, dass man die erforderlichen Bekleidungs- und Ausrüstungsgegenstände für die Armee in Wien oder in den grösseren Provinzstädten im Einvernehmen mit den betreffenden Innungen auf Grund von Normalpreisen den Gewerbetreibenden übergebe? Latour erklärte sich in Hinkunft bei Bestellungen für die Armee bereit, das Handwerk zu berücksichtigen. Die kommende Aera der Reaction hat dieses Versprechen ihres Martyrers aber nicht eingelöst; dieselbe Partei, welche heute ein Patent auf den Gewerbeschutz genommen zu haben scheint, hat in der Zeit ihrer unbedingten Herrschaft in den Fünfzigerjahren an die Handwerker nicht gedacht und sich bei den Armeelieferungen vielmehr in Geschäfte eingelassen, welche die schmutzigste Corruption zeitigten, wie der Process Richter-Eynatten nachträglich enthüllte.

In der constituirenden Reichsversammlung fehlte es aber an Anregungen und Plänen zu einer vernünftigen Gewerbereform keineswegs, und wenn dem guten Willen besonders der Mitglieder der Linken

nicht die rettende That folgte, so lag die Schuld wahrlich nicht an dem Reichstage, sondern an jenen Leuten,
welche die Thätigkeit der Constituante planmässig
lahmlegten, wie an den Ereignissen, welche be-
greiflicherweise den Blick von den kleinen Schmerzen
eines Standes ablenkten, an den Ereignissen, welche
die natürliche und unerlässliche Voraussetzung für
die Lösung jedes anderen wirthschaftlichen und socialen
Problems, die Freiheit in Frage stellten. Waren doch
die betroffenen Stände in jener traurigen, aber grossen
Zeit auch gross genug, ihren Classenstandpunkt, ihr
kleines Sonderinteresse in den Hintergrund zu stellen,
so oft die Fahne der Freiheit, der Freiheit, die für
Alle galt, entrollt wurde.

Achtes Capitel.
Die Octoberrevolution. Schluss.

Die Octoberrevolution war keine Programmrevo-
lution wie die des März oder Mai; da gab es nichts
durchzusetzen, da galt es nicht noch eine sociale
Scheidewand niederzureissen; die Octoberrevolution
war ganz einfach ein den Massen des Volkes aufgezwun-
gener Kampf um die Freiheit, um die Erhaltung alles
dessen, was bisher errungen worden war. Ob nun die
Herausforderung zu diesem blutigen Waffentanz ausdrücklich in dem Kriegsplane der vereinigten reactionären Parteien gestanden, oder ob der gewaltsame
Widerstand, welchen das Volk am 6. October dem Ab-
marsche der deutschen, gegen die Ungarn comman-

dirten Grenadiere entgegensetzte, bloss als guter Anlass aufgegriffen wurde, um das am 13. September durch die Wachsamkeit des Reichstages vereitelte Spiel noch einmal zu wagen, das kann an der historischen Beurtheilung der Thatsachen wenig ändern. Jedenfalls war von Seite der Hof- und Adelspartei alles zum Schlagen vorbereitet, und man liess sich mit um so grösserem Vergnügen provociren, als man sich der Bundesgenossenschaft der eigentlichen Bourgeoisie und eines Theiles der Nationalgarde sicher glaubte, vielleicht auch versichert hatte. Thatsächlich kämpften am 6. October die Leopoldstädter und Stadtgarden an der Seite des Militärs gegen das Volk, die Arbeiter, Studenten und Vorstadtgarden. Gleich als die Nachricht von den blutigen Vorgängen bei der Taborbrücke einlangte, besetzten die Garden des Kärntnerviertels den Stephansthurm, um zu verhindern, dass die grosse Glocke geläutet und die Stadt rechtzeitig allarmirt werde; die Folge dieses Versuches, welcher übrigens missglückte, war der blutige Zusammenstoss der genannten reactionären Garden mit den demokratischen Wiedener Garden am Stephansplatze, welcher den unmittelbaren Anlass zu dem mörderischen Kampfe zwischen Militär und Volk am Graben und zu jener grenzenlosen Erbitterung der siegreichen Volksmassen bildete, die einige Stunden später zur Lynchjustiz an dem Kriegsminister Latour führte. [1])

Nach der blutigen Lehre, welche die reactionären Garden am 6. October erhalten hatten, zogen sich diese wohl von der activen Bekämpfung der demokratischen „Partei in Waffen" zurück; ein Theil ver-

liess, dem Vorbilde des Hofes folgend, den heissen
Boden Wiens, und überliess das Feld den Siegern
des 6. October, d. i. den vereinten Studenten, Klein-
bürgern und Arbeitern. Der zurückbleibende Theil
suchte wenigstens durch passiven Widerstand den
Gang der Ereignisse in einem für die Demokratie
möglichst ungünstigen Sinne zu beeinflussen. Wie
lähmende Bleigewichte hängte sich diese Bourgeoisie
an alle Entschliessungen des ohnedies wenig actions-
fähigen Nationalgardeobercommandos und des Ge-
meinderathes; sie verstand es zu vereiteln, dass die
Demokratie den von ihr selbst kaum so glänzend erwarteten Sieg ausnützte und zur Offensive griff, sie
stand jeder energischen Massregel des Obercommandos
breitspurig im Wege und wusste es zu hintertreiben,
dass die Cernirungsbestrebungen der kaiserlichen
Truppen durch energische Ausfälle, wie sie im Plane
des kriegserfahrenen Revolutionsgenerales Bem lagen,
gestört würden;[2]) sie war es auch, welche im entscheidenden Augenblicke die bedrohten Punkte dem
anstürmenden Militär fast kampflos preisgab.

Die radicale Partei suchte zwar den Bestrebungen
der revolutionsmüden Bourgeoisie entgegenzuarbeiten,
so gut es ging; es wurde nach dem blutigen Zer-
würfnisse am 6. October eine scheinbare Aussöhnung
herbeigeführt, der Flucht der reichen und wohlhabenden
Familien aus Wien, dem Austritte der Beamten aus der
Nationalgarde u. s. w. wurde nicht nur nichts in den
Weg gelegt, derselbe wurde sogar gefördert; vor allem
aber wurden die grossen Arbeiter- und Proletarier-
massen, welche den Grundpfeiler der radicalen Partei
bildeten, bewaffnet und, so gut es ging, als mobile

15*

Corps organisirt. Selbst ein so berufsmässiger Denun-
ciant wie Wenzel Dunder,[3]) der sich schon vor dem
Falle Wiens in seiner Eigenschaft als Nationalgarde-
officier, als einer der wüthendsten „Ruhe und Ordnung"-Heuler hervorthat, konnte nicht umhin, die
musterhafte Haltung dieser neugeschaffenen Volks-
wehr anzuerkennen. „Die Physiognomie der Stadt war
dieselbe wie in den früheren Tagen, mit dem Unterschiede bloss, dass man in den Strassen immer mehr
und mehr Bewaffnete, sowie eine geringe Anzahl von
Weibern und Kindern sah. Das Flüchten aus der Stadt
ging in Massen fort, unter den Zurückbleibenden
herrschte jedoch der beste Geist. Sie wollten bewaffnet
für ihre Rechte stehen und mit denselben fallen. Unter
den ungeheueren Mengen, die grösstentheils zur niederen
Classe gehörten und heute (11. October) vollständig
mit Gewehr und Schiessbedarf versehen waren, wurde
durchgängig keine Aeusserung der Roheit, der Gesetz-
losigkeit vernommen. Sie fügten sich Alle freudig und
bereitwillig jedem noch so gefährlichen Commando,
das sie nach ihrer Ansicht zur Vertheidigung der
gesetzlichen Errungenschaften berechtigte." Der erste
Wiener Arbeiterverein wendete sich in einer Adresse
an den Reichstag, um demselben zu versichern, dass der
Verein für die Aufrechterhaltung sowohl der Freiheit,
als auch der gesetzlichen Ordnung glühe, und einem
anarchischen Zustande durchaus nicht das Wort reden
werde, und dass es den Arbeitern nicht um Raub und
Plünderung zu thun sei.

Freilich, je näher die Gefahr rückte, je unver-
meidlicher der Kampf schien, je heisser die begeisterte
Kampfeslust auf der einen Seite entflammte, je offen-

kundiger die Sympathien mit den Bedrängern auf der anderen Seite wurden,[1]) desto schwieriger wurde die Stimmung des „Volkes" gegen die „Reichen", desto schroffer die Kluft, welche sich zwischen den beiden socialen Lagern gebildet hatte, und rauhe Schlachtrufe des Classenkampfes wurden laut. Reichthum schien gleichbedeutend mit Feigheit und Verrath an der Freiheit und war deshalb in den Octobertagen just keine Empfehlung; indes wurde mit der „Heiligkeit des Eigenthums" ein förmlicher Cult getrieben, und praktische Verletzungen des Eigenthumsrechtes kamen im October weniger vor als im März.

Eine sociale Geschichte der Octoberereignisse hat nichts weiter zu registriren, als diese schon durch die vorangegangenen Ereignisse entstandene sociale Kluft innerhalb der Bevölkerung, eine Kluft, welche allerdings das Grab der gemeinsamen Freiheit werden sollte. Die Wiener Demokratie war nach dem Siege vom 6. October von der frohen Zuversicht erfüllt, Wien werde sich halten können; freilich rechnete sie dabei auf die Einigkeit im Bürgerthume, auf die Dankbarkeit der Landbevölkerung und auf die Hilfe der Ungarn. Alle diese Hoffnungen sollten bitter enttäuscht werden.

Zahlreiche volksthümliche Abgeordnete und Publicisten, auch Hans Kudlich selbst zogen auf dem Lande umher, um die Bauern zu bewegen, dass sie ihren bedrohten Brüdern und Vorkämpfern in Wien bewaffnete Hilfe brächten. Allein, die Bauern kamen — einige kaum nennenswerthe Ausnahmen abgerechnet — nicht, es lebte in diesen verknechteten Seelen nichts mehr vom Geiste Stefan Fadinger's. Die Bauern benützten höchstens die Gelegenheit, um ihr Getreide theuer nach Wien zu verkaufen, das war der Dank für die Befreiung von Robot und Zehent. Man hat immer gesagt, der Reichsrath hätte den Landsturm aufbieten müssen, dann wäre der Bundschuh gegen Wien getragen worden. Allein, es ist mehr als fraglich, ob die Bauern dann zahlreicher gekommen wären; der Reichstag war für sie Hekuba. Die Bauern zogen es vor, das was ihnen der Reichstag als Recht erwirkt hatte, noch einmal kniefällig als Gnade aus der Hand des Kaisers sich geben zu lassen,⁵) und empfingen die gegen Wien anrückenden Truppen an den meisten Orten wie Erlöser und Erretter. Sie waren ja saturirt und hatten an der Revolution weiter kein Interesse.

So im Inneren durch die reiche und revolutionsmüde Bourgeoisie gelähmt, von aussen durch die Bauern im Stiche gelassen, war der Kampf der Wiener Kleinbürger, Studenten und Arbeiter der That der dreihundert Spartiaten vor Thermopylae vergleichlich. Dort wo das Volk wirklich kämpfte, schlug es sich mit Todesverachtung und das Militär hatte einen schweren Stand, wie an dem Hauptangriffspunkte an der grossen Barricade in der Praterstrasse. Allein, an den meisten Stellen rückten die Truppen kampflos vor und wurden von den Vertheidigern von gestern als Verbündete von heute begrüsst, bejubelt. Wien fiel nicht durch die Kriegskünste des Banus und des Grandseigneurs Windischgrätz, sondern durch den socialen Zwiespalt, der im Volke herrschte. Mit Wien fiel aber die Freiheit und mit ihr die Aussicht auf sociale Reformen und auf eine Besserung der wirthschaftlichen Lage der unteren Stände. — — —

Versucht man die Summe dessen zu ziehen, was die kurze Zeit des Sturmes und Dranges mit Bezug auf die sociale und wirthschaftliche Befreiung dieser unteren Stände hervorgebracht, so mag es, gemessen mit dem Massstabe des augenblicklichen Erfolges, vielleicht gering sein. Aber Ideen, einmal gesäet in fruchtbares Erdreich, kann man auch mit eisernen Spitzen nicht ausjäten, sie wurzeln sich unausreissbar fest und es drängt und treibt, bis die Saat der Gedanken auf dem Boden der Wirklichkeit aufgegangen.

Die Rückwärtsbewegung der kommenden Jahre schien unaufhaltsam, sie holte in Oesterreich weiter aus, als in anderen Staaten. Man brach nicht nur mit den verhassten Formen, welche an die Revolution erinnerten, man räumte mit den Sachen selbst auf, und auch das Vernünftigste, auch das Segensreichste musste verschwinden, bloss deshalb, weil es eine Frucht der Revolution war. Man schüttelte nicht nur den Constitutionalismus ab und legte auf das blosse Princip den grossen Fluch, man trieb nicht nur den Reichstag auseinander in dem Momente, wo er nach langen Irrfahrten und unseligen Zerwürfnissen, aufgerüttelt durch das abschreckende Schicksal Wiens, auf dem besten Wege war, sich über eine organische, lebenskräftige, den Seinsbedingungen aller Völker Rechnung tragende Verfassung zu einigen; man räumte auch mit den von der constituirenden Reichsversammlung bereits festgestellten Grundrechten auf, welche die staatsbürgerliche und sociale Gleichstellung aller Mitglieder der Gesellschaft decretirten, alle Standesvorrechte und Adelsprivilegien abschafften, das Recht der Coalition, die Freizügigkeit und Freiheit der Person und des

Vermögens, die Untheilbarkeit des Eigenthums in
Ober- und Untereigenthum, die Freiheit des Glaubens
und der Lehre gewährleisteten und das Verhältniss
des Staates zu den einzelnen Religionsgesellschaften
in liberalstem Sinne festsetzten, kurzum jene Basis
schufen, auf welcher ein freier und moderner Gesell-
schaftsbau sich hätte erheben können.

Allein, die Paragraphen der Grundrechte sollten
nach einem prophetischen Worte Fischhof's nur die
Grabsteine sein, auf denen die Inschrift zu lesen: „Hier
ruhen die Wünsche der österreichischen Völker."
Allerdings wagte man den geistigen Bau des Jahres
1848 nicht so mit einem Streiche zu fällen; noch war
ja Ungarns Widerstand nicht gebrochen, das Kleinbürgerthum Wiens riss mit wildem Ungestüme an
seinen Fesseln und blickte sehnsüchtig nach den ungarischen Schlachtfeldern, um bei dem entscheidenden
Victoria der Magyaren sich mit erneuten Kräften
wieder zu erheben; aber auch ein guter Theil der
Bourgeoisie, welcher aus blasser Furcht vor der
Pöbelherrschaft sich der sogenannten Partei der Ruhe
und Ordnung angeschlossen hatte, erkannte jetzt zu
spät, dass in dem Blutbade, welches Windischgrätz
über Wien brachte, nicht nur die gefürchtete und ver-
hasste „Partei des Umsturzes", sondern die Freiheit
Aller ersäuft wurde. Zudem erfüllte das bestialische
Treiben der Soldatesca, das feige Denunciantenthum
in einem gewissen Theile der Bevölkerung das bessere
Bürgerthum mit Entsetzen und Ekel. Es wäre kaum
rathsam gewesen, so lange in Ungarn Nike sich nicht
auf Seite der russischen Truppen geneigt hatte, diese
Bourgeoisie durch nackten Absolutismus zum Aeusser-

sten zu reizen. Sie musste allmählich und langsam
mit Zucker und Peitsche dahin gebracht werden, allen
Coquinerien der Reaction bis zur namenlosen Erbärm-
lichkeit des Concordates sich zu fügen; sie musste
durch die Gestattung, nein, durch die künstliche Auf-
züchtung eines wahnsinnigen Speculations- und Unter-
nehmungsschwindels erst blind und stumpf für die
freien Regungen[6]) der Seele, für die Bedürfnisse eines
modernen Gesellschaftsmenschen gemacht werden.

Deshalb rüttelten auch die octroyirten Grundgesetze
und die papierene Constitution vom 4., respective
7. März 1849[7]) an dem Principe des freien Erwerbes
nicht, ja sie machten sogar einige Zugeständnisse, wie
Lehrfreiheit, Pressfreiheit, Petitions- und Associationsrecht, welche der socialen Bedeutung des Bürgerthums Rechnung tragen sollten. Dieselben kamen
natürlich nie zur praktischen Durchführung und fielen
schon vor dem Staatsstreiche in Vergessenheit. Dagegen hielt man an der wirthschaftlichen Begünstigung
gewisser Classen der Bürgerschaft fest; die Banquiers,
Fabrikanten und Grosshändler galt es auf Kosten des
kleinen Mannes bei gutem Muthe zu erhalten, um sie
zu Helfershelfern für die finanzielle Luderwirthschaft
der Regierung zu gewinnen und mit dem herrschenden
politischen Systeme zu versöhnen.

Ebenso wenig wie die haute bourgeoisie, die man
corrumpirte, um sie willfährig zu machen, durfte man
die Bauern zu Feinden des inaugurirten Systemes
machen. Deshalb wagte es die Contrerevolution auch
nicht, an dem Reichstagsbeschlusse über die Aufhebung
der Grununterthänigkeit zu rütteln. Mittelst kaiserlichen Patentes[8]) vom 4. März 1849 wurden unter aus-

drücklicher Anerkennung der Rechtsgiltigkeit des Gesetzes vom 7. September 1848 die nöthigen administrativen Verfügungen für die Grundentlastung und besonders für die Ermittelung der durch den Reichstag nicht festgesetzten, aber zugesicherten „billigen Entschädigung" getroffen. Die Robot und Robotgelder der Inleute und Kleinhäusler wurden ohne Entschädigung aufgehoben. Für die Durchführung der Grundentlastung wurden in jedem Kronlande eigene Commissionen bestellt. Für die Ermittelung der Entschädigung wurden als Grundsätze aufgestellt, dass die Leistungen in Bodenfrüchten und anderen landwirthschaftlichen Erzeugnissen nach den Katastralpreisen, die Preise der Arbeitsleistungen (Robot) mit einem Dritttheile des Werthes der freien Arbeit berechnet werden. Von dem Werthausschlage aller durch das Gesetz vom 7. September 1848 aufgehobenen Leistungen wurde der Werth der Gegenleistungen, die von dem Berechtigten an den Verpflichteten zu entrichten waren, in Abzug gebracht. Von dem auf solche Weise ermittelten Werthe wurde ein Dritttheil für die Steuer, die der Berechtigte von diesen Bezügen zu leisten hatte, in Abzug gebracht und die nunmehr verbleibenden zwei Dritttheile bildeten das Mass der den Berechtigten gebührenden Entschädigung. Von diesem Werthanschlage hatte der Verpflichtete die Hälfte zu entrichten, die andere Hälfte wurde als eine Last des betreffenden Landes aus Landesmitteln aufgebracht. Uebersteig die Entschädigungssumme 40% des Reinertrages der entlasteten Grundstücke, so war der Mehrbetrag aus Landesmitteln zu bestreiten. Der Verpflichtete hatte also nicht weniger als ein Dritttheil

der zur Ablösung bestimmten und behördlich ein-
geschätzten Schuldigkeiten und nie mehr als 20% vom
Reinertrage der betreffenden Grundstücke zu leisten.
Die Grundentlastung wurde also in einem leidlich
liberalen Sinne aufrechterhalten und auch in liberaler
Weise, wenngleich nicht ohne Bevorzugung einzelner
Provinzen ausgeführt. In Böhmen, Mähren und Schlesien wurde dieselbe bereits im Juni 1849 nach einer
für den Bauer äusserst günstigen Bewerthung und in
weitestem Umfange vorgenommen, denn die ungarischen Truppen standen drohend unter Görgey's Führung
an der Grenze Mährens, und es galt das Landvolk
unempfindlich für die Reize der Revolution zu machen.
Freilich, als diese Gefahr verschwunden war, fand man
plötzlich, es müsse das Entlastungsgesetz mit un-
parteiischer Strenge gehandhabt werden, uns es wurden
dessen Bestimmungen in Böhmen und Mähren nachträglich zu Gunsten des Adels abgeändert. In den sogenannten Erbländern wurde das Entlastungsgeschäft
später in Angriff genommen und nicht in dem Umfange wie für Böhmen und Mähren gewährt, indem
der geistliche und Schulzehent von der Ablösung ausgeschlossen wurden. Aber auch nach verschiedenem
Massstabe wurde die Entschädigung durchgeführt,
während in Böhmen und Mähren die Entlastungs-
summe von einem Bauerngute sich durchschnittlich
auf 350 fl. stellte, wurde sie in Ungarn, obwohl der
ungarische Reichstag die Unterthänigkeit und die aus
ihr entspringenden Lasten unbedingt und unentgeltlich
aufgehoben hatte, für eine Bauernsässigkeit oder
Session durchschnittlich auf 700 fl. berechnet; eine
Strafe für die politischen Sünden des ungarischen

Volkes. Umgekehrt wurde in Galizien, wo das Entlastungsgeschäft erst im Jahre 1853 aufgenommen
wurde, die zarteste Rücksicht gegen die Bauern geübt,
um nicht blutige Aufstände wie die des Jahres 1846
wiederkehren zu sehen. Das war seit jeher so im
schönen Oesterreich, dass man die Störrischen und
Nimmersatten durch Brocken beruhigte, die aus dem
Fleische der Friedlichen oder der Besiegten geschnitten
waren.

Es darf und soll auch nicht verschwiegen werden,
dass eine so grundstürzende Umwälzung, wie die vom
Reichstage durchgeführte Bodenreform, selbstverständlich nicht gleich in der ersten Zeit aus Wüsteneien eitel
Paradiese schuf. Sowohl der Bauer, als der Adelige
war so wenig für den geänderten, vollkommen selbst-
ständigen Wirthschaftsbetrieb vorbereitet, beide standen
in allgemeiner und fachlicher Ausbildung so tief unter
dem erforderlichen Niveau, dass schon aus individuellen
Gründen für viele das Aufhören der alten Gebunden-
heit dem wirthschaftlichen Ruine gleichbedeutend
war. Die Folgen waren aber auch allgemeiner Natur;
vor allem steigerte die Grundentlastung die allgemeine
Nachfrage nach Geld noch in hohem Masse. Die kleinen
Grundbesitzer mussten ihr Bargeld auf die Ablösung
verwenden, die Grossgrundbesitzer brauchten, um den
Verlust der vielen unentgeltlichen Arbeitskräfte zu
ersetzen und eine rationelle Wirthschaft einführen
zu können, gleichfalls Geld; die Bodenrente und der
Zinsfuss stieg in Folge dessen enorm, was auf Handel
und Gewerbe seine Rückwirkungen hatte. Allerdings
stieg auch, da die Zwangsarbeit aufhörte, die Nachfrage nach Arbeit, und der Arbeitslohn und die

steigende Wohlhabenheit und die damit zunehmende
Verbrauchsfähigkeit der Landbewohner stattete wohl
auf der anderen Seite der gewerblichen Production
wieder ab, um was dieselbe durch die Vertheue-
rung des Geldes und des Arbeitslohnes geschädigt
worden war.

Jedenfalls geht es nicht an, eine sociale Reform,
welche Millionen erst zu Menschen gemacht, nach den
kleinen Vortheilen und Nachtheilen abzuwägen, welche
sie Einzelnen und einer kurzen Generation gebracht.
Die Befreiung des Bodens und seiner Bebauer von uner-
träglichem, tausendjährigem Zwange ist eines der un-
vergänglichsten Verdienste der Revolution, und hätte
der constituirende Reichstag auch weiter nichts geschaffen als dies eine Gesetz vom 7. September, es
müsste ihm für ewige Zeiten ein gesegnetes Andenken
gewahrt bleiben in der Geschichte der österreichischen
Völker.

Um so bedauerlicher ist es, dass der Reichstag
nicht auch an die legale Lösung der ihm zugedachten
Gewerbereform gekommen ist. Vielleicht wäre auch
sie aus den Trümmern der gestürzten Revolution
gerettet worden, wie das Grundentlastungsgesetz, und
hätte uns vor socialen Krisen bewahrt, die heute ein
unübersehbares Unheil über die zum zweitenmale befreite Gesellschaft zu bringen drohen. Die Absichten
der Volksmehrheit über die Neugestaltung der Gewerbeverhältnisse waren während der Revolution unzweideutig auf die Einführung voller Gewerbefreiheit
unter gleichzeitiger Neuorganisation des Gewerbestandes
gerichtet. Nun kann wohl eine Regierung die erstere,
unmöglich aber eine nothwendigerweise auf der freien

Initiative ruhende Neuorganisation des Gewerbestandes decretiren. Sollte die socialreformatorische Saat, welche die Revolution ausgeworfen hatte, aufgehen, so wäre es — wie die Dinge nach 1848 nun einmal lagen — nothwendig gewesen, dass zunächst eine an die früheren Verhältnisse anknüpfende obligatorische Incorporation aller Gewerbe vorgenommen, und zugleich das heran- wachsende Geschlecht durch eine möglichst breite Volksbildung, sowie auch durch gründliche Fach- bildung für die Zeit der Gewerbefreiheit vorbereitet wurde. In diesem Sinne riethen auch der Magistrat der Stadt Wien, wie die neugeschaffenen Handels- und Gewerbekammern ein.°) Allein, der Regierung, welche sich auf den Feudaladel, das Militär und die Pfaffen stützte, war es doch nicht um sociale Reformen zu thun. Sie stellte zunächst einmal die unleidlichen und haltlosen zünftigen Verhältnisse, wie sie im Vormärz bestanden, wieder her, womit sie wohl auch einem guten Theile der Gewerbetreibenden nach Wunsch und Willen handelte, und that alles Erdenkliche, um die heranwachsende Generation der Gewerbetreibenden in der Concordatsschule für den Struggle of life kampfesunfähig zu machen. Als aber trotz der Rück- kehr zur Zunft das Gewerbe immer mehr und mehr auf der schiefen Bahn abwärts glitt, gab man nach einigen missglückten Experimenten die volle Gewerbefreiheit, d. h. man warf die Blinden und Lahmen ein- fach ins Meer und rief ihnen zu: „Schwimmt!" So richteten die Socialpolitiker der Concordatsregierung das Kleingewerbe zugrunde, wie sie die Geld- bourgeoisie corrumpirt hatten. Es waren das genau dieselben Leute, welche heute von Entrüstung über

die Schädlichkeit des mobilen Capitales und von
socialreformatorischen Plänen für das Gewerbe triefen;
und es scheint fast, als ob das Handwerk thatsächlich
nach dem Recepte der Fünfzigerjahre vollends todt
curirt werden sollte. Es erübrigt noch, einen Blick auf die Arbeiterfrage zu werfen. Die Revolution war in dieser Hin-
sicht überreich an Anregungen: Maximalarbeitszeit,
Minimallöhne, Schiedsgerichte, Gewerbeinspectoren,
Arbeitsministerium, Coalitionsrecht, Kranken- und In-
validitätsversorgung, sociale und politische Gleich-
berechtigung, das waren die Wünsche, die auf aller
Mund lagen, das war ein Programm, welches im
Wesentlichen auch heute noch den festen Säulenbau
bildet, auf welchen sich die mitunter recht kunstvoll
verworrene und von socialistischem Beiwerk über-
ladene Architektonik der sogenannten Arbeiterfrage
lehnt. Was aber der Arbeiterbewegung der Revolution
von 1848 ihre grosse, paradigmatische Bedeutung
verlieh, das war eben ihr naiver Charakter; aus un-
abweislichen Bedürfnissen hervorgegangen, strebte
sie die Befriedigung dieser Bedürfnisse, die Lösung
der offenen Fragen auf dem geradesten Wege mit
den natürlichsten Mitteln an. Kein Dogma und keine
krause Doctrin trübte den Blick, keine Scheidewand
erhob sich zwischen den bürgerlichen und zwischen
den proletarischen Freiheitskämpfern, und selbst nach
dem unseligen August fand der Classenhass eigentlich
keinen fruchtbaren Boden bei der Arbeiterschaft. Die
Gefahr, welche im October die gemeinsame Freiheit
bedrohte, vereinte wieder Bürger, Studenten und Arbeiter; nur die Feinde der Freiheit, die Vertheidiger

der wirthschaftlichen Ausbeutung in den verschiedensten Jacken, sie allein und nicht ein Stand oder eine Classe waren der Gegenstand des Hasses.

Nach der Niederlage der Revolution waren es ganz besonders die Arbeiter, welche die eherne Faust der Sieger auf ihrem Nacken zu spüren hatten. In Massen wurden sie zusammengefangen, und Ungezählten von ihnen wurde der Lohn für ihre Theilnahme am Widerstande der Demokratie im Stadtgraben mit Pulver und Blei gezahlt. Die Forderungen der Arbeiter wurden im Blute erstickt. Eine blosse Prüfung derselben wäre wie ein hochverrätherisches Unterfangen erschienen; einen Punkt „Arbeiterfrage" gab es auf dem socialreformatorischen Programm der Contrerevolution nicht.

Es blieb einer späteren Zeit vorbehalten, den Arbeitern wenigstens wieder das Papagenoschloss vom Munde zu nehmen und in die Discussion über ihre gerechten Forderungen einzutreten. Vieles von dem, was den Arbeitern des Jahres 1848 als äusserster Wunsch in nebelhafter Form vorgeschwebt, mag heute erfüllt sein, allein, die Saat des Jahres 1848 ist auch hier noch nicht in ihrer ganzen Fülle aufgegangen. Wäre auch jeder einzelne Punkt jenes ersten socialpolitischen Programmes längst überholt und überboten, der Geist der Solidarität aller Classen muss erst aus den Gräbern der „alten Achtundvierziger" wieder auferstehen, damit ihr Vermächtniss erfüllt werde zum Segen Aller.

Vielleicht ist gerade jetzt der Lauf der Dinge in Oesterreich danach, diese Solidarität aller arbeitenden Classen auch auf einer anderen als der utopistischen

Grundlage des Socialismus früher als anderwärts zu erzeugen; sind es nicht gerade die Stätten der Verwesung, wo am ersten sich das neue Leben regt? Vielleicht wird die gemeinsame Knechtung wie ehedem die Reihen der Kämpfer wieder schliessen und zuletzt auch die Verächter der sogenannten bürgerlichen Freiheit überzeugen, dass gesunde Socialreformen nur auf dem Boden der politischen Freiheit gedeihen können und dass der Kampf, den die Arbeiterschaft gegen die sogenannten bürgerlichen Freiheitsparteien führt, nur das Interesse der unverbesserlichen Feinde des Volkes fördert; denn der Nachfolger der freien bürgerlichen Gesellschaft ist nicht etwa die Socialdemokratie, sondern allüberall die Pfaffen- und Adelsherrschaft, bei welcher sich zwar das vielgelästerte, wucherische und ausbeuterische Grosscapital sehr wohl, der Arbeiter aber sehr übel zu befinden pflegt.

Ruimus in servitium.

Gerade diejenigen Classen der Bevölkerung, welche im Jahre 1848 die Kerntruppen der Freiheit bildeten, das gesammte Kleinbürgerthum, die alte Vorstadtdemokratie — ja — so schwer es kommt, es muss gesagt sein — ein erschreckend grosser Theil der Arbeiterschaft steht an den Blasbälgen der Reaction und facht das Feuer an, in welchem die Fesseln ihrer und unser aller Knechtschaft geschmiedet werden. Dieselben socialen Gruppen, welche einst die Vorkämpfer der Freiheit waren, schaufeln seit Jahr und Tag gar emsig an dem Grabe der bürgerlichen Freiheit. Das Grab ist fertig, und nach einem alten Wahrwort stürzen die, welche es gemacht, selbst hinein. Es wird aber die Freiheit aus diesen Gräbern sich neue

Kämpfer mit Donnerschall erwecken, welche das Werk des socialen Friedens unbeirrt durch Classenhass und Racenhass dort aufnehmen werden, wo es unseren Vorkämpfern im Jahre 1849 durch Dragoner und Grenadiere abgeschnitten wurde, nämlich bei den einzig und allein aus dem freien Willen und den wahren socialen Bedürfnissen der Völker Oesterreichs entsprossenen Grundgesetzen und bei dem unvergleichlichen Verfassungsentwurf des constituirenden Reichstages, der allein die Basis einer gesunden volksthümlichen, von Nationalitätenhader, Adels- und Pfaffenherrschaft freien Societät auf österreichischem Boden bilden kann.

Noten.

Noten zum ersten Capitel.

1) Nur in den lombardisch-venezianischen Gebieten gab es eine Gutsunterthänigkeit im Vormärz nicht mehr, da dieselbe schon während der früheren französischen Regierung daselbst aufgehoben worden war. — 2) Eine gelinde Besserung — wenigstens im Sinne einer gesetzlichen Regelung der schrankenlosen Bedrückung — hatte schon Leopold I. durch das Robotpatent vom Jahre 1680 versucht, welches die gesetzlichen Grenzen der bäuerlichen Leistungen festsetzte. In den weiteren Robotpatenten von 1717 und 1738 wurden den Herrschaften alle willkürlichen Eingriffe in das Vermögen der Unterthanen strenge untersagt. Unter Maria Theresia wurde ein strenges Verbot der Einziehung von Rusticalgründen seitens der Grundherren bei Strafe des doppelten Werthes erlassen, und den Kreisämtern die Aufsicht und Controle über das Unterthanenwesen, sowie die Entscheidung von Unterthanenbeschwerden in erster Instanz überwiesen. Mit Patent vom Jahre 1769 wurde die Vollziehung der von der Grundobrigkeit verhängten körperlichen Züchtigung von der vorhergängigen, kreisämtlichen Bestätigung abhängig gemacht. Am 4. October 1771 wurde die Urbarialhofcommission errichtet „zur standhaften Behebung der von voriger Zeit her zwischen den Grundobrigkeiten und ihren Unterthanen über die Robote und andere dahin einschlagende Schuldigkeiten obwaltenden Streitigkeiten, dann der aus einigen Orten daraus erfolgten Verminderung der Frohndienste und anderen dahin einschlagenden Schuldigkeiten", auch wurde genau das Ausmass der Unterthansschuldigkeiten an Abgaben und persönlichen Diensten festgesetzt. Am 1. September 1781 erliess Joseph II. zwei Patente für die deutsch-böhmischen Erbländer, das Unterthan- und das Strafpatent, von denen das erstere den Bauern die Rechtsverfolgung

gegen die Grundobrigkeit zu erleichtern, das andere die Strafgewalt
der Herrschaften in gebührende Schranken zu verweisen suchte
und diese an die Aufsicht und Genehmigung der Kreisämter
knüpfte. Die wichtigste Bestimmung des Unterthanpatentes vom
1. September 1781 war jedoch die Aufhebung der Leibeigenschaft
in jenen Ländern (Böhmen, Mähren, Krain, Galizien), wo sie noch
bestand. Der Bauer wurde dadurch persönlich frei und es blieb
bloss jene Gutsunterthänigkeit zu Recht, wie sie bereits seit dem
17. Jahrhundert in den meisten österreichischen Erbländern bestand.
Jeder Unterthan wurde berechtigt, sich gegen eine blosse Anzeige
zu verehelichen, unter Beobachtung der Conscriptionsvorschriften
aus dem Territorium der betreffenden Herrschaft wegzuziehen und
sich innerhalb des Landes überall niederzulassen. Durch ein
weiteres Patent vom 1. September 1781 wurden die Obrigkeiten
aufgefordert, den Unterthanen, welche das Eigenthum ihrer Grundstücke erwerben wollen, dasselbe gegen billige Ratenzahlungen ein-
zuräumen, worauf den Besitzern das Recht zustand, über ihr Eigenthum bei Lebzeiten und letztwillig zu verfügen und dasselbe bis
zu zwei Dritteln des Werthes ohne obrigkeitlichen Consens zu belasten.
— 3) Im Beginne des 18. Jahrhunderts kam es anlässlich der
erneuten Steuererhebungen unter den vollständig erschöpften
Bauern nicht selten zu heftigem Widerstande und sogar zu Aufstand.
Zu förmlichen Revolten kam es auf den Besitzungen des Klosters
Bruck in Mähren, ferner in Oberösterreich, Steiermark (wo der
Oberlandescommissär Graf Wolfgang Friedrich v. Wurmbrand von
den wüthenden Bauern ermordet wurde). In Kärnten und Tirol war
die Stimmung um jene Zeit (1703 bis 1704) eine so schwierige, dass
man „eine allgemeine Empörung der erschöpften Unterthanen fast
unvermeidlich" hielt (A. Jäger, Tirol im Jahre 170?, S. 82). In
Vorarlberg kam es in der gleichen Zeit besonders unter den
Bauern des Montafoner- und Klosterthales zu thatsächlichen Con-
flicten mit den Behörden, und es soll eine bis in den Vintschgau,
das mittlere Etsch- und Ober-Innthal reichende Bauernverschwörung
bestanden haben, welche einen Anschluss an die Schweizer Eid-
genossenschaft anstrebte. Der Successionskrieg und die ewigen
Türkenkriege, welche zu immer neuen Belastungen des Bauernstandes führten, konnten den Geist der Empörung, welcher am Beginne des Jahrhunderts überall sich regte, in den kommenden Jahren
nicht besänftigen. Im Gegentheile kam es gegen das Ende der

Regierung Carl VI. überall zu erneuten und heftigeren Bauern-
revolten, so 1717 bis 1725 bei Wilhering in Oberösterreich und
St. Valentin in Niederösterreich, 1722 im Ennsbergerthal, welche
Widersetzlichkeiten sich bis in die Sechzigerjahre hinzogen, 1734
im Salzkammergute, 1733 bis 1738 in Oberkärnten (doch soll der
Anhang dieser Empörung auch bis Tirol gereicht haben), 1738 im
steierischen Enns- und Paltenthale und der Umgebung von Graz u. s. w.
Man wird also im Interesse der geschichtlichen Wahrheit gut daran
thun, für die „Bauernbefreiung" der späteren Jahre nicht ausschliesslich ideale und etwas mehr nüchterne Motive als ausschlaggebend
anzunehmen. — 4) Die nachfolgende Skizze geht im Wesentlichen
auf F. v. Hauer's „Praktische Darstellung des Unterthanswesens
in Niederösterreich" (nach der von Joh. Heinr. Edlem v. Kremer
bearbeiteten dritten Auflage herausgegeben und mit den neuesten
Normalien vermehrt von W. S. Ritter v. Pauly, Wien 1848)
zurück. — 5) In Böhmen, Mähren, Galizien besass der Adel das
ausschliessende Recht auf den Besitz der Herrschaften (Güter mit
Unterthanen, adeliger Güter); Hofdecrete vom 9. April 1813, 8. December 1814 u. a. Wohl durften auch Unadelige Staatsgüter kaufen
und einige Städte sogar adelige Güter erwerben, doch betrug der
gesammte in Händen Unadeliger befindliche Besitz von Herrschaften keine 5%. Vgl. „Der Fortschritt und das conservative
Princip in Oesterreich" von Dr. S. Leipzig 1844, S. 63. — 6) Hauer
a. a. O., S. 34. Derlei Verfügungen des „Aufklärungskaisers", die
einfach Selbstverständliches wie eine Gnade gewähren, charakteri-
siren treffender als ganze Folianten, auf welchen für moderne
Menschen unzugänglichen Begriffsbahnen die Rechtsanschauungen
jener Zeit sich bewegten, und wie lächerlich es ist, auf dieser Seite
ernste socialreformatorische Absichten vorauszusetzen. — 7) Ein
katholischer Priester — wer sollte das glauben? — der Graner
Archidiacon Johann Lyczni gab im Jahre 1707 in der Universi-
tätsdruckerei zu Tyrnau ein Buch heraus „Iter oeconom. duodena
stationum . . . ad Urbaria etc. formanda directum", in welchem er
von dem unterthänigen Bauern in der folgenden auferbaulichen,
aber seiner Zeit offenbar sehr plausiblen Weise spricht: „Subditi in
pagis, qui proprie rustici, laboribus agrestibus ut iumentum assueti
dicuntur. Inde natum etiam de iis proverbium:

> Rusticus est quasi Rind,
> Nisi quod sibi cornua desint." —

8) Resolution vom 6. November 1773, vgl. H a u e r a. a. O.,
S. 44 ff. — 9) Natürlich konnte von einem rationellen Wirthschafts-
betriebe auch nicht auf den von Robotern bewirthschafteten Herr-
schaftsgütern die Rede sein, da die erzwungene Arbeit des Ro-
boters in qualitativer wie quantitativer Beziehung hinter der des
freien Taglöhners zurücksteht. II. K u d l i c h (Rückblicke und Erinnerungen. Wien, Pest, Leipzig 1873, Bd. I, S. 50) sagt: „Die
Herrschaften hatten oft nicht so viel Nutzen von der Robot, als der
Unterthan Schaden davon trug. Alle Robotarbeit war schlecht. Die
Bauern hielten sich eigens schlechtes Geschirr für die Robot. Sie
hielten kleine Wagen und kleines Vieh aus dieser Rücksicht. Die
Robot verhinderte deshalb den ökonomischen Aufschwung auf herrschaftlichen und bäuerlichen Gründen.” Nach F l o t o w (Anleitung
zur Fertigung der Ertragsanschläge I, 80) sind vier Frohntage und
drei Taglöhnertage an Werth gleich; nach J a k o b (Ueber die Arbeit
leibeigener und freier Bauern 1815, S. 21) kommt die Arbeit zweier
Taglöhner der von drei Fröhnern und die Leistung eines Hof-
pferdes der zweier Frohnpferde gleich. „In der Regel” — sagt
R o s c h e r (System der Volkswirthschaft I, 79) — „ist die Hoffnung
nicht bloss ein humanerer, sondern auch ein stärkerer Sporn.
Wendet man aber einmal Zwang und Furcht an, so wirkt ein
starker Zwang ohne Frage mehr, als ein schwacher. Wo man das
Züchtigungsrecht des Frohnherrn abgeschafft hat, da ist der
technische Werth der Frohnden regelmässig kleiner geworden.”
Es war also ein innerer Widerspruch, die Leibeigenschaft ab-
zuschaffen, die Robot aber fortbestehen zu lassen, und die Landwirthschaft musste dadurch mehr geschädigt als gefördert werden·
— 10) Siehe H a u e r a. a. O., S. 354 ff. — 11) Ibidem S. 357. —
12) Ibidem S. 368. — 13) Ernst V i o l a n d, die sociale Geschichte
der Revolution in Oesterreich. Leipzig 1850, S. 33 ff. — 14) Kaiserliches Decret vom 23. December 1817. — 15) T e g o b o r s k i, M. L. de.
Des Finances et du Crédit public de l'Autriche, de sa dette, de
ses ressources financières et de son système d'imposition. Paris 1843
tome Ier, p. 162. — 16) Diese Schätzung aus der Schrift: „Oesterreich im Jahre 1840 von einem österreichischen Staatsmanne”,
Leipzig, wird von T e g o b o r s k i angezweifelt; die gleiche Schätzung
(70 bis 80%/0) findet sich aber auch in einem Aufsatze der durch
und durch antirevolutionären „Revue österreichischer Zustände”,
Leipzig 1842 bis 1844, Bd. I, S. 41. Spätere, aus der Revolutions-

zeit stammende Angaben beziffern den Gesammtbetrag viel höher, auf 80 bis 100% (Constitution Nr. 11 vom 3. April 1848, S. 127). Auf die Frage „was zahlt ein österreichischer Bauer?" giebt Amtmann Franz v. Mörl in der radicalen „Constitution" (Nr. 31 vom 27. April 1848, S. 476 ff.) durch den Mund eines niederösterreichischen Bauern folgende detaillirte und in mehrfacher Hinsicht lehrreiche Darstellung: „Ich besitze eine Halblehenwirthschaft, wozu 14 Joch Aecker und $1^{1}/_{2}$ Joch Weinland, nebst etwas Wiesen- und Gartenland gehört, so dass ich in Summe $17^{1}/_{2}$ Joch Grund besitze, die nach meinem Steuerbogen einen jährlichen Reinertrag von 83.28 fl. C.-M. abwerfen sollen. Jeder weiss, dass der Reinertrag im Steuerbogen, besonders was das Weinland anbelangt, viel zu hoch angesetzt ist, aber ich will ihn doch als richtig annehmen. Von dieser meiner kleinen Wirthschaft muss ich nun jährlich Folgendes zahlen und leisten:

1. An Grund- und Haussteuer und Domesticalbeitrag laut Steuerbüchels . . . . 12.13 fl. C.-M.
2. Für Kreisauslagen vom Gulden 1 kr. . . . . . —.11 „ „
3. Für Militär, Vorspann und Einquartierung rechne ich über Abzug der Vergütung, die ich erhalte, nur noch . . . . 1.18 „ „
4. Im Winter müssen wir auf der Landstrasse Schnee schaufeln, wofür wir dem Pächter bezahlen . . . . —.48 „ „
5. An Zugrobot zur Kirche, Pfarrschule jährlich wenigstens ein Zugtag (bei grösseren Baulichkeiten noch viel mehr), das macht verwerthet . . . . 2.24 „ „
6. Zu den Gemeindeauslagen muss ich jährlich beitragen (in manchen Gegenden steigt dieser Betrag bis zu 5 fl. C.-M.) . . . . —.36 „ „
7. Die Gemeinderobot muss ich mit dem Zuge leisten, da trifft mich mit Inbegriff des Wegmachens jährlich wenigstens dreimal die Reihe, den Zugtag à 2·24 fl. gerechnet, macht . . . . 7.12 „ „
8. Weiters habe ich beizutragen theils in Körnern, theils im Gelde für den
Schullehrer (ohne das Schulgeld zu rechnen) . 2.03 „ „
Feldhüter . . . . —.30 „ „

Nachtwächter	—.24	fl.	C.-M.
Viehhirten	4.34	„	„
Rauchfanger	—.04	„	„
Für die Sicherheitswache	1.—	„	„
Zur Armenversorgung	—.30	„	„

9. Zur Herrschaft habe ich zu zahlen an Haus-
und Grunddienst . . . . —.18 „ „

An Zehent (wobei ich nur den zehnten Theil
des Reinertrages rechne) . . . . 8.12 „ „

Für Zugrobot (die bei uns noch sehr billig für
immerwährende Zeiten abgelöst ist, zahle
ich jährlich) . . . . 7.— „ „

An Laudemium (Veränderungsgeld), wo ich den
Reinertrag nur zu $5^0/_0$ capitalisire und auf
15 Jahre eine Veränderung rechne, entfällt
auf 1 Jahr . . . . 5.43 „ „

An Todesfallsgeld (Mortuar) nur die Hälfte vom
Laudemium, ohne Rücksicht auf sonstige
Taxen und die bedeutenden Stempelge-
bühren, entfällt auf 1 Jahr . . . . . . 2.51 „ „

Meine Zahlungen und die zu Geld angeschlagenen
Leistungen machen jährlich eine Summe von . 57.51 fl. C.-M.

Mir bleibt also von meinem Reinertrage . . . . . 83.28 fl. C.-M.

nur mehr . . . . 25.37 fl. C.-M.

Ich zahle also beinahe $70^0/_0$." Das ist noch ein relativ günstiger
Fall, und doch erscheinen auch hier die von Tegoborski an-
gezweifelten $70^0/_0$ vom Reinertrage. Ueber die Verhältnisse in
Schlesien giebt dasselbe Blatt etwas später (Nr. 43 vom 11. Mai,
S. 632) folgende ziffermässige und kaum anzuzweifelnde Dar-
stellung (unterschrieben von einem gewissen Dr. Wilh. Müller):

„Nehmen wir einen Bauer der Grossherrlitzer Herrschaft,
dessen Grundbesitz 30 Joch Aecker beträgt. Ein solcher hat des
Jahres folgende Abgaben: 108 bis 144 zweispännige Rossrobottage,
28 Fussrobottage, 2 Tage Schafwalchen oder Schafbaden, 3 Jagd-
tage, 4 Klafter Holz zu schlagen, 6 Nachtwachen beim herrschaftlichen Schlosse, 1 Stück Garn zu spinnen, 1 Gans, 9 Hühner,
1 Schock Eier als Ehrungen der Obrigkeit zu leisten, $7^1/_2$ kr. C.-M.
Spinngeld, 1.44 fl. C.-M. Grundzins, 23.24 fl. C.-M. an landesfürst-

lieben Steuern zu bezahlen. — Ein Grossgärtler mit 3 bis 6 Joch
Grund und Boden hat jährlich 156 Fussrobottage, 3 Stück Hühner
oder Gänse, 3¹/₅ kr. C.-M. Spinngeld, ein halbes Stück Garn zu
spinnen, 1·2²/₅ fl. C.-M. Grundzins und 6 fl. C.-M. Grundsteuer zu
entrichten. — Ein Häusler, der nicht einen Fuss breit Landes sein
eigen nennen kann, robotet der Herrschaft des Jahres 52 Tage.
Der gewöhnliche Kaufpreis einer Bauernwirthschaft von obiger Be-
schaffenheit ist 2400 fl. C.-M. und der einer Grossgärtnerei
600 fl. C.-M., so dass man von ersterer einen Reinertrag von
120 fl. C.-M. und von letzterer einen von 30 fl. C.-M. in den aller-
günstigsten Fällen erwarten kann, da sich selten Grund und Boden
zu 5⁰/₀, sondern meistens nur zu 3⁰/₀ verzinst. Veranschlagt man
nun die oben angegebenen Frohnden zu dem Preise von 20 oder
10 kr., je nachdem es Zug- oder Handrobottage sind, so machen:

144 Zugrobottage	48.—	fl.	C.-M.
28 Fussrobottage	4.40	„	„
2 Tage Schafbaden	—.20	„	„
3 Jagdtage	—.30	„	„
4 Klafter Holz schlagen à 45 kr.	3.—	„	„
1 Stück Garn spinnen	1.—	„	„
1 Gans	1.—	„	„
9 Hühner	3.—	„	„
1 Schock Eier	—.50	„	„
Spinngeld	—.7¹/₅	„	„
Grundzins	1.44	„	„
Landesfürstliche Steuer	23.24	„	„
Zusammen .	87·35¹/₅	fl.	C.-M.

Und für einen Gärtler:

156 Fussrobottage	36.—	fl.	C.-M.
3 Stück Hühner	1.—	„	„
Spinngeld	—.3¹/₅	„	„
¹/₂ Stück Garn spinnen	—.30	„	„
Grundzins	1.2¹/₅	„	„
Grund- und Haussteuer	6.—	„	„
Zusammen .	44.36	fl.	C.-M.

„Hierzu müssen noch die übrigen Leistungen, als: Strassen-
gelder zum Baue der Bezirksstrassen, als Schulgeld, die Gaben zu
dem Krankenhause des Kreises, die Leistungen an den Pfarrer, die
Militäreinquartierung und Abgaben zur Bestreitung der Gemeinde-

bedürfnisse geschlagen werden. Thut man dies, so erhöhen sich die Abgaben des Bauers mit 30 Joch Aecker von 87.35½ fl. C.-M. mindestens auf 100 fl. und die eines Gärtlers von 44.36 fl. C.-M. auf 50 fl. Zieht man diese 100 fl. C.-M. von dem Reinertrage von 120 fl. ab, so erübrigt der thätige Bauer noch 20 fl. C.-M. zum Unterhalte für sich und seine Familie; der Gärtler aber, dessen reines Einkommen auf 60 fl. C.-M. angenommen wurde, erwirth- schaftet nichts, sondern muss noch von dem Verdienste seines Weibes und seiner Kinder zur Bestreitung die ihn drückenden Lasten zusetzen." — Die „Allgemeine Oesterreichische Zeitung" (Nr. 142, vom 22. August 1848) nimmt an, dass dort, wo noch das Feudalverhältniss besteht, der Bauer von 100 fl. durchschnittlich zu zahlen hat:

An Feudalabgaben . . . . 24⁰ ₀
„ Kirchen-, Schul- und Gebäudesteuer . . . . 10 „
„ Grundsteuer . . . . 13 „
„ Naturentrichtungen an den Staat (Einquartierung) . . . 4 „
„ ungesetzliche Entrichtung an Beamte . . . . 3 .,

Zusammen . 54⁰/₀

Das ist wohl die allergünstigste Berechnung die wir finden. Dr. Jellinek berechnet im selben Blatte (Nr. 137 vom 17. August, S. 1068), dass der Bauer in Oesterreich vom Reinertrag 69⁰/₀ Ab- gaben zu entrichten habe. Aus alledem geht wohl hervor, dass der Ansatz der Gesammtlasten mit 70⁰/₀ keineswegs als exor- bitant anfechtbar ist. — 17) Tegoborski a. a. O., I, S. 19. Vgl. über den Zustand der österreichischen Landwirthschaft auch die Artikel: „Die österreichische Monarchie in Bezug auf ihre materi- ellen Kräfte und ökonomischen Verhältnisse" in der „Gegenwart" (Leipzig, 11. Bd., S. 811 bis 886). — 18)

Land	Verhältniss des bebauten Bodens zum un- bebauten in Procenten der Gesammtfläche	Hiervon waren			
		Ackerland	Wiesen, Wein-, Obst- und Gemüse- gärten	Weideland	Wald
		in Procent der bebauten Fläche			
Oesterreich .	84·7	33·9	18·0	14·2	33·9
Württemberg .	99·6	43·2	17·3	7·8	31·7
Preussen . .	92·0	45·7	14·8	16·4	22·1
Königr. Sachsen	96·5	51·4	14·8	2·2	31·6

— 253 —

Die Zahlen sind für Oesterreich nach Springer, für Preussen nach Förster und v. Weber (vgl. Tęgoborski a. a. O., I, S. 115), für Württemberg und das Königreich Sachsen nach Dieterici [Statistische Uebersicht der wichtigsten Gegenstände des Verkehres und Verbrauches im deutschen Zollvereine, zweite Fortsetzung, Berlin, Posen und Bromberg 1844, S. 271 und S. 272) berechnet, und beziehen sich auf die Zeit kurz vor 1840. — 19) Es betrug die Production an Weizen und Roggen in Oesterreich (nach Springer) pro Quadratmeile 18.797·5 Wiener Metzen = 21.000 preussische Scheffel. Die Production an Weizen und Korn in den Ländern des Zollvereines betrug um die gleiche Zeit (1840) nach Dieterici (a. a. O., S. 281):

In Luxemburg . . 14.400 preussische Scheffel pro Quadratmeile
„ Preussen . . . . 15.700 „ „ „ „
., Bayern . . . . 20.000 „ „ „ „
„ Kurhessen . . . 20.000 „ „ „ „
., Oesterreich . 21.000 „ „ „ „
„ Königr. Sachsen 22.000 „ „ „ „
., Lippe . . . . . 22.000 „ „ „ „
„ Grhrzth. Hessen 22.400 „ „ „ „
„ Nassau . . . . . 23.000 „ „ „ „
„ Thüringen . . . 26.000 „ „ „ „
„ Frankfurt . . . 31.500 „ „ „ „
„ Baden . . . . . 32.600 „ „ „ „
„ Württemberg . . 34.200 „ „ „ „

20) Der Werth der jährlichen Gesammteinfuhr (nach Abzug der Edelmetalle) betrug im zehnjährigen Durchschnitte von 1831 bis 1840 . . . . 85,737.489 fl. C.-M.
hiervon waren Industriegegenstände, und zwar:
Rohstoffe, Halbfabrikate, Fabrikate, Kunstgegenstände u. s. w. . . . . 39,329.017 fl. C.-M.
Natur- und landwirthschaftliche Producte . . 46,408.472 „ „
(vgl. L. v. Tęgoborski, Uebersicht des österreichischen Handels in dem elfjährigen Zeitraume 1831 bis 1841. Wien 1844, S. 16 ff.). —
21) Dieselbe betrug mit Rücksicht auf die landwirthschaftlichen Producte im jährlichen Durchschnitte des genannten Decenniums 19,666.187 fl. C.-M. von einer Gesammtausfuhr von 70,021.829 fl., d. i. 21·9%. Die Mehreinfuhr der Natur- und landwirthschaftlichen Erzeugnisse betrug sonach immer noch 26,742.000 fl. (Tęgoborski,

Uebersicht, S. 16 ff.). — 22) Ernst Violand, Die sociale Geschichte der Revolution in Oesterreich. Leipzig 1850, S. 36. — 23) Der officielle „Bericht über die dritte allgemeine österreichische Gewerbeausstellung in Wien 1835", II. Bd., S. 315. — 24) Rede des Abgeordneten Bittner im constituirenden Reichstag 1848 anlässlich der Debatte über den Kudlich'schen Antrag. Siehe „Verhandlungen des österreichischen Reichstages nach der stenographischen Aufnahme", I. Bd., S. 565. — 25) Göhring, „Der Bauernstand in Galizien." — Revue österreichischer Zustände. Leipzig 1842, I. Bd., S. 196 ff. — 26) Dr. II. Meynert, Geschichte der Ereignisse in der österreichischen Monarchie während der Jahre 1848 und 1849 und ihre Ursachen und Folgen. Wien 1853, S. 95. — 27) „Verhandlungen des österreichischen Reichstages", I. Bd., S. 646.

Noten zum zweiten Capitel.

1) Der Anstoss hierzu ging von der im Jahre 1719 gegründeten „kaiserlichen privilegirten Orientalischen Compagnie" aus, durch welche sich Wien rasch zu einem Baumwollenmarkte ersten Ranges aufschwang. Schon einige Jahre später begegnen wir in der Nähe von Graz der ersten „landesbefugten" Barchent- und Canevasfabrik; auch in Böhmen nahm die Baumwollenmanufactur, zumal die Kattundruckerei einen raschen Aufschwung. Namentlich war es aber Niederösterreich, das an dem Emporkommen dieses Industriezweiges hervorragend betheiligt war. 1723 hatte die Orientalische Compagnie in Schwechat bei Wien eine Fabrik errichtet, und 1726 wurde ihr für 15 Jahre das Privileg ertheilt, in Ober-, Nieder- und Innerösterreich Baumwollwaarenfabriken, Spinnereien, Webereien etc. zu errichten. Noch im gleichen Jahre begann die Schwechater Fabrik ihre Arbeit, aber sie prosperirte nicht in der gehofften Weise, denn ihr wiederholt erneuertes Monopol wurde nicht geachtet, und ungehindert entstanden in Oesterreich zahlreiche, zum Theile noch heute bestehende Concurrenzunternehmungen wie in Schwechat, Pottendorf, Trumau, Friedau, Ketten-

hof, Ebreichsdorf, St. Pölten etc. Die Kriege der theresianischen Epoche waren der Industrie überhaupt nichts weniger als günstig; trotzdem nahm die Baumwollenmanufactur durch die Förderung der Kaiserin in Böhmen eher zu als ab, und in Niederösterreich zählte man am Ende des Jahrhunderts über 100.000 Handspinner. 2) T e g o b o r s k i, Des Finances et du Crédit public de l'Autriche etc., tome I, ch. 2. — 3) 1806 eine Bancozettel-Tilgungssteuer, verbunden mit Erhöhung des Salz- und Tabakspreises, des Post- und Zolltarifes, sowie mit der Verpflichtung zur Repunzirung alles Silbers; 1810 eine 10''„ige Vermögenssteuer zur Dotirung der Einlösungsscheine etc. T e g o b o r s k i, a. a. O. — 4) B e e r, Die Finanzen Oesterreichs im 19. Jahrhunderte. Wien 1877, S. 9. – 5) Siehe Dr. A. F o u r n i e r, Gentz und Cobenzl. Wien 1880, S. 234 ff. — 6) Vgl. zu diesem Gegenstande: H. R e s c h a u e r's „Geschichte des Kampfes der Handwerkerzünfte und der Kaufmannsgremien mit der österreichischen Bureaukratie". Wien 1882. — 7) Der Verhältnissberechnung liegt die Annahme zu Grunde, dass im Durchschnitt des Jahres 1810 429·5 fl. Bancozettel = 100 fl. C.-M. waren. Vgl. T e g o b o r s k i, l. c. I, S. 14. — 8) Da es jedem gestattet war, auch zünftige Gewerbe gegen blosse Anmeldung zu treiben unter der Bedingung, dass man bloss einen einzigen oder mehrere einzelne Artikel dieses Gewerbes erzeuge, so riss im Handwerke eine Arbeitstheilung ein, wie sie bei voller Gewerbefreiheit nirgends eintrat (R e s c h a u e r, a. a. O., S. 204). — 9) Die Aufstellung der ersten Dampfmaschine fällt in Oesterreich in den Beginn des Jahrhunderts, die grossen Fortschritte in der Verwendung der Dampfmaschine gehören aber dem dritten Decennium an. Im Jahre 1841 gab es in ganz Oesterreich 231 Dampfmaschinen (Schiffsmaschinen und Eisenbahnlocomotiven nicht eingerechnet) mit 2939 Pferdekräften; bis 1852 hatten sich diese auf 671 Maschinen mit 9128 Pferdekräften vermehrt. Auf Niederösterreich entfielen im Jahre 1841 im Ganzen 56 Dampfmaschinen mit 758 Pferdekräften, dieselben hatten sich bis 1852 auf 136 Maschinen mit 1563 Pferdekräften vermehrt, was einem jährlichen Durchschnittszuwachs von 6·7 Maschinen und 117·4 Pferdekräften gleichkommt. Zur Illustration, wie sich der Maschinenbetrieb auf die einzelnen Industriezweige vertheilte, diene nachstehende Uebersicht über die im Jahre 1841 in der österreichischen Monarchie in Verwendung gestandene Dampfmaschine:

— 256 —

Industriezweig	Dampfmaschine	Pferdekräfte
Bergbau	32	473
Steinmetzarbeiten	1	2
Porzellan- und Emailfabriken	2	6
Hochofengebläse	10	122
Streck- und Walzwerke	2	66
Stahlwaaren-,Schrauben- und Nägelfabriken	4	40
Geschütz- und Gewehrfabriken	3	28
Münzprägung	2	28
Flachsspinnereien	1	8
Baumwollspinnereien	35	557
Schafwollspinnereien	19	170
Schafwollwaaren- und Tuchfabriken	40	515
Seidenspinnereien	1	8
Kattundruckereien	11	138
Appretur und Mange	6	54
Lederfabrikation	1	10
Papierfabriken	4	92
Buchdruckereien	3	13
Maschinenfabriken	5	25
Holzschneidewerke	5	26
Wasserhebungsanstalten	9	158
Fluss- und Hafenräumung	4	32
Mahlmühlen	9	195
Oelpressen	4	28
Kerzenfabriken	2	22
Rohr- und Rübenzuckerfabriken	14	115
Cichorienkaffee-Erzeugung	2	8
Zusammen	231	2939
Ungarn und Siebenbürgen	8	80

10) Nachfolgende Tabelle giebt einen Vergleich der Entwickelung des Eisenbahnnetzes in Oesterreich mit dem der anderen Staaten nach dem Stande des Jahres 1840:

Land	Betriebs-eröffnung der ersten Eisenbahn	Länge des Eisenbahn-netzes im Jahre 1840 in Kilo-metern	Entfallen auf 1 Jahr durch-schnittlich Kilometer
Grossbritannien und Irland	1825	1348	90
Oesterreich-Ungarn	1828	144	12
Frankreich	1828	497	41^{1}_{2}
Deutschland	1835	540	108
Belgien	1835	336	67

11) Vgl. zu diesem Punkte zwei — im Lobe der österreichischen Verhältnisse natürlich weit überhaltene — Aufsätze in der „Revue österreichischer Zustände", Leipzig 1842, I. Bd., und zwar „Das österreichische Eisenbahnwesen", S. 147 ff. und „Oesterreichs Donau-Dampfschiffahrt", S. 227 ff. — 12) Geschichte des Kampfes der Handwerkerzünfte etc., S. 103 ff. — 13) Reschauer, a. a. O., S. 173 f. — 14) Ibid. S. 108 u. a. a. O. — 15) Der Berechnung liegen zu Grunde das „Verzeichniss deren hier in Wien befindlichen Handwercker, Gewerb und Professionen, und mit wass für einem Quanto selbe in dass Jährliche Mitleyden gezogen, auch ein und anderer Profession Anzahl vermehrt werden könnte" aus dem Jahre 1728, und „der k. k. Residenzstadt Wien Commercialschema". Wien 1780. Wir haben nach diesen beiden Quellen mit Zugrundelegung der heute üblichen Gewerbeeintheilung nachfolgende Tabelle entworfen.

Gewerbe	1728 Zahl der		1780 Zahl der	
	Gewerbs-zweige	Meister	Gewerbs-zweige	Meister (Fabriken)
Der Leibes- und Krankenpflege (Leichenbestattung)	5	93	2	54
Der Steine und Erden	7	96	8	123
Der Metallbe- und Verarbeitung (ohne Instrumente, Werkzeuge, Maschinen etc.)	19	225	46	585
Zur Erzeugung von Instrumenten, Werkzeugen, Maschinen und Appa-raten	11	92	9	112
Chemische Industrie, Erzeugung von Mischungen etc.	2	24	2	21
Textilindustrie	15	223	25	550
Papier- und Lederindustrie und Ta-peziererarbeit	11	167	11	136
Gewerbe der Holz- und Schnitzstoffe des Rohres und der Borsten	8	206	10	196
Gewerbe der Nahrungs- und Genuss-mittel	15	252	9	192
Gewerbe der Beherbergung und Ver-köstigung (ohne Gastwirthe)	3	105	2	41
Bekleidungsgewerbe	11	606	14	255
Reinigungsgewerbe	1	15	2	23
Baugewerbe	5	80	6	134
Graphische Gewerbe und Künstler-betriebe	4	80	8	42
Kunst- und Handelsgärtnerei	2	110	—	—
Gewerbe der Leucht- und Heizstoffe (Seife und Wachs)	2	42	—	—
Zusammen Industrialgewerbe	121	2416	154	2464

Da unter den Gewerben des Jahres 1728 „20 Seidenfabrika-
tores", unter denen des Jahres 1780 120 Fabriken verschiedener
Branchen sich befinden, und da weiters die Gärtner und Wachszieher
im Jahre 1780 nicht angeführt sind, so erhält man mit Abrechnung
dieser Ziffern folgende Vergleichsangaben:

	Zahl der Gewerbezweige	Gewerbetreibenden
Im Jahre 1728	116	2214
im Jahre 1780	154	2344

Eine ausführliche Behandlung des Verhältnisses zwischen
„Handwerk und Grossindustrie in Wien 1700 bis 1850" von
S. Mayer siehe im „Wiener Communalkalender und Städtischen
Jahrbuch 1889". Wien, S. 231 bis 276. — 16) So — um nur einige
Beispiele zu führen — der Hof- und bürgerliche Schlossermeister
F. Gohde, der Männerschuhmacher Demmer, der Hofsattler
F. N. Koller in Wien, die alle je 30 bis 40 Stückmeister, ausser
ihren Gesellen beschäftigten. Vgl. „Bericht über die dritte allgemeine österreichische Gewerbeausstellung in Wien 1845", S. 276,
601, 890 u. z. a. — 17) Statistische Uebersicht der Bevölkerung
der österreichisch-ungarischen Monarchie. Stuttgart und Tübingen
1841, S. 362. — 18) Vgl. den „Bericht über die dritte allgemeine
österreichische Gewerbeausstellung, S. 289 und 298. — 19) Die
Bijouterie- und Emailarbeiten, sowie die feinen Metallwaaren
standen in Wien noch weit hinter den ausländischen, namentlich
französischen Erzeugnissen zurück, die Leder- und Lederwaaren-
erzeugung war einer der unvollkommensten Gewerbszweige in
Oesterreich überhaupt [Bericht 571]. — 20) „Es existirt in Wien
kein bedeutenderes Geschäft, bei dem nicht Cavaliere durch lange
Zeit Schulden hätten, welche erst nach vielfachem Angehen bezahlt
werden" [Violand, Die sociale Geschichte der Revolution in
Oesterreich, S. 26 f.] „Was die Grossen von den ärmeren Zünften
an nöthigen Arbeiten beziehen, das nehmen sie nur zu häufig
auf jahrelangen Credit, und bedenken nicht, dass der gemeine
Mann das baare Geld so nöthig hat wie das tägliche Brot, um es
ohne Unterlass umkehren und zu den erforderlichen Zinsen
bringen zu können. Man verlange z. B. in Wien bei was immer
für einem Gewerbsmann, der ein etwas ansehnliches Geschäft
betreibt, seine Contobücher einzusehen, und man wird staunen und
schaudern, wie niederträchtig die arbeitende Classe von dem Zehr-

17*

stande und vornehmlich von der Adelswelt behandelt wird. Es gehört wahrlich zum hohen Tone, sich seine Equipage oder auch nur einen Frack anzuschaffen, ohne ihn zu bezahlen oder ohne sich über Jahr und Tag mehr als die Hälfte des Betrages gewaltsam abnöthigen zu lassen. So soll der erste Kleidermacher in der Residenz über eine halbe Million Schulden einzufordern haben, von denen er in zehn Jahren kaum mehr als 10.000 fl. erzwingen mag" [Sociale und politische Zustände Oesterreichs mit besonderer Beziehung auf den Pauperismus. Leipzig 1847, S. 151]. — 21) Rückblicke auf die Gemeindeverwaltung der Stadt Wien in den Jahren 1838 bis 1848 von Carl Weiss, Wien 1875, S. 34 f. — 22) Vgl. die „Aemtlichen Verhandlungsprotokolle des Gemeindeausschusses der Stadt Wien vom 25. Mai bis 5. October 1848, s. l. e. a. S. 11, 16, 28, 48 u. a. v. a. O.

Noten zum dritten Capitel.

1) 1792 gab es in Wien 28 Druckereien, 1804 waren diese auf 24 gesunken, und im Beginne der Vierzigerjahre gab es nur noch 21. — 2) Im Jahre 1845 gab es in der Monarchie (mit Ausschluss von Ungarn und Italien) 100 Runkelrübenzuckerfabriken. — 3) 1839 betrug die eingeführte Quantität über 480.000 Wiener Centner, und bis 1844 stieg sie noch um 25%, während ein Export überhaupt nicht stattfand. — 4) Siehe Bericht über die dritte allgemeine österreichische Gewerbeausstellung, S. 268 ff. — 5) Die Einfuhr an Waffen war von 1835 bis 1844 von 24.841 fl. auf 36.837 fl., d. i. um 48% gestiegen, während die Ausfuhr in der gleichen Zeit von 40.648 fl. auf 31.260, d. i. um 23% gefallen war. — 6) Es betrug in Gulden C.-M.

	Einfuhr an Maschinen und	Ausfuhr Maschinenbestandth eilen
1835	120.414	42.203
1836	92.657	39.787
1837	298.073	53.994
1838	344.897	45.752
1839	350.674	49.232
1840	346.377	47.439
1841	343.756	36.832
1842	351.094	45.951
1843	306.710	58.762
1844	365.696	53.780
(Steigung 203%)		(Steigung 27%).

Ausserdem wurden Maschinen und Maschinenbestandtheile, welche im Umfange der zu dem österreichischen Zollverbande gehörigen Länder noch unbekannt waren, dann welche Einwanderer mit sich brachten, sowie auch Modelle von Maschinen überhaupt eingeführt:

1841 im Werthe von 77.636 fl.
1842 „ „ „ 98.333 „
1843 „ „ „ 45.340 „
1844 „ „ „ 183.451 „

Vergleiche über den Stand der Industrie den Artikel „Die österreichische Monarchie in Bezug auf ihre materiellen Kräfte und ökonomischen Verhältnisse" in der „Gegenwart". Leipzig, XI. Bd., S 811 bis 886. — 7) Die Angaben über die Papierfabriken sind dem officiellen „Berichte über die dritte allgemeine österreichische Gewerbeausstellung in Wien 1845 (Tab. zu S. 712), diejenigen über die Baumwollspinnereien den amtlichen „Tafeln zur Statistik der österreichischen Monarchie" (1846) entnommen. Des Interesses halber geben wir hier die Rohziffern. Es waren also in sämmtlichen österreichischen Papiermanufacturen und Baumwollspinnereien

	in Fabriken	beschäftigt			
		Männer	Weiber	Kinder	Zusammen
Niederösterreich	70	4.274	4.809	1.640	10.723
Oberösterreich	26	446	421	314	1.181
Steiermark	13	373	475	102	950
Kärnten und Krain . .	8	107	203	85	395
Küstenland	2	185	136	87	408
Tirol	36	1.296	1.768	469	3.533
Böhmen	211	5.306	4.863	1.522	11.691
Mähren und Schlesien .	36	201	132	61	394
Galizien	24	235	88	40	363
Lombardie	152	3.024	2.335	1.037	6.396
Venedig	69	1.086	771	233	2.090
Zusammen . .	647	16.533	16.001	5.590	38.124

8) „Darstellung der Verfassung und Einrichtung der Baumwollenspinnereifabriken in Niederösterreich" von Dr. J. J. Knolz, Wien 1843. — 9) Knolz, l. c. S. 14. — 10) Knolz, l. c. S. 24. — 11) Ibidem. — 12) Knolz, l. c. S. 27. — 13) Ibidem, S. 30. — 14) Die Constitution Nr. 13 vom 5. April 1848, S. 155. — 15) a) Constitution Nr. 20, S. 289; nach Nr. 14, S. 169 ff. gar nur 2 bis 3 fl. C.-M. Vgl. ausserdem: Constitutionelle Donauzeitung Nr. 27 vom 30. April, S. 235. — b) Höger, Die Geschichte eines österreichischen Arbeitervereines. Wien 1892, S. 67 und 69; Constitution Nr. 27, S. 413. — c) Berechnet nach den Detailangaben bei Knolz, J. J. Darstellung der Verfassung und Entwickelung der Baumwollspinnereifabriken in Niederösterreich. Wien 1843. — d) Constitutionelle Donauzeitung Nr. 29 vom 30. April, S. 235. — e) Bericht über die dritte allgemeine österreichische Gewerbeausstellung. Wien 1846, S. 700. — f) Constitutionelle Donauzeitung Nr. 19. vom 12. April. Wochenlohn mit Verpflegung 5 bis 10 fl. W.-W., d. i. 2 bis 4 fl. C.-M. — g) Constitution Nr. 45 vom 13. Mai, S. 16.— h) Knolz, a. a. O. — i) Constitution Nr. 46 vom 15. Mai. — k) „Gradaus" vom 30. Juli; nach der Constitution vom 15. Mai hätte der Wochenlohn 3 fl. C-M.· betragen. — l) Allgemeine österreichische Zeitung Nr. 63 vom 2. Juni, S. 736. — m) Constitution Nr. 46 vom 15. Mai, S. 659. Allgemeine österreichische Zeitung Nr. 63 vom 2. Juni, S. 736. — n) Constitution Nr. 46 vom 15. Mai, S. 659. — o) Ebenda. — p) Constitution Nr. 46 vom 15. Mai, S. 658, ferner Allgemeine österreichische Zeitung Nr. 63 vom 2. Juni, S. 736. — q) Constitution, Nr. 46 vom 15. Mai. — r) Angabe von Kees aus dem Jahre 1842. — 16) Constitutionelle Donauzeitung Nr. 29 vom 30. April 1848, S. 233 f. — 17) Vgl. die Lohnliste in Louis Blanc's „Reform der Arbeit". — 18) Durchschnittsmarktpreise der wichtigsten Nahrungsmittel in Wien während des Decenniums 1838 bis 1847 in C.-M. Siehe Tab. S. 263. — 19) Es giebt mehrere Schätzungen des Fleischconsums in Wien aus jener Zeit. — Dieterici [Statistische Uebersicht der wichtigsten Gegenstände des Verkehres und Verbrauches im preussischen Staate und im Zollvereine in dem Zeitraume von 1837 bis 1839. Erste Fortsetzung, Berlin 1842, S. 157] berechnet den Verbrauch an Rindfleisch pro Kopf auf 151 Pfund, und meint, es wird „die Totalfleischconsumtion exclusive Fische, Wildpret und Geflügel mit 300 Pfund pro Kopf wahrscheinlich noch unterschätzt sein. Tegoborski (De Finances II, 28) berechnet nach den Ergebnissen der

Jahr	Getreide					Hülsenfrüchte				
	Weizen	Korn	Mais	Gerste	Hafer	Erbsen	Bohnen	Linsen	Hirse	Heidekorn
	niederösterreichische Metzen in Gulden und Kreuzer									
1838	2·22	1·34	1·53	1·22	1·7	2·46	3·26	3·35	2·22	1·58
1839	2·55	2·3	2·19	1·43	1·24	3·56	3·36	4·4	2·32	1·55
1840	3·16	2·17	2·43	1·51	1·36	4·17	3·45	4·24	2·46	2·23
1841	3·5	2	2·15	1·41	1·30	3·53	3·11	3·58	2·44	2·20
1842	3·29	1·57	2·40	1·48	1·28	4·12	3·40	5·20	3	2·19
1843	2·51	2·2	2·28	1·31	1·23	5·22	5·24	6·17	3·42	3·1
1844	2·36	1·36	2·2	1·10	1·12	4·11	3·51	4·32	3·14	2·35
1845	3·11	3·02	2·10	1·31	1·22	4·22	3·57	4·45	3·17	2·19
1846	4·24	3·9	2·45	2·12	1·49	5·51	5	6·18	3·31	3
1847	5·52	4·25	4·11	3·4	2·7	7·57	7·16	8·53	4·36	3·50

Jahr	Reis pro Centner	Kartoffel pro Metzen	Rindfleisch österr. Pfund	Wein pro Mass in Krz.	Bier pro Mass in Krz.
1838	14·47	0·38	0·9	$9^3/_4$—48	$7^1/_4$—$8^3/_4$
1839	15·23	0·49	0·9	$9^1/_4$—48	$7^1/_4$ - $8^3/_4$
1840	16·10	0·53	0·9	6 —48	$7^1/_4$—$8^3/_4$
1841	15·20	0·41	0·9	$7^3/_4$—48	$7^1/_4$—$8^1/_4$
1842	14·38	1·7	0·9	6 —48	7 —$8^3/_4$
1843	15·10	1·8	$0·9^1/_4$	$4^3/_4$—42	$7^1/_4$—$8^3/_4$
1844	18·49	0·45	0·9	$9^1/_2$—14	$7^1/_4$—$8^3/_4$
1845	18·27	0·41	$0·9^1/_2$	10 —15	8 —$8^3/_4$
1846	18·17	1·12	0·10	10 —13	8 —$8^3/_4$
1847	18·34	2·8	0·10	$7^3/_4$—12	8 —$8^3/_4$

Schlachtsteuer den Consum an Fleisch im Decennium der Vierzigerjahre auf 121 Pfund pro Kopf, setzt aber hinzu, dass sich der Consum
nach seiner Meinung höher herausstellen würde, wenn das Fleisch
nicht nach dem Stück, sondern nach dem Gewicht versteuert würde; er
glaubt nicht zu irren, wenn er den Jahresconsum auf 130 Pfund pro
Kopf veranschlagt. — 20) Nach Gülich „Geschichtliche Darstellung des
Handels, der Gewerbe und des Ackerbaues der bedeutendsten handel-
treibenden Staaten unserer Zeit" (Statistische Tafeln 182) betrug um
1842 der Consum an indischem Zucker in Grossbritannien (ohne Irland) 21·3, Belgien 8·2, in den Niederlanden 8, in Deutschland (ohne
Oesterreich) 7·5, Dänemark 7, in der Schweiz 6, in Frankreich 5·1,
in Portugal 5, in Spanien 3·7, in Irland 3·5, in Schweden und Nor-
wegen 2·7, in Russland 1·8, in Oesterreich 1·7, in Italien 1·7, in
der Türkei 0·54 englische Pfund pro Kopf. Es ist hier jedoch nur
die Consumtion an indischem Rohrzucker, nicht die an Runkel-
rübenzucker berücksichtigt. Der jährliche Verbrauch an letzterem
wird (in dem officiellen Berichte der dritten allgemeinen österreichischen Gewerbeausstellung, S. 1007) mit wenigstens 600.000
Centner, d. i. 74 Millionen englische Pfund veranschlagt;
hierzu die 65 Millionen englische Pfund von in Oesterreich con-
summirtem Rohrzucker, ergiebt einen Gesammtconsum von 139 Millionen englische Pfund oder pro Kopf 3·6 englische Pfund =
2·94 Wiener Pfund. Nach dieser Berechnung würde sich also der
Zuckerverbrauch in Oesterreich zwischen den Spaniens und Irlands
(ersteres mit 3·7, letzteres mit 3·5 englische Pfund) gestellt haben.
Nach der Berechnung von Dieterici (l. c. zweite Fortsetzung,
S. 125, dritte Fortsetzung, S. 206 und vierte Fortsetzung, S 171) war
der durchschnittliche Verbrauch in den Jahren 1840 bis 1847 in
Grossbritannien 19·19, in den Niederlanden 9·82, in Dänemark 8·24,
in Belgien 5·97, in Frankreich 5·62, im Zollverein 4·73, im übrigen
Deutschland 3·98, in der Schweiz 3·68, in Schweden 2·79, in Russland 2·46, in Spanien 2·05, in Italien, Portugal, Griechenland und
der Türkei je 2, und in Oesterreich nur 1·68 Zollpfund pro Kopf.
Den Rübenzuckerconsum veranschlagt Czörnig für 1847 in Oesterreich mit 144.538 Metercentnern oder 0·39 Pfund pro Kopf, so dass
sich der Gesammtconsum Oesterreichs an Zucker auf die Höhe
desjenigen von Italien. Portugal, Griechenland und der Türkei
stellte. Nach Dieterici hätte allerdings eine Steigung des Consums in
Oesterreich stattgefunden, und zwar von 1·26 Pfund (1840 bis 1842)

auf 1·67 (1845) und 2·12 Pfund (1847), also etwa 68⁰/₀; das entspricht aber nicht der Wahrheit. Nach der oben citirten amtlichen Angabe betrug 1844 der Gesammtconsum 3 Wiener Pfund, während Czörnig, aus dem Dieterici seine Angaben schöpft, den Gesammtverbrauch für 1847 nur auf 2·12 Pfund pro Kopf veranschlagt. Sonach hätte eher ein beträchtlicher Rückgang stattgefunden. Die irrige Berechnung Dieterici's dürfte daher rühren, dass er bei den Ziffern für 1840 bis 1845 den Rübenzuckerverbrauch nicht berücksichtigte. — 21) Für den Kaffeeconsum liegen für den Beginn der Vierzigerjahre (also etwa 1840 bis 1842) abermals zwei Berechnungen vor, die sich nicht ganz decken, eine von Gülich (l. c. Statistische Tafeln 182) und eine von Dieterici (zweite Fortsetzung, S. 147). Wir geben die beiden Tabellen nach Umrechnung in Wiener Pfund nachstehend nebeneinander wieder:

	Nach Gülich	Nach Dieterici
	Wiener	Pfund
Belgien	7·695	8·33
Niederlande	6·48	8·33
Deutschland	} 4·617	1·66
Zollverein		2·08
Schweiz	4·455	0·83
Dänemark	4·4	
Grossbritannien	1·215	} 0·83
Irland	0·186	
Spanien	1·134	
Italien	1·134	0·83
Schweden und Norwegen . .	0·81	
Frankreich	0·729	0·666
Oesterreich	0·64	0·83
Türkei	0·397	
Portugal	0·243	
Russland	0·162	

Tegoborski (De Finances II, S. 167) veranschlagt den österreichischen Consum nach dem Import gar nur mit 0·3 Wiener Pfund; wenn man dazu jedoch die 6 Millionen Pfund rechnet, welche nach demselben Autor auf dem Schmuggelwege nach Oesterreich eingeführt werden, so gelangt man zu einer Angabe, welche sich mit der Gülich's und Dieterici's so ziemlich treffen dürfte; der durchschnittliche Kaffeeconsum dürfte also ¹/₂ Wiener Pfund nicht sehr überschritten haben. — 22) Der Bierconsum betrug während der Jahre 1841 bis 1846 in den einzelnen Provinzen und grösseren Städten Oesterreichs in Mass:

In	1841	1842	1843	1844	1845	1846
Niederösterreich . . .	60	43·95	39·48	44 12	48·55	40·09
Wien	100	96·03	84·66	88·66	93·88	80·72
Oberösterreich . . .	53	45·39	45·58	44·93	49·76	42·12
Linz	73·6	71·51	65·76	66·31	72·48	56·40
Steiermark	12	11·52	13·03	14·09	16·05	13·40
Graz	79	69·87	66·04	73·41	75·41	64·21
Kärnten	7·8	7·08	11·84	18 75	19·79	17·11
Krain			2 71	3·79	3·76	3·54
Laibach	18	21·13	18·94	23·28	50·75	29·30
Küstenland	—	0·21	0 21	0·48	0 4	0·33
Tirol	4·5	5·84	5·71	6	5·78	5·72
Innsbruck	—	—	—	—	62·15	69 01
Böhmen	33	34·40	30·82	30 93	31·42	30 48
Prag	118	130·65	103·60	114·13	123·14	130 26
Mähren und Schlesien	16	16·08	15 57	16·39	17·48	15 07
Brünn	37	37·63	27 75	36·76	47 68	39·15
Galizien	2·6	3·60	5·38	6 07	6·46	5·57
Lemberg	52	55·47	58 05	61 16	50·75	46·62
Ueberhaupt . .	20	19·74	18 61	19·58	20·62	18·02

23) Der Branntweinconsum betrug in Preussen (Dieterici l. c., dritte Fortsetzung, S. 365, und vierte Fortsetzung, S. 337) 5·7 Quart = 6½ Wiener Mass, in Sachsen (ebenda, fünfte Fortsetzung, S. 325), 5·68 Quart = 6½ Wiener Mass, in Baden 3·7 Quart = 4 Wiener Mass, und in Württemberg 0·6 Quart = ¾ Wiener Mass pro Kopf. In Oesterreich betrug der Branntweinconsum pro Kopf in Mass:

In	1841	1842	1843	1844	1845	1846	Im Durchschnitte von sechs Jahren
Niederösterreich	1·73	1·07	0·63	0·96	1·10	1·07	1·09
Oberösterreich	2·38	1·70	1·78	1·38	2·08	1·53	1·81
Steiermark . .	0·87	0·89	0·64	0 86	0·76	0·77	0·79
Kärnten . . .	1·53	1·70	3 18	2 99	4 34	5·57	3·22
Krain			0·36	0·58	0 58	0·43	0 86
Küstenland . .	1 07	0·84	0·70	0·62	0 42	0·47	0 68
Böhmen . . .	3 20	2·90	1·57	2·17	2·52	2·51	2·48
Mähren und Schlesien . .	8 56	6·73	5 20	6 31	6·37	6·31	6·58
Galizien . . .	15·93	15 33	15 92	14·94	9·48	8·71	13 38
Ueberhaupt . .	6·9	6 83	6 37	6 43	4 91	4·61	6·00
In Tirol . . .	—	—	1·50	—	1·36	2 04	1·63

24) Nach den „Tafeln zur Statistik der österreichischen Monarchie" — auf Grund derer auch die vorstehenden Consumtionstabellen für Branntwein und Bier gebildet sind — kamen bei Vergleichung des Tabakabsatzes mit der männlichen Bevölkerung vom 19. Jahre aufwärts, und bei der Annahme, dass ein Schnupfer jährlich 12 Pfund und ein Raucher 18 Pfund bedarf, auf 1000 Männer:

a) Raucher:

In	Im Jahre									
	1838	1839	1840	1841	1842	1843	1844	1°45	1846	1847
Niederösterreich	356	365	376	358	363	376	350	367	379	356
Oberösterreich	312	319	349	334	347	354	360	367	382	386
Steiermark . .	195	194	209	182	189	205	205	213	208	210
Kärnten und										
Krain . . .	215	221	190	225	223	225	224	239	247	260
Küstenland . .	138	125	177	146	144	148	133	145	152	141
Tirol	248	269	295	319	333	352	358	377	379	367
Böhmen . . .	263	276	296	279	282	283	293	300	307	299
Mähren und										
Schlesien . .	291	307	327	317	314	313	318	331	344	331
Galizien . . .	186	178	187	179	199	198	312	229	197	165
Dalmatien . .	30	28	31	35	30	28	31	28	33	47
Im Durch-										
schnitte . . .	240	245	260	251	258	262	266	279	276	262
Lombardie . .	53	54	60	59	56	64	67	70	73	73
Venedig . . .	21	21	21	22	24	26	29	30	31	31
Im Durch-										
schnitte . . .	39	39	43	43	42	47	49	52	54	54
Im Haupt-										
durchschnitte	192	195	209	202	207	211	216	226	224	214

b) Schnupfer:

In	Im Jahre									
	1838	1839	1840	1841	1842	1843	1844	1845	1846	1847
Niederösterreich	138	134	129	118	113	103	92	98	101	95
Oberösterreich	71	68	69	60	59	53	51	53	57	57
Steiermark . .	36	36	38	34	34	35	34	35	34	34
Kärnten und Krain . . .	30	30	28	29	29	29	28	28	28	29
Küstenland . .	72	72	96	74	74	73	65	71	76	74
Tirol	238	244	260	262	269	262	268	286	301	293
Böhmen . . .	83	80	85	79	80	78	80	80	81	79
Mähren und Schlesien . .	28	28	30	27	27	26	26	26	26	25
Galizien . . .	16	16	18	17	18	17	18	18	21	28
Dalmatien . .	15	15	15	15	17	15	14	15	14	15
Im Durchschnitte . . .	62	62	65	61	61	58	58	60	62	63
Lombardie . .	25	84	85	85	85	85	84	82	82	80
Venedig . . .	199	110	112	107	106	107	106	102	104	122
Im Durchschnitte . . .	95	96	97	95	94	95	94	91	92	99
Im Hauptdurchschnitte	70	70	73	69	69	67	66	67	69	71

25) Ueber die Wohnungsverhältnisse in Alt-Wien vgl. die Denkschrift „Wien 1848 bis 1888" (Wien 1888): Karl Weiss, Die bauliche Neugestaltung der Stadt. I. Bd., S. 240 ff. — 26) Es war der

im Jahre	Stand der		Zuwachs an			
	Häuser	Bewohner	Häusern absolut	%	Bewohnern absolut	%
1827	7856	289.382	—	—	—	—
1830	8037	317.768	181	2·3	28.386	9·8
1834	8223	326.353	186	2·3	8.585	2·6
1837	8264	333.582	41	0·5	7.229	2·2
1840	8385	356.869	121	1·3	23.287	6·9
1843	8586	373.236	201	2·4	16.367	4·5
1847	8756	412·513	170	1·9	39.277	10·5
		Ueberhaupt	900	11·4	123.131	42·5

Bauthätigkeit in Wien:

Jahr	Neubauten	Neu- und Zubauten	Zusammen
1843	38	42	80
1844	58	34	92
1845	38	42	80
1846	36	48	84
1847	32	39	71
Zusammen . .	202	205	407

27) „Constitutionelle Donauzeitung" Nr. 29 vom 30. April 1848. — 28) Vgl. die Lebensmittelpreise in Note 18 zum dritten Capitel. — 29) Die sociale Geschichte der Revolution in Oesterreich von Ernst Violand. Leipzig 1850, S. 45 ff. — 30) Sociale und politische Zustände Oesterreichs mit besonderer Beziehung auf den Pauperismus. Leipzig 1847, S. 280 f. und 243 ff. — 31) Kasernen für die Arbeiter!

Ein Wort an die Minister der Arbeit. Von Anton Langer, Nationalgardist. Wien 1848. — 32) In Niederösterreich bestanden damals 652 solche Vereine mit einem Gesammtvermögen von 1,565.209 fl., in Wien allein 121 Bruderschaften. Vgl. zu diesem Abschnitte die äusserst lehrreiche Abhandlung über „Gesellschaftliche Wohlthätigkeitspflege" von Friedrich v. Radler in der genannten Denkschrift „Wien 1848 bis 1888". I. Bd. — 33) Hofkanzleidecret vom 3. Januar 1817. — 34) Die wichtigsten vormärzlichen humanitären Vereinsgründungen sind: 1829: ein Verein, welcher die „Versorgungs- und Beschäftigungsanstalt für erwachsene Blinde" gründete; 1830: der „Centralverein für Kleinkinder-Warteanstalten Wiens und Umgebung"; 1837: Erster allgemeiner St. Annen-Kinderspitalverein; 1841: „St. Josephs-Kinderspitalverein"; 1843: „Verein zur Beförderung der Handwerke unter den inländischen Israeliten" und israelitische Kinderbewahranstalt; 1844: Wiener Schutzverein für Rettung verwahrloster Kinder; 1845: Kleinkinderbewahranstalt in Oberdöbling; 1847: „Erster Verein zur Bekleidung dürftiger Schulkinder"; „Theresien-Kreuzerverein zur Unterstützung armer israelitischer Kinder"; Wiener Kreuzerverein für Unterstützung der Gewerbsleute; Allgemeiner Wiener Hilfsverein; Centralverein für Krippen (die erste Krippe wurde jedoch erst 1849 gegründet. — 35) Höger, Aus eigener Kraft! Wien 1892.

Noten zum vierten Capitel.

1) Füster Dr. Anton, Memoiren vom März 1848 bis Juli 1849. Beitrag zur Geschichte der Wiener Revolution. Frankfurt a. M. 1850. I. Bd., S. 45 f. — 2) „Einiges über die Arbeiterunruhen in Böhmen". Revue österreichischer Zustände. Leipzig 1845. III. Bd., S. 21 ff. — 3) Weiss Karl, Rückblicke auf die Gemeindeverwaltung der Stadt Wien (1838 bis 1848), S. 173. — 4) M. Szeps, Das „Jahr 1848 und der galizische Bauer" im „Concordiakalender" für das Jahr 1861. Wien, S. 46 bis 49. — 5) Weiss Karl, Rückblicke auf die Gemeindeverwaltung der Stadt Wien, S. 74 f. — 6) Vgl. Geschichte der Wiener Journalistik von E. V. Zenker. I. Bd., Wien und Leipzig 1892, S. 92 ff. — 7) Die sociale Geschichte der Revolution in

Oesterreich, S. 63 f. — 8) In den Dreissiger- und Vierzigerjahren
lebte in Ungarn, Galizien und der Bukowina der älteste deutsche
Socialist, Ludwig Gall, der vorher in Deutschland agitatorisch und
publicistisch für seine socialistischen Ideen gewirkt hatte; davon,
dass er diese Thätigkeit auch auf österreichischem Boden fort-
gesetzt hätte, existirt keine Spur. Auch Wilhelm Marr, der älteste,
anarchistische Agitator und Führer der jungdeutschen Bewegung
in der Schweiz, lebte anfangs der Vierzigerjahre zwei Jahre in
Wien; er war aber damals kaum zwanzig Jahre und noch nicht
der socialistische Agitator von später. — 9) Dr. Georg Adler, Die
Geschichte der ersten socialpolitischen Arbeiterbewegung in Deutschland mit besonderer Rücksicht auf die einwirkenden Theorien. Ein
Beitrag zur Entwickelungsgeschichte der socialen Frage. Breslau 1885,
S. 109.

Noten zum fünften Capitel.

1) Ernst Violand, Die sociale Geschichte der Revolution in
Oesterreich. Leipzig 1850, S. 77 f. — 2) Wenn K. Weiss (Geschichte
der Stadt Wien, Wien 1883, II. Bd., S. 534) behauptet, am 10. und
11. März hätten in Gumpendorf und Gaudenzdorf förmliche Arbeiter-
versammlungen stattgefunden, in welchen „fremde, nach Wien ge-
kommene Elemente die Hauptrolle übernahmen", so entbehrt das
eben jedes thatsächlichen Beweises, und dürfte auf die ehedem
gang und gäbe Ansicht zurückzuführen sein, dass die Revolution
nur das Werk fremder Hetzer und Aufwiegler gewesen sei. —
3) Aus der Gefallenenliste des 13. März geht hervor, dass die Arbeiter in der vordersten Linie standen. Ausser 6 Personen, deren
Stand nicht angegeben ist, nennt die Liste unter 30 Gefal-
lenen folgende Arbeiter und Handwerksgesellen, und zwar:
Schuhmachergeselle Wittmann, Essigsieder Fürst, Tischlergeselle
Sambek, Strumpfstricker Langer, Hausknecht Laser, Taglöhner
Gebhard, Maurer Parasol, Bandmachergeselle Taubenberger, Fleisch-
hauerknecht Zettel, Zeugmachergeselle Wagner, Schmiedgeselle
Schmaleck, Taglöhner Donhart, Drechslergeselle Köpl, Bindergeselle
Reininger, Shawlweber Bauer, Kellner Mayer, Tischlergeselle

Littera, Bäckergeselle Riss, Webergeselle Hirschmann, Schuhmacher
Eppinger, Taglöhner Güstro und Weber Kalina; ausserdem nennt
die Todtenliste noch drei Frauen, darunter eine Pfründnerin und
ein Zimmermannsweib. Es gehörten also genau 2 Drittel der Ge-
fallenen unzweifelhaft dem Arbeiterstande an. (Meynert Dr. H.,
Geschichte der Ereignisse in der österreichischen Monarchie
während der Jahre 1848 und 1849. Wien 1853, S. 131.) — 4) Nach der
berichtigenden Darstellung eines angesehenen Mödlinger Bürgers
im „Humoristen" und in der Constitution (Nr. 3 vom 23. März
S. 21 f.). — 5) Constitutionelle Donauzeitung Nr. 25 vom 26. April,
S. 196. — 6) Die Constitution Nr. 2 vom 22. März, S. 16, und
Violand a. a. O., S. 82 f. — 7) Die Constitution Nr. 14 vom
6. April, S. 173 f., und Nr. 19 vom 12. April, S. 277 f. — 8) Constitution Nr. 26 vom 20. April, S. 394 ff. — 9) Karl Höger, Aus
eigener Kraft! Die Geschichte eines österreichischen Arbeitervereines
seit 50 Jahren. Wien 1892, S. 73 ff. — 10) Vgl. Constitutionelle
Donauzeitung Nr. 19 vom 12. April, S. 72, Nr. 9 vom 9. April,
S. 72, Die Constitution Nr. 10 vom 1. April 119 f., Nr. 14 vom
6. April, S. 173 f., Nr. 17 vom 10. April, S. 242, Nr. 19 vom
12. April, S. 273 f. u. a. a. St. — 11) Auf dem Wege von Flugschriften wurden ähnliche Programmpunkte in der Arbeiterfrage
aufgestellt. Ich citire zunächst aus meiner Geschichte der Wiener
Journalistik, II. Bd., Das Jahr 1848. Wien 1893, S. 47 f., folgende
Flugschriften: „An meine Brüder Arbeiter" von L. Schick.
Anfangs April. — „Offener Brief eines Arbeiters an seine
Kameraden." Wien bei Tendler & Co. 11. April 1848. Mayer,
Arbeiter unterzeichnet. Der Verfasser dürfte jedoch in Wirklichkeit
kaum Arbeiter gewesen sein. Seine Tendenz ist, die Arbeiter von
übermässigen Lohnforderungen abzuhalten. — „An die Fabriks-,
Gewerks- und Handwerksgesellen und Arbeiter Wiens"
von Prof. Dr. J. Neumann, gezeichnet 31. März, gleicher Tendenz,
wie die vorher genannte Broschüre. — „Die Menschenrechte
der Arbeiter" von Brunner, Arbeiter, stellt folgendes Programm
auf: 1. Festsetzung der Arbeitszeit auf 10 Stunden, 2. Gleichstellung
des Tag- oder Wochenlohnes für Alle, die dasselbe Gewerbe treiben,
3. Errichtung von Sonntagsschulen aus Staatskosten über gewerbliche Gegenstände, 4. Versorgung der Arbeitsinvaliden auf Staatskosten. — „An die gesammten arbeitenden Volksclassen
in Wien und der Umgebung" von Dr. Witlačil, enthält nebst

den eben erwähnten Forderungen noch folgende: Arbeitsministerium, Arbeitsgesetz, das Recht und Pflichten der Arbeiter bestimmt, allgemeines Wahlrecht, Einkammersystem, Arbeiterlegion, Gewerbefreiheit, Reform des Zunft- und Innungswesens, Zollfreiheit, Arbeiterauskunftsbureau, Gewerbeschule, öffentliche Werkstätten für Arbeitslose, Abschaffung der Verzehrungssteuer, öffentliche Gemeinküchen und Schlafhallen, Leihbanken für Arbeiter, wechselseitige Unterstützungs- und Versicherungsvereine, öffentliche Lehrstellen u. s. w. — „Kasernen für die Arbeiter, ein Wort an den Minister der Arbeiter" von Anton Langer tritt für sanitäre billige Wohnungen ein. — Ausser den hier angeführten Schriften hatte ich Gelegenheit, noch einen ganzen Wust von Flugblättern und Broschüren einzusehen, welche sich mit der Arbeiterfrage befassen, aber in der oberflächlichsten und phrasenhaftesten Weise, so: L. Engländer, „Die wahre Lage der unteren Volksclassen, geschildert von einem Manne aus dem Volke". Wien 1848. — Hochleitner Joh., Ein gutes Wort für Dienstmädchen und alle dienenden Personen. Wien s. a. — Kasper Dr. P., Die Werkstätte; dies Büchlein gehört dem Arbeiter. Wien 1848. — Rossi Carl, Oesterreichs freie Arbeiter. Ein Wort über ihren gegenwärtigen Zustand und ihre künftige bessere Lage (Der Schauplatz unseres commerciellen und cameralistischen Lebens. Wien 1848, 3. Heft) verlangt die Einsetzung landesfürstlicher Commissäre, welchen die Functionen eines Gewerbeinspectors und Friedensrichters zwischen Arbeitern und Arbeitsgebern obliegen sollte; eine im Vergleiche mit den eben citirten Schriften leidlich sachverständige Abhandlung. — Reform und Princip der Arbeit, des Lohnes und der Frauenrechte (anonym), Wien 1848. — Auch die im April 1848 (nach der Vorrede sogar 1847) verfasste, wenn auch auf dem Titelblatte nach dem folgenden Jahre signirte Schrift von A. v. Hummelauer: Von den Ursachen des Zustandes der arbeitenden Classe und den Mitteln, denselben den Erfordernissen des geselligen Seins entsprechend zu verbessern. Ein Beitrag zu einer künftigen Organisation der Arbeit, Klagenfurt 1849 — muss hierher gerechnet werden. Diese Schrift — eine der besten der ganzen Zeit — entwickelt ein reiches socialpolitisches Programm, unter anderem: staatliche Feststellung eines Minimallohnes, Vermeidung von Productionsmonopolen; Errichtung von Pensions- und Lebensversicherungsanstalten für die arbeitende Classe durch Abgabe einer Quote berechnet nach dem Arbeitslohn von Seite der Unternehmer; Einführung einer Assecuranz zur Ausgleichung der Schwankungen in dem Preise der unentbehrlichsten Lebenserfordernisse von Seite der Arbeiter; Errichtung von Sparcassen, Verbreitung landwirthschaftlicher und gewerblicher Bildung, Arbeiterschutzmassregeln in hygienischer und moralischer Hinsicht u. s. w. Es ist uns unbekannt, ob diese in vieler Hinsicht vortreffliche Schrift auch in Wien gelesen und verbreitet war.

Noten zum sechsten Capitel.

1) Vgl. E. V. Zenker, Geschichte der Wiener Journalistik II. Bd.: Das Jahr 1848. Wien und Leipzig 1893, 2. Cap. Die Mairevolution. — 2) Nachfolgend die Course an der Wiener Börse während der zweiten Hälfte des Mai:

	Letzte Notirungen vor dem 15.	15.	16.	17.	18	19.	20.	21.
Staatsschuldverschreibungen zu 5%		67—68	65³₁	64³/₄	62		58	57¹₂
Staatsschuldverschreibungen zu 2½%		33½	33	—	—		—	28½
1834er Staatslose zu 500 fl. C.-M. . .		540	—	505	490		475	485
1839er Staatslose zu 250 fl. C.-M. . .		171¹₂	—	—	155		150	—
Wiener Stadt-Banco-Obligationen zu 2½%		50	50	50	50		49	49
Bankactien . . .		1000	960	905	820		780	830
Kaiser Ferdinands-Nordbahn . . .		81—82	80	79	77		72₂	75
Wien-Gloggnitzer Eisenbahn .		75	74	75	72		70	72

(Die Spalte zwischen 18 und 19: "War keine Börse in Folge der Abreise des Kaisers" — Sonntag)

18*

	Letzte Notirungen vor dem 15.	15.	16.	17.	18.	19.	20.	21.
Oesterr. Donau-Dampfschiff-fahrts-Gesellschaft . . .	410 – 425	410	425	420	War keine Börse in Folge der Abreise des Kaisers	415	415	Sonntag
Pester Bahn .	48	47	47	46		45	—	
Mailänder Bahn	51	50½	50	48		47	—	

	22.	23.	24.	25.	26. 27. 28.	29.	30.	31
Staatsschuldverschreibungen zu 5%	61¼	60	61	59	Von 26. bis 28. Mai war in Folge der Ereignisse keine Börse	59	62	64
Staatsschuldverschreibungen zu 2½% . . .	—	—	30⅓	—		—	—	—
1834er Staatslose zu 500 fl. C.-M. .	—	—	—	—		—	500	—
1839er Staatslose zu 250 fl. C.-M.	—	—	155	—		150	155	—
Wiener Stadt-Banco-Obligationen zu 2½%	49	49	49	49		49	49	49
Bankactien . .	905	900	910	882		870	910	920
Kaiser Ferdinands-Nordbahn . . .	81	80	81¼	78		79½	83	86
Wien - Gloggnitzer Eisenbahn . . .	79	77	78	75		76	—	82
Oesterr. Donau-Dampfschiff-fahrts-Gesellschaft	430	435	439	446		425	460	450
Pester Bahn . . .	50	47	49	48		—	—	—
Mailänder Bahn .	52	50	53	52		—	—	—

3) Einlagen und Rückzahlungen bei der Ersten österreichischen Sparcasse vom 15. bis 20. Mai:

Tag des Mai	Einlagen			Rückzahlungen		
	Parteien	C.-M. fl.	kr.	Parteien	C.-M. fl.	kr.
15.	146	13.463	46	524	82.389	12
16.	102	7.260	48	486	56.315	42
17.	115	8.123	45	483	71.497	31
18.	41	3.532	18	1097	144.288	53
19.	78	6.041	41	832	97.853	32
20.	150	10.781	57	932	103.780	28

4) Ein Geistlicher versuchte in Gaudenzdorf, wie die keineswegs radicale „Constitutionelle Donauzeitung" versichert (S. 450), den Arbeitern 30.000 fl. zu bieten, wenn sie gegen die Studenten zögen; ein Magistratsrath soll den Arbeitern 25.000 fl. geboten haben; die Arbeiter nahmen ihn gefangen und führten ihn unter den Rufen: „Hängt ihn auf!" zur Universität; ein Pfarrer Wiesinger — vielleicht der unlängst verstorbene Albert Wiesinger? — suchte die Arbeiter mit 27.000 fl. zu bestechen; ohne Erfolg. — 5) Violand E., Die sociale Geschichte der Revolution in Oesterreich. Leipzig 1850, S. 115: „In Wien war nun die Republik, obgleich dies leider niemand erkannte; denn hätte dies nur jemand erfasst und im Sicherheitsausschusse darauf hingewiesen, so würde die Zukunft sicher eine andere Gestalt angenommen haben." — 6) Diese Arbeiterordnung vom 28. Juni stellt als Lohn bei einer Tagesarbeit von 10 Stunden fest: für einen Mann 25 kr. C.-M., für Weiber 20 kr., für junge Leute von 12 bis 16 Jahren 10 kr. Kinder unter 12 Jahren dürfen überhaupt nicht zu den Arbeiten zugelassen werden. An Sonn- und Feiertagen giebt es keine Arbeit, aber auch keinen Lohn. Bei schlechtem Wetter erhält jede Person 6 kr. Zur Aufrechterhaltung der Ordnung und Solidarität sollten die Arbeiter auf den Bauplätzen eigene Ehrengerichte bilden u. s. w. — 7) Violand a. a. O., S. 122 f. Was weiter mit Willner geschah, weiss ich nicht zu sagen. Das sonst so geschwätzige „Biographische Lexikon" von Wurzbach kennt den Namen Willner nicht. Kein Wunder! —

8) Allgemeine Oesterreichische Zeitung vom 30. August 1848. —
9) Im „Gradaus" vom 28. und 30. Juli polemisiren mehrere Ein-
sender über diesen Punkt. Mehrere Meister hatten behauptet, der
Grund der allgemeinen Arbeitsstockung liege nicht in der Ab-
lenkung der Arbeiter von den Industriestätten, sondern im mangeln-
den Absatz; ein Webermeister Badorf erklärte im Namen vieler,
dass der Verfasser eines früheren Artikels, der das Gegentheil be-
hauptete, bei ihm, Badorf, sofort für eine Million Gulden Waare
kaufen könne, wenn er wolle. Der Aufgeforderte ging mit einem
Ausländer, der Einkäufe machen wollte, in die industriellen Vorstädte, fand aber nirgends Waarenvorräthe; 50 Webereien standen
leer, in den Knopffabriken arbeiteten statt 50 bloss 10 Menschen
u. s. w. Der „Gradaus" war, was zu beachten ist, ein ultraradicales
Blatt. — 10) Der „Gradaus" vom 10. August berichtet, von
164 Fleischhauern seien zwei Drittel beinahe ganz verarmt. Beim
Gemeindeausschusse kamen die Fleischhauer wiederholt um ein
Darlehen zur Gründung einer Fleischcasse ein, um es den Mitgliedern des Berufes zu ermöglichen, ihr Gewerbe fortzuführen.
Erst nach wiederholter Weigerung wurden 60.000 fl. vom Gemeindeausschusse gegen gesetzliche Sicherheit gewährt. „Aemtliche
Verhandlungsprotokolle des Gemeindeausschusses," S. 16 und 28. —
11) Winter sagte in der Sitzung des Gemeindeausschusses vom
27. Juni, die häufig vorkommenden Innungsangelegenheiten fänden
meist eine unbefriedigende Lösung und die Bittsteller mussten meist
abgewiesen werden, da die bestehende Gewerbegesetzgebung keine
hinlänglichen Bestimmungen enthält, und jedes neue Gesetz früher
vom Reichstage ausgehen müsse. Er machte daher den Vorschlag,
sämmtliche Innungen aufzufordern, ihre Desiderien, die Regelung
der Innungsverhältnisse betreffend beim Gemeindeausschusse ein-
zugeben, um deren sorgfältige Prüfung mit Zuziehung der Betheiligten
im Commissionswege einzuleiten und die eventuellen wünschenswerthen Abänderungen der Gewerbegesetzgebung in einem Gesammtelaborate dem Reichstage zu unterbreiten. Friedmann bemerkte
hierzu, die Innungsstreitigkeiten würden wegfallen, wenn sich das
Ministerium entschliessen würde, Schiedsgerichte einzuführen.
Der Antrag Winter's wurde mit einem von Hornbostel gestellten
Amendement, dass zu den Verhandlungen die Altgesellen und die
Arbeiter beizuziehen seien, angenommen. Vergleiche über alles, was
sich auf den Gemeindeausschuss bezieht: „Aemtliche Verhandlungs-

protokolle des Gemeindeausschusses der Stadt Wien vom 25. Mai bis 5. October 1848" (s. l. e. a.). Das diesbezüglich an die Innungen und Gremien versandte Schriftstück siehe: Reschauer, Geschichte des Kampfes der Handwerkerzünfte etc., S. 207. In der Sitzung des Gemeindeausschusses vom 6. Juli referirte Winter namens der Gewerbesection; er sei immer und immer wieder auf das ewige Zerwürfniss zwischen den Kategorien „Meister" und „Befugte" gestossen. Niemand könne in Abrede stellen, dass diese Anomalie in einer künftigen Gewerbeordnung aufhören müsse; man solle daher baldmöglichst eine Uebergangsperiode schaffen. Der Hauptgrund der bloss einfachen Befugnisserwirkung liege darin, dass die Bewerber die Einverleibungstaxe bei den Innungen so wie die Gewerbstaxe nicht zahlen können oder wollen. Winter beantragte daher, die gesammten Meisterinnungen anzugehen, die Einverleibungstaxen zu ermässigen oder ganz nachzulassen; ein gleiches beantragte er rücksichtlich der magistratischen Gewerbetaxen; die Befugnissertheilungen sollten aufhören und fürder sollten nur Meisterrechte verliehen werden. Von der Anfertigung eines Meisterstückes sei abzusehen, und ebenso soll die Verleihung aller jener Beschäftigungen, welche in zünftige Gewerbe eingreifen, einstweilen sistirt werden. Der Referent sagte: Jeder Staatsbürger solle sein Gewerbe auf die ihm zweckdienlichste Art ausüben, ohne dass Privilegiumsurkunden, welche höchstens noch für Raritätensammler Interesse haben dürften, ihn daran hindern können. „Von den Eingaben der Innungen verspreche ich mir sehr wenig, denn dieselben werden eher eine Gewerbsbeschränkung, ein Zurückgehen in den Zustand des XIV. Jahrhunderts beantragen, als sich auf jenen Standpunkt stellen, von welchem die Gewerbegesetzgebung in unseren jetzigen Verhältnissen ausgehen muss." Der Gemeindeausschuss ging über diese Anträge der Section zur Tagesordnung über, „da durch den Reichstag ohnehin eine durchgreifende Reform aller Innungs- und Gewerbeverhältnisse bevorstehe". (Aemtliche Verhandlungsprotokolle des Gemeindeausschusses, S. 19 ff.). — 12) Die Petition, die das „Central-Gremiums- und Innungscomité" am 8. August 1848 dem Reichstage überreichte, erhob zunächst, „gestützt auf die Erfahrung über die in früheren Zeiten bestandenen Gewerbsverhältnisse" im vorhinein Protest gegen eine allgemeine Freigebung der Gewerbe; dieselbe wäre ein „Vernichtungssystem", da hierdurch jeder Gewerbsinhaber um das für das Gewerbe ausgelegte Vermögen plötzlich beraubt sein würde. Die Denkschrift beruft sich hierauf auf die aller Orten und allezeit mit der Gewerbefreiheit gemachten traurigen Erfahrungen und auf die Petita des Frankfurter Handwerkercongresses, und fährt dann fort: „Eine auf Zwang begründete kastenmässige Zunftverbindung suchen wir nicht, aber das Zusammenwirken gleicher Gewerbsgenossen zu einem allgemein wohlthätigen Zwecke, zur gegenseitigen Ausbildung und Vervollkommnung der Gewerbe. Da es in dem hohen Ministerial-erlasse vom 9. Juni d. J. heisst, „„dass die erste Bedingung eines gesicherten Erwerbes und fortschreitenden Wohlstandes in der Er-haltung der Sicherheit des Persons- und Eigenthumsrechtes liege"" — die Freigebung aber gerade das Gegentheil erzielen würde, so sehen wir uns alle insgesammt zur folgenden Bitte veranlasst: 1. Dass keine Freigebung der Gewerbe stattfinde; 2. dass die sohinige Zurücklegung aller Personalgewerbe nicht mehr unbedingt, sondern bedingt geschehe; 3. dass der Hausirhandel gänzlich und ins-besondere in den Städten eingestellt sei; 4. dass die bisher frei-gegebenen Beschäftigungen aufgehoben werden und entweder gegenseitig zu eigenen Innungen zweckmässig sich verbinden, oder in jene Gewerbskategorien eingereiht werden, aus denen sie ent-standen sind; 5. dass eine Gewerbepolizei (Aufsicht) aus den Innungsmitgliedern jeden Faches creirt werde, und 6. dass nur eine Gewerbsbehörde für Wien und die Umgebung bestehe, und die vielen Dominien in Zukunft durchaus keine Gewerbe mehr ver-leihen dürfen." Zum Schlusse enthält die Petition die Drohung, „dass ein so gewaltsamer Umsturz durch Freigebung der Gewerbe das Fortbestehen des Staates, die Aufrechterhaltung der Ruhe und Sicherheit ganz gefährden und einen Bürgerkrieg hervorrufen würde". Reschauer, Geschichte des Kampfes der Handwerker-zünfte, S. 208 ff. — 13) Ibid., S. 210. — 14) Die im August 1848 dem Reichstage überreichte „Petition sämmtlicher Gewerbsinhabungen und Innungen Oberösterreichs an den hohen Reichstag in Wien" ist ein völkerpsychologisches Document; grob und dumm, eingegeben von dem Geiste masslosester Selbstsucht, welche, wo sie sich verkürzt glaubt, gleich über Anarchie und Communismus klagt erinnert dieses Schriftstück mit jedem Worte an den Volkscharakter der „biederen" Oberösterreicher. Die Petition möchte vor allem, dass neben den aus dem gleichen allgemeinen Wahlrechte hervor-gegangenen Vertretern des Volkes auch noch besondere Vertreter des oberösterreichischen Gewerbes sitzen und verwahrt sich gegen die Freigebung der Gewerbe; das wäre ein „Unsinn", ein „Act, welcher den Communismus provocirt." „Weg mit den egoistischen Schwindeleien des Engländers, der keinen Mittelstand, sondern nur Reiche und Bettler kennt!" „Weg mit dem überspannten Freiheitsschwindel der Franzosen, die mit der scheinbaren Wahrung der Menschenrechte nur Menschenrechte zerstören." Die Freigebung der Gewerbe wäre „das Riesenthor, durch welches nur die Zerstörungswuth, der Communismus, ungehindert eindringen und nur Uebles zu Tage fördern würde". Die Petition spricht die Ueberzeugung aus, „dass das Fortbestehen der Innungen (Zünfte), sowie ihre zeitgemässe Regelung unerlässliches Bedürfniss, eine Hilfe gegen die grässlichen Laster der Anarchie ist und sein wird". Zum Schlusse wird gefordert: „1. Keine Freigebung der Gewerbeverleihung und Hintanthaltung aller in dieser Beziehung stattgefundenen bureaukratischen bisherigen Missgriffe und Bevormundungen. 2. Aufrechterhaltung der bestehenden Innungsverbände, als Associationsrecht und Ausdehnung derselben auf alle Gewerbe. 3. Ehemöglichstes Aufhören des Hausirhandels durch Juden und Christen. 4. Vertretung am Reichstage, sowie auf den Landtagen nach Massgabe der Gewerbebevölkerung gegenüber der unrechtmässigen Ueberflügelung von Seite des Bauernstandes durch freie Wahl von Seite des Gewerbestandes. 5. Alsogleiche Aufträge an die Landesregierungen, die gegenwärtig im Zuge befindlichen Gewerbsverleihungen einzustellen." Reschauer a. a. O., S. 211 ff. — 15) Der Brünner Gewerbetag vom 26., 27. und 28. Juli stellte folgende Anträge, welche im Wege einer Petition dem Reichstage übermittelt wurden, und welche ein farbensattes Bild der gewerbepolitischen Ansichten geben, die ein grosser Theil des Bürgerthums damals für durchführbar hielt: „1. Zweckmässige Beschränkung der sich übermässig ausbreitenden grossen Fabriken, mit ihren endlosen Maschinen, die sich mit dem Erzeugnisse des kleinen Gewerbefleisses in den Städten und auf dem flachen Lande in massenhafter Arbeit befassen. 2. Einschränkung der masslosen Ertheilung von Gewerbe- und Handelsbefugnissen. 3. Beschränkung der gemischten Waarenhandlungen mit Rücksicht auf die Oertlichkeit. 4. Hintanhaltung des Kleinverkaufes solcher Gewerbeartikel in jenen Orten durch eigene Handelsleute, wo sie allein oder besonders von dem kleinen Gewerbefleisse erzeugt werden; wohl aber Zulass des Ankaufes im

Grossen zu anderweitigen Speculationen. 5. Vertretung des kleinen
Gewerbefleisses durch die obersten Gewalten des Staates und der
Provinz. 6. Abstellung des Hausirhandels überhaupt. 7. Aufhebung
der Werkstätten der verschiedenen Militär- und anderen grossen
Körperschaften im Staate, welche Erzeugnisse des kleinen Gewerbefleisses liefern. 8. Abstellung der Licitationen für das k. k. Aerar
und Ueberlassung der Lieferung der von ihm benöthigenden (sic!)
Kleingewerbeartikel an die Zünfte unter ihrer Garantie auf Grundlage
adjustirter Ueberschläge. 9. Verbesserung des Schulwesens mit besonderer Rücksicht auf die kleinen Gewerbe. 10. Herstellung der Zünfte,
wobei die im gleichen oder ähnlichen Hauptmateriale arbeitenden
kleinen Gewerbsleute zu einer und derselben Zunft gerechnet werden
sollen, mit Rücksicht auf die Oertlichkeit. 11. Jeder Gewerbsmann
ist zu verhalten, seinen Namen oder sein Zeichen, insoweit es
thunlich ist, auf sein Erzeugniss zu setzen. 12. Ertheilung eigener
Vorschriften zur besonderen corporativen Verfassung der besonderen
Gewerbe. 13. Geschworenengerichte bei Streitigkeiten der Gewerbsleute in Ansehung ihres Gewerbes. 14. Gesetze über Unterstützung
arbeitsunfähiger oder verunglückter Meister und Gesellen. 15. Be-
rücksichtigung der Persönlichkeit des eine Concession zum Ge-
werbsbetriebe Suchenden. Er soll den vorgeschriebenen Schulbesuch,
seine Lehr- und Wanderjahre, sein von der Innung approbirtes
Gesellenstück und sein gutes moralisches Verhalten gehörig nachweisen. 16. Er muss das bestimmte Alter von 25 Jahren erreicht
haben, bevor er Meister werden kann. 17. Bei der Ertheilung des
Meisterrechtes ist auf das Verhältniss der Consumtion zur Production durch die Zunft zu sehen. 18. Ein das Meisterrecht aspi-
rirendes Individuum hat ein Meisterstück zu verfertigen, welches
gangbar und leicht verkäuflich ist, den Werth nicht übersteigt, und
es ist ihm von der Zunft aufzugeben und von derselben zu beurtheilen. 19. Die Meisterprüfungen sind von den Innungen vorzunehmen und Zeugnisse über die abgelegte Prüfung zu ertheilen.
20. Mehr als ein Gewerbefach soll niemand betreiben. 21. Zur Er-
langung des Meisterrechtes und zum Betriebe des Gewerbes wird
ein angemessener Betriebsfonds erfordert. 22. Jene kleinen Gewerbsleute, welche vom Lande in die Städte und von kleineren Städten
in grössere übersiedeln und da ihr Gewerbe betreiben wollen, haben
sich einer neuen Prüfung der betreffenden Stadtzunft zu unter-
ziehen. 23. Städte, sowie mehrere Gemeinden zusammen auf dem

Lande können Zunftläden haben, und jeder Gewerbetreibende muss einer Zunft angehören. 24. Die in grossen Fabriken mit Maschinen oder in Staatsanstalten erzeugten Kleingewerbeproducte sollen bloss im Wege des ausländischen Handels in Verkehr gebracht werden, sonach die auf den Ortsbedarf berechneten Gewerbe nicht beeinträchtigt werden. 25. Einführung einer angemessenen Besteuerung der Fabriken in Kleingewerbeerzeugnissen, sowie auch der Bau- und anderen grösseren Unternehmungen, mit Rücksicht auf diejenigen Vortheile, welche dieselben gegenüber dem einfachen Gewerbsmanne aus den Maschinen, dem in einer Hand angesammelten Capitale und der Masse unselbständiger, in ihrem Dienste stehender Arbeiter, und endlich der Begünstigungen durch die Zollvorschriften und Privilegien, unter welchen letzteren namentlich des freien Niederlagsrechtes dermalen geniessen, zum Schutze des kleinen Gewerbefleisses. 26. Einschränkung der furchtbar wachsenden Macht des Capitales im Betriebe von Gewerben. 27. Verpflichtung der Fabrikanten, sich bloss solcher Arbeiter zu bedienen, welche von dem Gremium der Kleingewerbe aufgenommen und freigesprochen worden sind, so dass diese zu den Fabrikanten in dasselbe Verhältniss treten, in welchem die Lehrlinge und Gesellen zu den Meistern der zünftigen Gewerbe stehen. 28. Aufhebung ausschliesslicher Privilegien, als Störungen des Gewerbefleisses, dagegen Belohnung vom Staate, wenn die Erfindungen von allgemeinem Nutzen sind. 29. Die Gewerbeinhaber sollen in der Erzeugung und im Verschleisse streng auf die ihnen zustehenden Artikel beschränkt werden. 30. Ueberlassung des Gewerbebetriebes der Witwe und Vorsorge von Seite der Zunft, derselben einen tauglichen Gehilfen zu geben. 31. Einzelnen Frauenspersonen, oder solchen, die sich sammt ihren Kindern mit Arbeiten beschäftigen, soll es nur zustehen, sich mit Nähartikeln zu beschäftigen, die nicht schon Sachen der Frauenschneider sind, und in den anderen Artikeln steuerfrei. 32. Die Aufnahme von Lehrjungen und die Ueberwachung derselben von Seite der Meister und Gesellen ist den Zünften zur strengen Pflicht gemacht. 33. Einführung von Gewerbevereinen in den Städten zur Abschaffung zünftiger Missbräuche und Regulirung des Lohnes der Hilfsarbeiter. 34. Da Handelsbefugnisse nicht bloss von der persönlichen Geschicklichkeit, sondern auch vom Credite abhängen, so soll in den Städten und grösseren Märkten, sowie auch auf den Dörfern ein angemessener Handelsfonds ausgewiesen werden. 35. Sollen

an jene, welche sich um ihre Selbständigkeit bewerben, keine
Decrete, Befugnisse und Patente ertheilt werden, um sie dadurch
den Meisterprüfungen zu entziehen." Vgl. Naske Alois, Die ge-
werbepolitische Bewegung in Oesterreich und ihre Schlagworte·
Brünn 1896, S. 7 ff. — 16) Die sociale Geschichte der Revolution
in Oesterreich, S. 92. — 17) Siehe: Protokolle der allgemeinen
öffentlichen Enquête über die Lage des Kleingewerbes in Niederösterreich, abgehalten von der Handels- und Gewerbekammer in
Wien 1873 und 1874. Wien 1874. Aussage des Experten Fr. Schneider,
S. 434. — 18) Violand, Sociale Geschichte der Revolution in Oesterreich, S. 126 ff. — 19) Amtliche Verhandlungsprotokolle des Gemeindeausschusses u. s. w., S. 6. — 20) Vgl. E. V. Zenker, Geschichte der Wiener Journalistik. II. Bd., das Jahr 1848, S. 44 ff.,
und Höger, Aus eigener Kraft, S. 117 ff. — 21) Ueber die Bio-
graphie Häfner's vgl. meine Geschichte der Wiener Journalistik.
II. Bd., S. 25 ff. — 22) Dr. Georg Adler, Die Geschichte der
ersten socialpolitischen Arbeiterbewegung in Deutschland, mit
besonderer Rücksicht auf die einwirkenden Theorien. Breslau 1885,
S. 121 und 332 ff. — E. V. Zenker, Der Anarchismus. Jena 1895,
S. 87 ff. — 23) S. Engländer, Die politische Bildung der unteren
Volksclassen („Constitutionelle Donauzeitung" Nr. 64 vom 4. Juni;
Nr. 70 vom 10. Juni und Nr. 76 vom 17. Juni). — 24) Zur Bio-
graphie Sander's vgl. den Aufsatz an „Meine Freunde und Collegen",
womit er die erste Nummer des von ihm redigirten „Wiener All-
gemeinen Arbeiter-Blattes" (vom 22. Mai 184~) einleitete. — 25) Vgl.
Violand E., Die sociale Geschichte der Revolution in Oesterreich,
S. 148 ff. — 26) Nach den Angaben Violand's a. a. O., S. 145 ff.

Noten zum siebenten Capitel.

1) Es betrugen im
Monate März die laufenden Einnahmen . . . 10,324.571 fl. C.-M.
(gegenüber dem Voranschlag
— 2,652.262 fl.)
die laufenden Ausgaben . . . . 12,535.231 fl. C.-M.
(gegenüber dem Voranschlag
— 31.752 fl.)

für ausserordentliche Zwecke	. 1,278.430 fl. C.-M.
Unbedecktes Erforderniss	3,489.190 fl. C.-M.

Monat April die laufenden Einnahmen . . . 6,756.194 fl. C.-M.
(— 6,220.640 fl.)
die laufenden Ausgaben . . 10,267.474 „ „
(— 2,299.610 fl.)
Unbedecktes Erforderniss . 3,511.280 fl. C.-M.
Monat Mai die laufenden Einnahmen . . . 7,039.758 fl. C.-M.
(— 5,937.075 fl.)
die laufenden Ausgaben . . . . 13,985.583 fl. C.-M.
(+ 1,418.500 fl.)
für ausserordentliche Zwecke . 1,894.515 „ „
Unbedecktes Erforderniss . 8,840.340 fl. C.-M.

2) Nach den Ausweisen der priv. österreichischen Nationalbank war

	der Silbervorrath	der Banknotenumlauf	
Ende Februar	. 65,058.351 fl. C.-M.	214,146.440 fl. C.-M.	= 1 : 3
„ März . . .	53,155.185 „ „	189,392.665 „ „	= 1 : 4
„ April . . .	35,032.030 „ „	184,201.760 „ „	= 1 : 5
„ Mai . . .	21.940.147 „ „	177,810.520 „ „	= 1 : 8
„ Juni . .	20,022.773 „ „	181.375.890 „ „	= 1 : 9
„ Juli . . .	26,356.941 „ „	194,683.935 „ „	= 1 : 7
„ August . .	32,236.098 „ „	202.780.153 „ „	= 1 : 6·3
„ September	33,026.516 „ „	203,321.041 „ „	= 1 : 6·1

3) Kudlich sagte selbst von dieser seiner Rede nach 25 Jahren
(Rückblicke und Erinnerungen. II, S. 113): „Wenn ich heute in
den stenographischen Protokollen meine damals gesprochenen
Reden wieder nachlese, so erscheinen dieselben nicht sowohl des
Inhaltes, sondern hauptsächlich der Form wegen ganz fremdartig.
Alle diese Gefühlsäusserungen verdienen nicht den Namen von
Reden. Sie bilden nicht ein logisch zusammenhängendes Bauwerk,
sondern gleichen eher regellos aneinander gereihten, oft recht
schönen, manchmal packenden Sätzen. Sie bilden Bausteine unor-
dentlich durcheinander geworfen, aus denen allerdings eine geschickte besonnene Hand ein harmonisches Ganze hätte zusammen-
setzen können. Sie enthalten sehr viel poetisch-rhetori-
sches Gepräge und vermeiden wie absichtlich alles Pro-
saisch-Sachliche! Sie verrathen eine Anlage zur Beredtsamkeit,
die durch weitere Uebung und Schulung, durch die läuternde Er-

fahrung des Lebens ein befriedigendes Resultat geliefert haben würde. Vielleicht wäre aus dem Anfänger ein Redner geworden, wenn er sich nicht gezwungen gesehen hätte, die Arena des Parlamentes mit den Wohnungen der Kranken und Siechen zu vertauschen." — 4) Vgl. die „Verhandlungen des österreichischen Reichstages nach der stenographischen Aufnahme". Wien 1848/49, I. und II. Band. — 5) E. Violand a. a. O., S. 181. — 6) A. Füster, Memoiren vom März 1848 bis Juli 1849. Beitrag zur Geschichte der Wiener Revolution, Frankfurt am Main 1850, I., S. 225; Violand a. a. O., S. 135 ff. u. a. — 7) Violand a. a. O., S. 129 f. — 8) Die Kundmachung lautete: „Das Ministerium der öffentlichen Arbeiten hat im Einvernehmen mit dem Ministerium des Innern den Beschluss gefasst, von der mit dem Erlasse vom 18 d. M. verfügten Ermässigung des Taglohnes bei öffentlichen Arbeiten, und zwar auf 15 kr. C.-M. für Weiber und auf 10 kr. C.-M. für Personen unter 15 Jahren in keinem Falle abzugehen. Fleissigen Personen ist durch die eingeführte Accordarbeit noch immer die Gelegenheit geboten, sich einen höheren Taglohn zu verdienen; dagegen musste die Ermässigung eintreten, um die Geldmittel nicht unnützerweise zu erschöpfen, welche nothwendig werden dürften, um in der herannahenden strengen Jahreszeit noch für die Arbeiter vorsorgen zu können. Es wurde auch angeordnet, dass die Ingenieure auf allen Bauplätzen die Bildung von Partien von minder geübten und schwächeren Arbeitern beiderlei Geschlechtes möglichst begünstigen und bei Bemessung des Accordlohnes darauf Rücksicht nehmen, dass fleissige Arbeiter sich mindestens den Betrag des früheren Taglohnes verdienen können. Arbeiterinnen mit einer grossen Anzahl Kinder können überdies noch durch Brotbetheilung einer weiteren Unterstützung theilhaftig werden. Wien, am 21. August 1848. Der Minister der öffentlichen Arbeiten Schwarzer." — 9) Michail Bakunin's Socialpolitischer Briefwechsel mit Alexander Jw. Herzen und Ogarjow. Mit einer biographischen Einleitung, Beilagen und Erläuterungen von Professor Michail Dragomanow. Autorisirte Uebersetzung aus dem Russischen von Dr. Boris Minzes. Stuttgart 1895, S. LVIII. — 10) Vgl. über die Anwesenheit Marx' in Wien den „Radicalen" vom 30. August und vom 26. September; „Die Constitution" Nr. 133 vom 1. September und Nr. 136 vom 5. September; „Neue Rheinische Zeitung" vom 5. und 6. September u. ö. — 11) Constitution vom 5. September. — 12) „Allgemeine Oesterreichische Zeitung" Nr. 94 vom 5. Juli, S. 387. — 13) Verhandlungen des österreichischen Reichstages, II. Band, S. 102. Aussage des Finanzministers Krauss. — 14) Die äusserst seltenen „Statuten des Privatdarlehenvereines ohne Hypothek von August Swoboda, Präsident des Comités" (Wien 1848, Mechitaristendruckerei) sind vom 27. Mai datirt. — 15) Violand a. a. O., S. 154. — 16) Verhandlungen des österreichischen Reichstages. II, S. 353. — 17) Amtliche Verhandlungsprotokolle des Gemeindeausschusses. Sitzung vom 11. September. — 18) Verhandlungen des österreichischen Reichstages. II. Bd., S. 405. — 19) (Siehe Note 13.)

Noten zum achten Capitel.

1) Siehe die authentische Darstellung dieser Vorgänge in der erzreactionären Druckschrift über die Wiener Octoberrevolution von W. G. Dunder (Wien 1849): „Blutiger Kampf der Stadt- und Vorstadtgarden vor und in dem Stephansdome", S. 109 ff. — 2) Dunder a. a. O., S. 523, erzählt eine recht bezeichnende Geschichte: Der Rittmeister Martinitz und Adjutant Berger der Nationalgarde-Cavallerie, die sich nur aus den reichsten Bürgerkreisen recrutirte, waren zu Bem ins Belvedere beschieden, wo ein Kriegsrath wegen eines geplanten Ausfalles gehalten wurde. Bem hatte die Schreibtafel in der Hand und verlas die Stärke aller Corps. Als die Reihe an die Cavallerie kam, fragte er Martinitz in gebrochenem Deutsch: „Wie stark ist Nationalgardecavallerie?" — „Vierhundert Garden," war die Antwort. Bem notirte sich diese Zahl freudig lächelnd und sagte: „Ah bravo, und alle zum Einhauen in der Schlacht?" — „Zur Schlacht? nemlehet!" sprach Berger und Martinitz bemerkte: „Zur Schlacht nicht Einen!" — „Ah, ah, bloss zur Parade," erwiderte Bem mit Geringschätzung, Martinitz erwiderte aber: „Nicht bloss zur Parade, auch zum Dienste, wir sind jedoch Bürger, werden Haus, Hof und unsere Familien beschützen. In einer Schlacht haben wir nichts zu thun." — In der That verweigerten diese berittenen Garden, wie überhaupt die sogenannten Elitegarden in der Nacht vom 23. October, vielleicht in einem kritischen Augenblick die Theilnahme an einem Ausfalle (vgl. Dunder a. a. O., S. 627 ff. — 3) A. a. O, S. 271 f. — 4) Einzel-

fälle beweisen zwar nichts, aber als Illustrationsfactum — wenn schon als nichts anderes — als classisches Beispiel, wie verworfen das Spiessbürgerthum in Wien war, möchte ich hier folgenden Fall, nach dem gewiss nicht anzuzweifelnden Berichte Dunder's (S. 719 ff.) anführen: Der Nationalgarde-Oberlieutenant Weissenberger, ein reicher Bürger, hatte am 27. October dem Feldmarschall Windischgrätz eine Depesche der türkischen Botschaft zu überbringen. Windischgrätz, vielleicht um den simplen Bürgersmann auszuholen, oder zum Herold seiner Grossmuth in Wien zu machen, lud Weissenberger zu Tische. In der That erzählte der elende Verräther, als das Gespräch auf Wien kam — wie Dunder mittheilt — unumwunden die Lage Wiens und erklärte auf die Frage, ob sich Wien standhaft vertheidigen würde, er habe sich „leider" von dem Muthe und der Kampflust der Bevölkerung überzeugt und bedauere, dass solche keinem edleren Zwecke geweiht sei. Leider sei die „ungebildete" Bevölkerung durch Wühler verhetzt, von Vorurtheilen gegen den Fürsten eingenommen und halte ihn für den ärgsten Aristokraten und Reactionär, was freilich demjenigen unmöglich sei, der einmal, wie er nun, das Glück genossen, den Fürsten zu sprechen. Windischgrätz, der es liebte, den hohen Olympier mit einem huldvoll lächelnden und einem strengen Auge zu spielen, erklärte, er sei nur gekommen, um die „wahre Freiheit" zu schützen; jeder Kanonenschuss, den er gegen Wien richte, thue seinem Herzen wehe u. s. w. „Durch die Huld des Fürsten tief ergriffen, weinte Weissenberger, und nicht mehr mächtig weiter zu sprechen, erfasste er die Hand des Fürsten, um solche zu küssen, worin ihn jedoch Letzterer abhielt, ihn (sic!) herzlich mit der rechten die Hand schüttelte, mit der linken aber ihm freundliche Backenstreiche gab. Weissenberger kann das Bewusstsein hinnehmen" — fügt Dunder, ein gewesener herrschaftlicher Güterdirector, hinzu — „dass er als bürgerlicher Oberlieutenant und Bürger einer der grössten Städte Europas mit Würde seine Mission vollendet habe!" Dass waren also die Begriffe, welche die Wiener Bourgeoisie von Würde und von Bürgerehre hatte. Windischgrätz wusste genau, wie er mit dieser Canaille umzugehen hatte; durch ein paar freundliche Backenstreiche waren sie gewonnen, das „Arbeitergesindel" und die „fremden Wühler" liess er niederschiessen, damit ward „Ruhe und Ordnung" sofort hergestellt. — 5) Im Orte Frainspitz empfing der Kaiser am

12. October eine Deputation von vielen Gemeinden und geruhte ihnen zu versichern, dass die constitutionellen Freiheiten, welche die allerhöchste Sanction bereits erhalten hatten, nach der in Höchst Ihrem Manifest vom 8. October erneuert ausgedrückten Willensmeinung ohne irgend eine Schmälerung vollkommen aufrecht bleiben." — 6) Vgl. Walter Rogge, Oesterreich von Világos bis zur Gegenwart. Wien und Leipzig 1872, I. Band, S. 82 ff. — 7) Eine allerdings mangelhafte und etwa aus den „Verhandlungen des österreichischen Reichstages" (IV. u. V. Band) zu ergänzende Zusammenstellung der auf constitutionellem Wege verfassten Grundrechte, siehe bei Violand, a. a. O. S. 265 ff. — 8) Walter Rogge, a. a. O. S., 341 ff. – 9) Abdruck Violand, a. a. O. S., 269 ff. — 10) Reschauer Heinrich, Geschichte des Kampfes der Handwerkerzünfte und der Kaufmannsgremien mit der österreichischen Bureaukratie. Wien 1882, S. 217 ff.

—

Sachregister.

Namensregister.